政治传播的逻辑

庞金友 著

序　言

经过几十年的学术积累，当代中国的政治传播研究的边界越来越清晰，主题越来越鲜明，视野越来越宽广，内容越来越丰富，方法也越来越先进。政治学、传播学、新闻学、公共管理、法学等学科交叉融合愈发深入，不同学科的学者经常跨界围绕网络政治参与、网络群体性事件、政府信息治理、数据治理等共同话题展开探讨。总体来说，当前中国的政治传播研究的重点主要发生了以下变化。

第一，从重点关注以政党和政府为主体、自上而下的政治传播结构和过程，转向兼顾以草根群体为主体、自下而上的政治传播格局和趋势。原本处于政治话语体系外围和边缘地带的普通民众，要么突破传统媒体的垄断，进入话语权的中心地带，主动发声，积极作为；要么借助自媒体的多中心、去中心甚至无中心倾向，不断成长、壮大，俨然已是当代政治传播主体的活跃力量。在互联网时代，理论上广大民众的人数优势逐渐转化为现实上的话语优势。虽然现在断言广大民众和自媒体已成功抢占政治话语权的核心地带还为时尚早，但民众与精英共同分享话语权份额，自媒体与传统媒体合力构建媒体格局，已是不争的事实。

第二，从重点关注传统新闻媒体转向着重讨论新兴媒体。过去的政治传播研究多围绕传统新闻报道,基于传统媒体的精英政治话语展开,但是随着传统媒体的日趋式微和新兴媒体的异军突起,当前中国的政治传播研究的重点在关注传统媒体新变化的同时,也开始转向围绕层出不穷的新技术、新媒体以及基于新媒体出现的新政治传播方式、话语和影响展开系统探讨。

第三,从聚焦"信息"转向关注"数据"。中国的政治传播研究所涉及的学科不再囿于政治学、传播学等社会科学领域,也开始与计算机科学、网络工程等学科相互交叉融合,数据成为政治传播关注的重点对象。君不见,人类正在大步迈进一个以"互联网+"、大数据、人工智能、云计算为表征的数字狂飙时代。随着数字技术在现代政治和公共管理领域开发和应用的速度、广度和深度不断攀升,基于数据开放、数据治理、数据安全、数字鸿沟、"数字利维坦"、算法规则的研究正在成为中国的政治传播研究中的热点议题。

政治、技术与资本,是型构当代政治传播的三大核心因素。政治传播规则与形式的设定、政治传播危机与困境的产生以及未来政治传播方向和议题的趋向都受到政治、技术、资本和传播自身等多种力量的博弈与共谋的影响。

首先,互联网技术是各国政治传播发展的重要变量,以互联网为代表的当代信息技术的兴起与普及,直接开启了一个民众参与和传播政治的时代。借助博客、微博和微信,民众开始对涉及自由、平等、公正、法治、权力、权利等的公共议题发表意见,表达诉求,施加影响,政府决策、领导风范、社会风气、公民行为等迅速成为饭后谈资、热议话题。互联网独有的信息共享化、权力扁平化、媒体私人化,让初涉网络的网民们迅速成长。政府也越来越依赖信息技术搜集、整理和分析各种信息与数据,以供国家治理和公共服务之用。

其次，宏观的政治生态、政治规则和政治制度以及微观的政治心理和政治行为在根本上形塑政治传播形态，统摄政治传播功能和效用的发挥。一旦当代人习以为常的政治心理、政治行为面临挑战，司空见惯的政治制度、政治规则面临冲击，熟视无睹的政治环境乃至整个政治生态面临改变，新的政治力量崛起，新的政治关系出现，新的政治矛盾浮出水面时，政治传播中的主体意识、受众心理，相关议题和具体运作，以及政治传播展开的场域与背景都将受到其影响甚至主导。

再次，经济与资本力量在政治传播中扮演越来越重要的角色，这一点突出体现在数字巨头对政治传播的隐形控制上。在新技术革命的推动下，同时掌握资本和技术的数字巨头迅速崛起，对传统权力形成挑战。随着政治话语权由大众化转向集中化和平台化，数字巨头逐渐掌握议程设置的主动权。通过动员选民投票、革新信息推送、控制个人情绪、智能精准投放和锁定微目标，欧美数字巨头已经拥有操纵民意、左右选举的能力。在社交平台领域，数字巨头对病毒式传播、过滤气泡扩散和蜂群思维泛滥的默许甚至鼓励，致使反智思维和民粹情绪蔓延。

最后，传播力量是强大且不断发展的。近代以来的政治话语在精英的诠释、争持与论战中变迁发展，相应地，民众思想的启蒙也以传统媒体为中心向外围放射和拓展。自媒体时代的到来改变了政治话语的传播结构，原本扮演从属角色、默默无闻的民众开始在互联网上唱起了主角，拥有了更多的发声渠道和更强的传播能力。官员、专家和商业精英相比普通网民似乎拥有更多的资源、更大的影响力和更多的话语权，但在网络上却成为某种意义上的"弱者"，需要不断地调查民意、追寻民意和回应民意。各色知识分子还在一如既往地发言，却被淹没在迅猛涌起的民意与舆论中。

在现实生活中，以上各种力量在博弈和配合中激荡叠加，共同作用于政治传播的背景、形态与效能,使其呈现出特定形态,凸显为特定议题,发挥出特定效果,面临着特定危与机。

当代西方各国民主危机和治理困境的产生是由多方面因素造成的。其中,伴随"互联网+"、大数据、云计算和人工智能等新兴技术的出现,政治信息的传播方式、媒体格局和话语结构所发生的革命性变革是当代西方民主危机和治理困境的重要助推器。

其一,政治传播主体趋于多元化,这意味着媒体守门人角色业已消失。人人都是海量信息的拥有者、传播者和阐释者,传统机构、自媒体、普通民众开始共享话语权,政治精英与普通民众的力量对比发生根本性扭转。由此,政治的多极化、碎片化、部落化趋势增强。久而久之,当政治精英的个人形象、媒体平台的公信力不断消解时,政治信任危机将不断加剧,民粹主义也将大行其道;同时,个人表达空间的拓展和表达能力的增强推动了现代个人主义持续生长,继而个人获得越来越大的发展空间、越来越多的表达权利和越来越强的诉求愿望,这自然也促使主观真相疯狂增长。

其二,政治传播环境相对自由化,使竞争性真相和认知偏见拥有充足的衍生空间。广泛普及的社交平台、无处不在的移动网络给现代人提供了一个高度便捷又极度危险的政治情境:一边是轻松获取政治信息,自由寻找政治社群;一边却是不断放大认知偏见,不断强化极端立场。互联网为气质相仿、立场相近、偏好相同的人群提供了畅通的交流和沟通的平台,为巩固已有立场、情感和态度提供了更多的机会,为强化极端群体的封闭性、激进性和极端性提供了更多的平台。

其三,政治传播内容不确定性的增强进一步促进"后真相"(post-truth)的发展。在传统时代,话语权掌握在教会、政府、精英、传统媒体手中,确定性较强;在信息技术的加持下,片面真相、主观真相、人造真相和未知真相等竞争性真相分分秒秒都在被创造、被传播。政治传播内容不确定性的增强，包括重立场、轻事实，重观点、轻真相，感性替代理性。这些倾向导致其过程和效果难以预测，难以评估。

其四，政治传播技术和媒介的升级换代深刻影响个体对信息的接收和理解，数字威权和技术专制的趋势日渐成熟。在以"互联网＋"、大数据和智能算法为特征的数字时代，科技巨头公司或者政治组织借助数量繁多的社交平台和信息产品可以轻松获取公众的信息，系统评估公众的偏好，然后有选择、有计划地将分析、筛选和处理过的数据信息推送给个人。普通民众则生活在信息链条的终端，是这些智能推送信息的被动接收者，他们虽然貌似生活在无所不知、无所不晓的信息世界，实际上却被封闭在狭窄的信息茧房中，既无法选择更无从验证，无时无刻不被自己固有的偏好洗刷，被他人推送的信息左右，被海量不知真伪的数据裹挟。

其五，政治传播风格和策略的激进化。当代政治传播呈现出一幅令人不安的场景：激烈的言辞、暴力的话语、极具煽动性的修辞表达、故意引导的舆论走势、刻意营造的情绪氛围，早与传统媒体人崇尚的中性立场和客观站位相距甚远。这一变化导致民众深陷情绪的泥潭之中，往往为情感左右，被情绪牵制，无视事实真假，呈现明显的贬低理性、轻视智识、只相信自己认为对的事情的反智主义状态，更加容易诱发偏见和敌意。

伴随市场经济的日益拓展、全球化进程的逐渐深入、信息技术的革命性升级，当今世界进入一个多维、立体、全方位的大变局时代。要在当下大变局时代真正以政治传播之力应对民主危机，推动民主发展，至关重要的是做到"保持对话"。社会的进步、文化的繁荣、个性的生长，往往取决于对话辩论，取决于协同共享，亦取决于互动合作，只有通过对话才能够了解真相，达成共识，维持平衡。同时，政府还要在与民众对话的基础上积极采取行动，精准回应民众诉求，提升决策和服务水平。

大变局时代的政治传播关注哪些重要议题呢？百年未有的大变局时代是一场涵盖政治、经济、文化、观念、技术的全方位、多维度、深层次的结构性变革。这场变革不仅冲击、挑战甚至部分瓦解了既有的政治格局，也在一定程度上激发、催生乃至型构出新型的政治样态。其中以极化政治、后真相政治、数字政治、视觉政治、人工智能政治的迅速崛起最具代表性。时代规定政治，政治统摄传播，传播映射时代。这些新兴政治样态改变了传统政治传播的内容和形式，挑战了以往政治传播的路径和规则，引发了当前政治传播的困境和危机，也预设了未来政治传播的方向和议题，不仅已经成为当前政治传播必须面对的核心困境，也是面向未来的政治传播避无可避的关键议题。因此，及时关注极化政治、后真相政治、数字政治、视觉政治、人工智能政治中的政治传播现象，考察这些结构性的政治变革对政治传播内容、形式、路径与风格的影响，分析政治传播对当前政治变革的推动或阻碍于当下就显得至关重要。同时，值得强调的是，要在关注前沿现象的基础上，深入挖掘与探讨前沿现象背后蕴含的基础性和关键性政治和传播问题，只有参与对这些重大问题的讨论才能真正推动中国的政治传播研究的发展。

那么，究竟如何从"政治传播研究"转型到"政治传播学"呢？

政治传播研究是政治学、新闻传播学、公共管理学等多学科相互交融的研究领域，随着信息技术的不断升级和政治传播研究的深入发展，计算科学、心理学等更多学科也与之相互交叉。可以说，政治传播领域一直是一个充满生机活力的研究领域，经典的政治问题、传播问题和前沿现象、焦点事件都能够从政治传播的视角予以讨论。因此，政治学、新闻传播学仍然是政治传播领域中两大主力学科,这两大学科的学者常常就同一问题展开讨论,其他学科多是作为背景、视野或者方法被运用于其中。不过,由于学科背景差异,不同学科的学者所关心和讨论的问题虽有所重合,但是其所运用的基本概念、借助的理论范式、采取的研究方法、形成的研究风格仍有明显区别,有待进一步深入融合。从目前的基础来看,推动政治传播从"研究领域"向"学科"的转型和跨越,需要注意以下几点。

首先,要进一步展开对政治传播基本概念、基础理论和研究方法的提炼和挖掘。一个学科之所以成为学科,是因为其具有独特的、有别于其他学科的概念体系、理论范式和研究方法,而无须依附某个学科,必须借助其他学科的概念和理论才能展开研究。

其次,要进一步增强政治传播学对当代中国重大理论和现实问题的回应性、解释力和前瞻度。新时代的政治传播学既不是现代政治在传播领域的技术性应用,也不是当前新闻传播的政治性解析,而是要形成对中国特色社会主义、中国式现代化、国家治理现代化、全过程人民民主、国际政治传播等重大理论和实践问题的独特阐释和系统分析,为中国政治学自主知识体系构建提供独有的贡献。和其他学科相比,要做到人无我有、人有我全、人全我新。

再次,要进一步加强政治传播学的师资队伍建设。师资队伍是学科发展的龙头。实力雄厚、结构优良、视野开阔、积极开拓的教研团队是一个学科发展壮大的核心力量。近些年,中国传媒大学、清华大学、中国人民大学、中国政法大学、中国社会科学院等高校和研究机构培养了一大批具备多种学科基础、掌握大数据等现代技术且以政治传播研究为专长的优秀学生。这就为中国政治传播学科的师资储备奠定了坚实基础。

最后,要进一步加大学科平台和学科阵地建设的力度。例如,中国传媒大学的荆学民教授率领他的团队通过举办中国政治传播年度论坛,创办《中国政治传播研究》学术集刊,有力地推动了政治传播学学科的交流和互动,促进了学科特色的凝练和学科成果的传播。中国社会科学院大学的何晶教授也连续策划、主办了九届政治传播与社会发展论坛。这些都是中国政治传播学学科平台和学科阵地建设的重要探索和标杆典范。

很幸运,生活在一个机遇与挑战并存、不稳定性和不确定性弥漫的大变局时代。置身这样的时代,每个人都是观察者、见证者和参与者。可以用自己的眼光去丈量,用自己的思考去剖解,用自己的文字去构想。愿越来越多的年轻人投身当代中国现代化发展的时代大潮,加入当代中国政治传播研究的大队伍中来!

目 录

第一编 政治传播的宏观境况

第一章 大变局时代的政治议题与传播趋势 /3
  一、大变局时代的深度革新 /4
  二、大变局时代的政治议题 /9
  三、大变局时代政治传播的基本趋势 /18

第二章 大变局时代政治传播的核心困境 /24
  一、极化政治:政治传播的撕裂境况 /24
  二、后真相政治:政治传播的竞争幻象 /26
  三、数字政治:政治传播的虚拟陷阱 /31
  四、视觉政治:政治传播的深度错觉 /35
  五、人工智能政治:政治传播的终极隐患 /38

第二编 政治传播的微观逻辑

第三章 政治传播与现代国家成长的三重建构 /45

一、民族、民主与民生：现代国家成长的三重维度 /46

二、从联结到统合：政治传播在民族-国家成长中的角色 /50

三、在参与中培育：政治传播在民主-国家成长中的功能 /56

四、协调与交互并行：政治传播在民生-国家成长中的作用 /62

第四章 政治传播数字化与权力监督机制的完善 /70

一、理论基础：政治传播是权力监督的基本要件 /71

二、现实场景：政治传播的数字化发展 /77

三、未来趋势：以政治传播数字化建构新型权力监督机制 /85

第五章 数字时代算法传播的主体异化与民主困境 /91

一、数字化：算法传播的社会秩序基质 /93

二、"数字人"：算法传播的政治主体异化 /99

三、数字权力：算法传播的民主政治困境 /104

第六章 网络时代"后真相政治"的逻辑与应对 /115

一、"后真相"的前世今生 /116

二、"后真相政治"的逻辑与危机 /123

三、"后真相政治"的应对策略 /130

第七章 "后真相"时代竞争性真相的谱系与策略 /134

一、竞争性真相的内涵与特征 /135

二、源自复杂性的片面真相 /137

三、基于个人判断的主观真相 /143

四、超越客观现实的人造真相和未知真相 /148

五、"后真相"时代如何应对竞争性真相 /152

第三编　政治传播的比较视域

第八章　当代西方政治传播的视觉转向　/159

一、当代政治传播视觉转向的内外动因及其演进　/160

二、视觉转向下西方政治传播的趋势　/167

三、政治传播视觉转向引发西方民主政治困境　/177

第九章　政治传播与欧美政治极化的心理根源　/188

一、社交媒体：当代政治的结构性要素　/189

二、以偏为准：社交媒体时代的后政治心理　/193

三、由偏致极：后政治心理如何加剧政治极化　/200

四、依极促偏：政治极化对后政治心理的反向加强　/205

第十章　政治传播与欧美数字巨头的权力崛起　/213

一、欧美数字巨头的数据垄断　/214

二、欧美数字巨头的权力崛起　/216

三、欧美数字巨头的话语权争夺　/218

四、欧美数字巨头的政治操纵　/221

五、欧美数字巨头的隐性控制　/224

第十一章　政治传播与美国反智主义的当代勃兴　/228

一、美国反智主义的内涵与特征　/229

二、当代美国反智主义兴起的多重根源　/236

三、当代美国反智主义引发的民主困境　/246

第十二章　政治传播与数据治理的多重迷思　/255

　　一、当数据无处不在:数字安全的现实困境　/256

　　二、当数据遭遇鸿沟:数字不平等的多重陷阱　/259

　　三、当数据反对数据:算法规则的内在矛盾　/262

参考文献　/266

后记　/282

第一编
政治传播的宏观境况

第一篇

東方植物文獻目録

第一章　大变局时代的政治议题与传播趋势

　　当今世界正处于一个深度变革和多维转型的重要关口。从经济格局转换到政治秩序多变,从文明冲突到技术革命,从观念嬗变到思想革新,新现象、新变化层出不穷,新矛盾、新问题不断浮现。市场化、资本化、民主化、全球化、数字化等既有进程势头不减,民粹主义、保守主义、激进主义、后物质主义、后多元文化主义等新兴思潮风头日盛。从国内政治到地区政治再到全球政治,不稳定性、不确定性因素俯拾皆是。这些变革在过去的百年甚至数百年间从未发生过。在 2018 年 6 月 22 日召开的中央外事工作会议上,习近平总书记提出:"当前中国处于近代以来最好的发展时期,世界处于百年未有之大变局,两者同步交织、相互激荡。"[①]此后,习近平总书记又在一些重要会议和场合多次论及"百年未有之大变局"。如何全面理解百年大变局的内涵与特征,准确把握百年大变局中政治发展的新动向和新议题,从而合理判断大变局时代政治传播的基本趋势,既是一个重大的理论问题,也是一个紧迫的现实议题。

---

　　① 习近平:《坚持以新时代中国特色社会主义外交思想为指导　努力开创中国特色大国外交新局面》,《人民日报》2018 年 6 月 24 日,第 1 版。

一、大变局时代的深度革新

"百年未有之大变局"这一论断至少包含三层意蕴:当前的变革是近百年甚至数百年来人类社会从未遭遇的;它涵盖经济、政治、文化、技术和观念等多重维度,是全方位、深层次的变革;这场变革内涵深刻,意义重大,必将影响深远。

(一)经济格局颠覆性发展

第二次世界大战后,经过短暂的恢复重建,世界范围内的经济发展逐渐走上快车道,各国科技、信息、新兴产业等领域实现了全方位的发展。进入21世纪后,"互联网+"、工业4.0、大数据、人工智能、云计算等新型技术和理念不断涌现,新一轮科技革命、产业革命和工业革命整装待发。一方面,资本、技术、劳动力等基础生产性要素流通加速;另一方面,传统生产关系、产业模式、劳资结构面临解体,被迫转型,"谁能在以科技智能化为核心,以人工智能、区块链、量子科技、大数据、物联网为特征和载体的第四次工业革命中取得领先地位,谁就能抢得先机,占据优势"[①]。

生产力的升级与生产关系的革新,不仅彻底改变了传统的经济样态,也重新建构了新型的经济格局。这一新型格局突出表现为:在全球层面,以中国、印度等为代表的新兴发展中国家群体性崛起,老牌西方发达国家全球获益相对下降,长期由它们主导的、发展中国家从属的世

---

① 庞金友:《百年大变局与中国方案》,《人民论坛·学术前沿》2019年第7期,第22页。

界经济格局面临解体;在地区层面,一度兴盛的多边合作、区域一体化趋势普遍遭遇单边主义、本土化的强势阻击,各国间矛盾与冲突日益凸显,彼此关系开始微妙起来;在国家层面,受产业模式转型、分配制度不公以及全球经济增长放缓等因素影响,各阶层收入与财富呈明显不均衡态势。精英与民众的命运"冰火两重天":少数精英聚敛巨额财富,志得意满;普通民众收入锐减、财富缩水,叫苦不迭。在美国,"假如这28年的总收入增长是一个馅饼,最高的1%中的1/10,也就是30万人,所享有的那一块,比底层90%,即2.7亿人那一块的2倍还要大"①。在欧洲,"最主要的经济体中,中产阶级的收入持续下降,不平等则不断加剧。西班牙的失业率维持在20%,居高不下;甚至连作为欧盟"经济火车头"的德国也境况不佳,从2000年到2008年,德国中产阶级减少了13%"②。基于法理赋予、人人平等的社会大众,硬生生被收入标准和财富状况残酷地切割为富人和穷人两大对立集团。这种经济的分化与对立,为政治、文化和社会层面上的冲突与矛盾深深地埋下了隐患和祸根。

(二)政治秩序结构性变迁

百年来,世界秩序格局一直被两股方向相反的力量纠缠、牵绊。一种是趋同化的力量。以经济全球化为先导,越来越多的国家融入经济一体化、贸易一体化和规则一体化进程,国与国之间的依存度、共生性越来越高。随着大量诸如环保、反恐、反毒、公共卫生安全等全球性议题出现,已经没有哪个国家可以凭一己之力独自面对。另外一种是本

---

① 雅各布·S.哈克、保罗·皮尔森:《赢者通吃的政治:华盛顿如何使富人更富,对中产阶级却置之不理》,陈方仁译,上海人民出版社2015年版,第2页。

② 查尔斯·A.库普坎:《治理鸿沟:全球化与西方民主的危机》,寿春译,《国外理论动态》2014年第5期,第33页。

土化的力量。经济全球化是一个进程,对先行者来说意味着首创,意味着一系列关于商品生产、贸易往来的规则与约定的制定与传播;对后来者来说意味着接受,意味着对这些既定规则与约定的尊重和履行。摆在后来者面前的只有两个有限选项:要么接受,融入这个体系;要么拒绝,退出或者干脆不进入。在近百年全球化进程的绝大部分时间里,西方发达国家一直在主动扩张,发挥着主导性作用;而广大发展中国家则始终在被动服从,扮演着从属性角色。从这个意义上来说,全球化进程的主动扩张,必然伴随本土化力量的消极抵抗。这是全球化的一体两面。在过去相当长的时间段,趋同化力量相较本土化力量一直拥有压倒性的优势。然而,从 20 世纪末叶开始,事情发生了变化。表现最为明显的是:部分新兴发展中国家实现了突飞猛进的跨越式发展。如今二十国集团的贸易总额已占全球的 80%,GDP 更是远超 90% 以上,大有取代七国集团的态势。金砖国家机制、上海合作组织等新兴合作平台对地缘政治和全球秩序的影响正在日益显现。所有迹象都在指向一个事实:全球治理体系正在由发达国家主导的传统格局转向由发达国家与新兴国家联手共治的新型格局。力量对比、相对获益、未来潜力的颠覆性反转,传统的秩序格局自然会松动、解体并产生重组的内在趋向。各国的角色与功能也随即发生变化。本土化力量开始在传统发达国家有所抬头。于是乎,去全球化、反全球化和逆全球化浪潮暗流涌动,曾经全球化的首倡者摇身成为当下逆全球化的主力军。

(三)文明冲突局部性爆发

"文明冲突论"最早由亨廷顿于 1996 年系统提出。亨廷顿提出,冷战后的世界,冲突的基本根源不再是意识形态的和经济的,而是文化方面的差异;主宰全球政治的将是"文明的冲突"。他划分了八大文明类型,即中华文明、日本文明、印度文明、伊斯兰文明、西方文明、东正教文明、拉美文明以及可能存在的非洲文明。在亨廷顿看来,文明间的断裂带将成为未来的战线;在不同文明之间,核心国家间的关系将影响冷战后国际政治秩序的形成和未来走向。文明冲突是未来世界和平的最大威胁,建立在文明基础上的世界秩序才是避免世界战争的最可靠的保证。

亨廷顿的眼光独到无比。他注意到,文明间的关系是竞争性共处,即冷战和冷和平。种族冲突会普遍存在,在文化和文明将人们分开的同时,文化的相似之处将人们带到了一起,并促进相互间的信任和合作,这有助于削弱或消除隔阂。文明的冲突可能具有两种暴力形式:最可能的一种是来自不同文明的地区集团之间的战争,最危险的是不同文明中的主要国家之间发生的核心国家战争。未来不稳定的主要根源和战争的可能性来自伊斯兰的复兴;西方文明和伊斯兰文明之间的和平共处可能是极其困难的。这些观点,正在当代欧美一步步成为现实。伊斯兰移民数量在欧美社会逐年上升,在部分国家已占比十分之一以上,未来更会有较大的上升空间。伊斯兰文明与基督教文明之间的矛盾与冲突日益显现,且愈加难以调和。

(四)信息技术革命性升级

人类正在步入数字时代,一个由互联网、大数据和人工智能为显著特征的全新时代。"三者共同标志着人类新时代的三个侧面,共同构成了新的社会时代。网络侧重于描述人类社会乃至与物理社会广泛连接的状态,大数据侧重描述新社会状态下的内容形态和数字本位状态,人工智能则描述了新的社会创造物和广泛的机器介入的社会状态。"[①]数

---

① 何哲:《通向人工智能时代——兼论美国人工智能战略方向及对中国人工智能战略的借鉴》,《电子政务》2016年第12期,第3页。

字时代改变着古老的生产形式和产业模式,冲击着传统的经济关系和社会结构,也挑战着人们早已司空见惯的意识、观念、习俗和规则。20世纪60年代,随着芯片、激光和通信技术的不断突破,计算机开始普及。短短30年时间不到,互联网络速度、数据处理能力和机器智能水平获得长足进步,互联网络开始承载社会交往、商品流通和信息交换等多重功能,普通人的生产、生活开始借助或围绕互联网开展——网络时代宣告到来。随着传感技术、存储技术和通信技术的升级开发和广泛普及,人类社会的数据规模呈几何级提升,大数据时代宣告到来。在大数据相关技术的推动下,人类数据处理和分析能力不断增强,超级运算和新式算法不断突破,这就为人工智能的快速发展奠定了基础。无论人们是否喜欢,是否接受,智能机器已经悄悄在人类日常生活中承担着越来越多、越来越重要的功能,发挥着不可或缺甚至不可替代的作用。"人工智能领域是当前人类所面对的最为重要的深刻技术和社会变革,是网络时代、大数据时代之后的新的人类社会形态在社会主体维度的反映。人工智能在深刻改变人类物质生产体系的同时,也将深刻改变人类的社会关系与社会行为。"[1]如何深刻理解人工智能对现代社会的多重影响,理性面对人工智能引发的社会问题和治理困境,构建人工智能时代的社会规则、伦理体系和政治秩序,这是当今社会亟待解决的理论课题与现实难题。

(五)价值观念根本性扭转

20世纪50年代后,欧美发达国家的生产能力、生活水平、富裕程度达到了前所未有的高度。作为物质极大丰富的必然反映,一种摆脱甚

---

[1] 何哲:《通向人工智能时代——兼论美国人工智能战略方向及对中国人工智能战略的借鉴》,第3、9页。

至超越了物质与财富的价值追求、生活方式和社会观念的"后物质主义"随即出现。后物质主义价值观将精神价值、生活质量和自我实现置于优先地位,人身安全、经济发展和物质财富则被抛居其后;对权力的追求、对权威的敬畏、对家庭的维护、对宗教的坚守、对传统文化的传承、对主流价值的捍卫等固然重要,对少数族群和外来移民的关注、对性别差异和伦理界限的在意、对生态质量和工作环境的看重、对自由生活方式和美满社会关系的青睐等更为关键。这种价值观的根本性扭转,对西方社会乃至整个世界影响深远。首先,在全球层面,坚持物质主义与后物质主义的国家之间,存在分化、对立或冲突的可能性。其次,在民族国家内部,倡导物质主义与后物质主义价值观的公民群体之间,有对抗甚至分裂的潜在危险。再次,政府在做选择或决策时,必须同时满足物质主义和后物质主义两大层面的公民需求,甚至不能不面对物质主义与后物质主义的两难困境。最后,后物质主义具有明显的后现代主义特征,越发达的国家,越繁荣的地区,价值的分歧越严重,观念的冲突越普遍。

二、大变局时代的政治议题

时代规定政治,政治回应时代。大变局时代下,经济格局、政治秩序、文明形态、技术革命与价值观念遭遇深度变革,当代人习以为常的政治心理、政治行为面临挑战,司空见惯的政治制度、政治规则面临冲击,熟视无睹的政治环境乃至整个政治生态面临改变。新的政治力量崛起,新的政治关系出现,新的政治矛盾浮出水面。这些新现象、新问题又为当代政治传播划定了场域,设置了议题,勾勒了避无可避的背景和底色。时代之于政治,解构与建构相伴相随,困境与契机同步在场。

(一) 极端政治的流行

所谓极端政治是指一种"在政治竞争中采取不妥协的立场,追求一种极端化的目标"[①]的政治形态。它推崇偏执、激进和暴力,强调分歧、对立和冲突,拒绝妥协、退让和协商。在极端政治的框架下,现代民主政治隐含的理性、审慎被搁置一旁,深思熟虑与中庸之道也被扫地出门。代表路线和方针差异的政治分歧,升级为代表权力与利益的全面对决;代表优胜差异的竞争关系,沦落为你死我活的敌我关系。

分歧、对抗原本是选举政治原则下政党政治的题中之义。但近些年,欧美各国的政党格局可谓乱象横生,混乱不堪。多党制国家中,持中间温和立场的党派逐渐式微,持激进立场的新兴政党迅速崛起;两党制国家中,中间阵营日益萎缩,持极端立场的阵营越来越壮大。在美国,当前的民主党和共和党的两党对抗已到了空前的紧张状态。国会议员们的立场越来越清晰,界线越来越明确,要么明确坚持自由主义,要么坚决固守保守主义。民主党中的保守派和共和党中的自由派,纷纷或主动或被迫放弃中间立场。两党之间的对立和分歧已达近一个世纪以来的最大值。"这两个政党的议员基本上分别组成了左翼自由派阵营和右翼保守派阵营,而20世纪50年代和60年代时期比较常见的自由主义共和党人和保守主义民主党人至2005年前后变得相当罕见。"[②]在欧洲,左翼激进政党借助近些年金融危机和经济增长放缓导致

[①] 王希:《特朗普为何当选?——对2016年美国总统大选的历史反思》,《美国研究》2017年第3期,第17页。

[②] 周琪、王欢:《值得关注的美国政治"极化"趋势》,《当代世界》2011年第4期,第24页。

的收入下降和就业紧张,刻意宣扬焦虑感和忧虑意识,在欧洲议会政治和街头运动中屡有斩获。右翼民粹主义则将特定移民群体视为当前一切社会矛盾的根源,在法国、荷兰、丹麦、奥地利等国掀起了势头强劲的民粹浪潮;而在意大利,以五星运动和北方联盟等代表的民粹主义政党已经获得大选胜利。最值得关注的是,以德国新纳粹党、意大利社会运动党和英国国家党为代表的新纳粹主义政党也开始死灰复燃。他们或崇尚恐怖主义和暴力手段,反对现行体制,或走议会斗争路线,稳步争夺议会席位,其发展势头不容小觑。

某种程度来讲,民粹主义就是一种极端政治。它坚持极端平民立场,反权威、反精英、反全球化、仇官仇富,推崇暴力话语,诉诸非理性的言论和行为。20世纪中后期以来,伴随着现代意识的推进、全球化进程的深化、社会变迁的加速,民粹主义的发展势头强势抬升。自20世纪70年代在全球掀起波澜阵阵,它已跻身当今世界影响较大的新兴政治思潮行列。2016年英国脱欧、特朗普当选、欧洲民粹政党崛起,民粹主义于其中都发挥着举足轻重的作用。特朗普主义也是一种极端政治。无论是竞选策略,还是施政纲领,他毫不避讳自己的过火言论和激进主张,更不担心这些言论和主张可能引发意识形态的直接对立、极端立场的普遍蔓延和社会大众的深度分化。他曾多次强调自己代表的是"沉默的大多数",这个大多数才是真正的人民,而外来移民、有色人种等少数群体则不属于这个阵营。在特朗普极端政治的影响下,美国联邦政府仅在2018年就被迫停摆3次,最后特朗普破釜沉舟祭出"杀手锏",宣布美国进入紧急状态。这种极端做法,不仅使两党冲突升级,共识政治瓦解,"否决型"政体真实出现,也极大地打击了民众对总统权威、国会效率、选民参政的信心,更将美国两党政治引向新一轮的"宪法危机"。

（二）身份政治的崛起

20世纪之前的现代政治,尤其强调经济相对于政治的决定性,因此,政治立场与派别的分类往往投注于经济指标:左翼政治关注提高工人权益和福利待遇、调整再分配政策等;右翼政治则关注缩小政府规模、减少税收份额、发展私人产业等。进入20世纪70年代,随着经济全球化的扩张、后现代性的扩展和个人主义的盛行,再加上互联网与信息技术的强势助推,当代政治的着眼点和关注点发生了变化,"规定当今政治的与其说是经济或意识形态问题,不如说是身份问题"[1]。左派的关注点由工人群体的平等议题转向边缘群体——少数族群、外来移民、难民、女性、性少数群体等的权利问题,右派的政治关切也重新调整为对民族主义、爱国主义的忠诚和维护,种族、族裔和宗教等身份议题成为热门词汇。于是,身份政治迅速崛起,开始成为"解释全球事务进展的主要概念"[2]。

当代欧美身份政治的突然崛起,有一定的回应性特征。其中,全球化进程的深度扩展是重要的诱发因素。全球化进程带来了大规模的外来移民,最直接的后果就是加剧了就业竞争,抢占了福利和医疗资源。本土民众在普遍并持续感到利益受损后,身份焦虑和排外情绪被激发起来。尤其是当外来移民以域外人身份取得越来越多的话语权、自信心和社会资源后,原来处于主流的本土民众似乎被遗忘了,失落、不平和委屈的负面情绪开始滋长并不断蔓延。再加上,进入21世纪后,欧美外来移民的权益诉求越发丰富起来,从最初略显被动的权利平等和

---

[1] Francis Fukuyama, "Against Identity Politics: The New Tribalism and the Crisis of Democracy", *Foreign Affairs*, Vol. 97, No. 5, 2018, p. 85.

[2] Francis Fukuyama, "Against Identity Politics: The New Tribalism and the Crisis of Democracy", p. 85.

非歧视,到主动向实质平等甚至差异公民和特权身份升级。出人意料的是,随着移民群体所获权利越来越多,移民群体的不满和愤怒却不降反增;移民群体表达不满和愤怒的主要方式就是极端言论和街头运动,这又反过来强烈地刺激了早已心怀不满的本土民众。作为一个必然的后果,欧美普通民众朴素的民族意识、国家意识和种族意识被反向唤醒了。换句话说,包括弱势群体、少数族群和非主流群体在内的边缘群体对于身份政治的诉求,追求的是平等的权利和非歧视的境况;而主流群体回应性身份政治的诉求,则更多具有自我保护、寻求公平正义的意味。当然,不可否认的是,还存在一种极端倾向,那就是试图回到曾经的支配地位和优势身份。

身份政治为当代民主政治带来了重大挑战。身份政治起初只是处于劣势的左派为了替边缘群体发声、试图改变由白人男性主导的主流文化的反抗形式。随着左派取得文化话语权的绝对优势,身份政治开始沦为精英们的表演文化和政治正确。与此同时,经济、政治、文化等外部环境的多重压力,刺激了底层白人的受害者情结,身份政治成为白人族群宣泄不满的"合理出口"。这样一来,身份政治不再是异端挑战主流、边缘对抗中心的反抗政治,而成为两个同时感受被疏离、被边缘的文化群体的对抗政治。这种族群意识的对抗、族群身份的对抗、族群认同的对抗,直接引发了文化的对抗和政治的对抗。这一系列对抗的结果只能是:原本追求公共利益、构建普遍的公民认同的民主政治,正在蜕变为追求族群利益、构建狭隘的族群认同的部落政治(tribal politics);一度被认为不证自明的民主主义,正在滑向前途未卜的部落主义(tribalism);原本西方人引以为豪的民主社会,正在分裂为以狭窄身份为界限的社会碎片;曾经团结而和谐的政治共同体,正在被肢解为一个个原子化的政治部落。于是,可怕的一幕出现:越团结的政治部落离共同体的距离越远,越强大的政治部落越危险;身份政治将民主政治演化为民族国家内部的"文明冲突",将公民政治冲击得分崩离析、摇摇欲坠。

(三) 政治话语权的转移

自近代以来,政治话语的构建和生产一直由政治精英完成,政治话语的传播和扩散一直由传统媒体承载。17、18世纪的启蒙思想正是在精英们的诠释、争执与论战中变迁、演进和发展的;相应地,民众的思想启蒙历程,也大多以传统媒体为中心向外围辐射、拓展和传播。精英掌握话语权,意味着精英们的个人追求、价值立场和理想目标将直接决定政治话语的内容、形式和后果。以近代分权理论为例,代表新兴资产阶级和新贵族利益的洛克强调"二权分立",将权力重心置于人民所在的议会;出身贵族、渴望自由、深谙议会政制之道的孟德斯鸠则倡导"三权分立",强调立法、行政和司法彼此分立,相互制衡,不让任一权力成为权力重心;而那些主张精英立场、怀疑人民力量的联邦党人则主张将权力重心赋予掌握行政权的总统,名义上是权力分立且彼此制约,实际上强调的是执掌行政权的总统相对于手握立法权的国会的优先性。同样,近代英、法、美、德四场启蒙运动,名垂史册、为后人所铭记的只有那些重量级的启蒙思想家和社会活动家的著述和演说,舍命奔走街头、抛洒热血的芸芸众民则成了淡淡的背景和可有可无的点缀。

随着平等观念的广泛流行,权利意识的深入人心,民众的地位逐渐上升直至与精英分庭抗礼,大众民主的时代宣告到来。在相当长的一段时间里,凭借优势资源和社会声望的少数精英与仰仗人数规模和民意基础的普通民众之间达成了某种微妙的平衡。作为现代民主的两种基本形态,精英民主与大众民主各有长短,相互补益。然而,互联网的普及和通信技术的应用,自媒体时代的到来,使精英与大众之间的这种平衡被悄然打破。

原本处于政治话语体系外围和边缘地带的普通民众,开始成为互联网络上的主角。政治精英、经济精英和知识精英虽然在现实世界中依旧拥有更多的资源、更大的影响力和更强的话语权,但在网络世界中他们却优势顿失、左支右绌。精英们还在一如既往地发声,但转瞬即被淹没在喧嚣的民意和无休无止的舆论中。报纸、杂志、电台、电视等传统媒体还在按部就班、兢兢业业地工作,但更草根、更便捷、更廉价、更讲时效性的自媒体早已抢占议题制造与传播的制高点。互联网时代的独特魅力在于:广大民众理论上的人数优势开始转化为实实在在的话语优势;它直接导致了网络上各色精英们的寡不敌众。虽然现在断言广大民众和自媒体已成功抢占政治话语权的核心地带还为时尚早,但民众与精英共同分享话语权份额,自媒体与传统媒体合力构建媒体格局,已是不争的事实。

(四)后真相政治的蔓延

在选举政治的框架下,分属不同阵营的政党精英和国会议员需要不断表明政治立场,展现政治主张。为了实现宣扬、说服和引导的目标,在传播内容、传播渠道和传播策略上就要有所选择,有所侧重,有所取舍。"过度渲染,片面解释,避重就轻,甚至有意无意隐瞒事实,有选择地公布真相,逐渐成为政治传播的常态。"[①]进入 20 世纪 90 年代后,欧美各国逐渐放开媒体经营权。获得经营自主权的媒体,为了追逐利润,抢占市场,绞尽脑汁、不择手段地追求时效性,迎合受众口味,有时

[①] 庞金友:《国家极化与当代欧美民主政治危机》,《政治学研究》2019 年第 3 期,第 55 页。

甚至不惜牺牲新闻的真实性和信息的客观性。更过分的是,有些新兴媒体为了吸引眼球,创造点击率,开始刻意制造一些介于事实与假象之间的"第三种现实"。2016年,英国脱欧、特朗普当选和欧洲民粹崛起三场"黑天鹅"事件直接促成了"后真相"的横空出世。"后真相"或"后真相政治"描绘了当前欧美社会出现的一类特殊现象:事实不再是媒体报道的中心,真相开始让位于情感、观点和立场;相较于事实与真相,人们更倾向于信任自己的感觉、情绪和情感。换句话说,当情感先于事实、立场决定真相时,真相即便在场,也显得不那么重要了。

后真相政治的出现,反过来又加剧了欧美社会的政治危机。其中最为严重的后果就是政治信任的削弱甚至丧失。可想而知,当民众得知看到的新闻都来自各种媒体的刻意传播与有意引导,获得的信息都是有真有假、或真或假的另类真相,政治信任就会遭遇致命打击。政治信任是政治正当性的根基,是政府合法性的源泉。政治信任受损,政治决策和政府行为就会失去民众支持和广泛认可。有研究表明,当前美国的政治信任正在普遍下降,"1964年有3/4的美国公众说,他们相信联邦政府绝大多数的时候在做正确的事情,而现在只有1/4的美国人承认自己持这种观点"[①]。欧洲的情况也不乐观,"加拿大、英国、意大利、西班牙、比利时、荷兰、挪威、瑞典和冰岛也出现了相当程度的政府信任度的下降"[②]。政治信任问题若长期得不到解决,就可能造成信任危机,甚至导致信任异化或信任替代现象。当人们无法获取真相或者无法判断所获信息真伪时,就容易滑向两个极端:要么选择怀疑一切,拒绝主流和权威,走向政治犬儒主义;要么接受谣言和传言,坚持偏执

[①] 小约瑟夫·奈等编:《人们为什么不信任政府》,朱芳芳译,商务印书馆2015年版,第5页。

[②] 小约瑟夫·奈等编:《人们为什么不信任政府》,第6页。

立场和激进言行。

(五) 国家极化的出现

国家极化是当代欧美民主发展的最新趋势,是理解当前欧美政治危机的症结所在。所谓国家极化是指:"当代欧美因利益分配长期失衡造成贫富阶层两极分化,政治精英对峙决裂,政治观念对立冲突,政治行为极端激进,进而导致意识形态分歧加剧,社会群体裂痕扩大,大众文化对抗升级,地区合作和国际关系逐渐孤立化和紧张化的政治发展形态。"① 国家极化既是经济极化和政治极化的深度扩张,更是社会极化和文化极化的双重累加,呈现简单而线性的演进逻辑和复合而显著的现实特征。"在矛盾叠加的情况下,越来越多的个体或群体对所处现状和政治制度日益不满,倾向于接受和支持意识形态光谱中处于左右两端的思想,并不断分化,包括政党之间的极化、政治精英和普通民众的极化、不同族群的极化等。"②

国家极化为何会出现呢?首先,长期的分配失衡和收入差距,将社会分化为贫富两大对立阶层;其次,在民主制度的框架下,贫富两大阶层的对立直接造成精英分化、政党分化和意识形态分化;最后,在经济极化和政治极化的双重裹挟下,文化开始冲突,社会走向分裂。

国家极化的出现也与晚近多元文化主义政策的危机和困境息息相关。多元文化主义的初衷是为了解决少数族群与多数族群乃至整个国家的关系问题,但由于族群认同与国家认同、公民认同之间存在根本性的对立与冲突,再加之随着外来移民的大量涌入,外来移民与本土居民

---

① 庞金友:《国家极化与当代欧美民主政治危机》,第45页。
② 史志钦:《多重危机下的欧洲政治社会极化趋势研究》,《人民论坛·学术前沿》2017年第3期,第7页。

之间矛盾不断激化、本土居民民族意识和国家意识被反向激活,这一政策的内在缺陷日益凸显出来。尽管推行多元文化主义政策的各国多年来一直在不懈努力,但结果令人沮丧:一边是外来移民的不满和抱怨,认为权利不足,平等不够,歧视尚有;一边是本土居民的焦虑和愤怒,认为资源被分,福利被占,优势不在。两大阵营纷纷走上街头,奔走呼号。面对多元文化主义正当性的不断流失,一些持温和立场的知识分子也开始失去信心,一些激进派别和政党则借题发挥,打着维护本土利益、捍卫传统文化的旗号刻意强调极端立场和激进主张。这就在一定程度上对国家极化起着推波助澜的作用。

尽管国家极化形式各异,各国表现和程度不一,但整体来看,当前欧美各国国家极化现象已非常明显。与以往的政治极化相比,国家极化关涉更多,涵盖更广,影响更深。这种从经济到政治、从社会到文化的多维度、多层级的复合性极化具有强大的破坏力、解构力和重塑力,对国内政治、区域政治和国际关系格局影响深远。

三、大变局时代政治传播的基本趋势

政治统摄传播。大变局时代国内政治、区域政治乃至全球政治的深度变化,使当代政治传播发生了跨越性的变革。尤其是进入21世纪后,随着互联技术深度升级,社交平台开始普遍流行,信息技术和新型算法取得突破性进展,以信息共享、智能分发和大数据为特征的自媒体时代到来,政治传播的内容、形式与路径也随之发生了根本性的转变。政治之于传播的内在性、统领性和引导性,从内至外,形神兼顾,无一不足。

（一）多元化

首先是传播主体的多元化。自启蒙时代以来,精英一直是各个历史时期的领军人物,他们目光远大、高瞻远瞩,普通民众则只能扮演从属、追随的角色。现如今,民众的地位上升,开始与精英共享话语权。廉价、方便、快捷的信息网络和社会平台更为其提供了必要而充足的条件。面对新兴媒体的迅速崛起,报纸、电台、电视、期刊等传统媒体的垄断格局被打破,高大上的身段一降再降,被迫寻找转型之法,从纸媒到电媒,从平台到终端,甚至不得不向自媒体学习生存和发展之道。

其次是传播内容的多元化。传播主体的多元化内在规定了传播内容的个性化、多样化和复杂化。大变局时代,传统的与现代的、民间的与官方的、主流的与非主流的、民主的与反民主的各色言论和主张同时出现在新闻媒体与网络平台上,可谓五彩纷呈,层出不穷。

最后就是传播方式和渠道的多元化。现代政治传播最初依赖垂直的、自上而下的单向传播;进入互联网时代,政治传播开始呈现水平的、横向延展的多向传播格局。政治传播不再是独白式宣传,而是对话式交流。海量信息、人人分享、限时反馈是当代政治传播的显著特点。多中心或无中心、去权威的非线性交互传播,为社会成员之间借助自媒体实现信息的水平流动、平面沟通和横向传播提供了可能。原有的以传播媒体为中心的散射传播被解体,每个成员都成为独立的、自主的"传播基站",可以向更广阔的社会空间和社会群体辐射传播。

（二）极端化

广泛普及的社交平台,无处不在的移动网络,为气质相仿、立场相近、偏好相同的人群提供了交流和沟通的平台,为发展和巩固已有立场提供了更多的机会,也就更容易强化极端群体的封闭性、激进性和极端性。不知不觉间,当代政治传播给现代人提供了一个高度便捷又极度威胁的政治境遇:轻松获取政治信息,自由寻找政治社群;同时,不知不觉间,不断放大认知偏见,不断强化极端立场。

置身于信息时代的现代人,每天面对海量级的信息,根本无法全部阅读、吸收,只能依赖自己既有的观念、价值偏好,借助互联网公司的信息智能推送、熟人网络等有限渠道被动获取信息。对于已获取的信息又无法辨别真伪,这种窘境使现代人接收信息的渠道越来越封闭化,信息内容越来越同质化、偏执化和极端化,"社交网络的使用者通过一系列对相异观点的筛选和过滤,进而通过在线社交网络的朋友建构机制,寻找与自己政见相同者,最终塑造了一个以自己为中心的观点极化的社会网络"①。随着异质化信息的自动过滤,同质化信息的相对强化,人们被抛进了类似"过滤气泡"的信息结构中。这种主观倾向再加上精准的"智能推送"技术,受众越来越倾向基于个人偏好自主选择同质化信息,自身偏见在不知不觉被强化、放大。

在后真相政治的背景下,立场、观点、情感甚至情绪渐成核心,事实与真相开始滑向媒体报道的边缘。不得不说,后真相政治营造出的立场优先、话语专断、情感压制理性,与暗潮汹涌的底层民意、立场极端的社会氛围和偏执激进的利益表达缠绕纠葛,是激发以民粹主义为代表的激进思潮疯狂生长和野蛮扩张的重要原因。

(三) 交互性

随着移动互联网的发展,社交网络、新媒体平台和虚拟现实(VR)等新技术纷纷涌现,如今的网络社会已是一个开放而复杂的交互系统。

---

① 陈福平、许丹红:《观点与链接:在线社交网络中的群体政治极化——一个微观行为的解释框架》,《社会》2017年第4期,第231页。

这一变化的显著特征是：第一，信息资源在人际关系网络中高速流动，其数量、质量、速度与影响范围，是以往任何一种交流方式都无法比拟的；第二，信息要素在不同层级的个体、群体和组织之间共享、协同，改变了传统的资源分配规则和权力分布格局；第三，信息交流在精英阶层与草根阶层、传统媒体与自媒体之间双向互动，彼此渗透、相互影响；第四，信息流通即时反馈，平等对话。

传统政治传播时代，媒体与受众之间的互动十分有限，其目标主要以宣传、动员为主，在话语体系、表达方式和语言风格上往往居高临下、自说自话，很少考虑受众的感受和诉求。这直接造成传播主体与客体之间的二元对立与冲突。随着现代信息技术的发展，受众开始拥有多样化的信息平台和全方位的沟通渠道，新兴媒体也纷纷倡导平等、匿名、开放、对话的传播理念，再加上大数据与人工智能、可视化与交互传播等新兴技术的飞速发展，都使当代政治传播的即时反馈、在线互动、实时参与成为可能。当然，这种对话式交流、交互性沟通，必然要求信息公开透明，语言简洁大方，表达通俗易懂，要从"阳春白雪"降为"下里巴人"，从"趾高气扬"变成"低眉顺耳"，从"晓之以理"转为"动之以情"。叙事方式必须生活化、草根化、网络化，变呆板严肃为生动活泼，变抽象思辨为具体例证。

（四）时效性

传统媒体在信息的传达、传递、传播方面，一直在竭尽全力改进。一份报纸哪怕能提高编辑、印刷和发行任何一个环节的速度，都意味着抢占先机，赢得市场。因为这些环节都要遵循复杂的流程和严格的程序，费时费力，而且成本很高。对于传统的广播和电视来说，除收听、收看特定新闻栏目外，要想实现即时报道几乎是不可能的。但随着现代信息的升级与网络技术,尤其是移动网络的推广,即时发布信息、实时报道新闻早成家常便饭,甚至一台智能手机或平板电脑,再加上移动网络就能轻松获得。借助这些条件,现代人开始以更快的速度、更好的质量、更全的角度、更低的成本了解大千世界的新现象、新变化,及时解决新问题、新矛盾。

(五)不确定性

当代政治传播本身就是一种复杂的适应性系统,同时又身处一个更大的非线性的网络系统之中。它是有序与无序的统一,是必然性和随机性的统一,不可预测性和不确定性为其基础特征与发展趋势。

网络是政治传播的渠道和空间,信息是政治传播的内容和实质。网络本身具有破碎化和个性化的双重倾向。这种倾向主要源自政治传播主体、政治传播内容和政治传播通道的多元化,政治传播风格和策略的极端化以及政治传播方式的时效性。这些因素的累加使政治传播的过程、效果难以预测,难以评估,最终就导致了不确实性的产生。重立场轻事实,重观点轻真相,感性替代理性,这种非常态框架下的政治传播往往让人摸不清头绪,更看不清方向。在2016年美国大选对特朗普竞选前景的预测中,传统媒体集体性预判失误本身就是当代政治传播不确定性的最好例证。

时代规定政治,政治统摄传播,传播映射时代。百年大变局给全球政治带来了深度的变革和全新的议题,这些变化又深刻影响甚至规定了政治传播的内容、形式、路径与风格。这是一种前所未有的复杂形势,唯有适应变革,主动谋局,积极筹划,方能在故局中寻找破局之法,在乱局中谋求解局之道,在变局中构建新局之路。当代中国的发展之路,比以往世界上任何一个大国的崛起都更复杂,更艰难,更具挑战性。

作为新兴发展中大国,既要谋求更大的发展空间和更高的理想目标,又要避开既定规则、传统格局和老牌大国的压制和束缚,更要及时应对各个领域的最新发展与变化。在"互联网＋"、大数据和人工智能共同型构的数字化传媒时代,准确判断未来政治传播的新动向和新趋势。这是国家治理现代化的必然要求,也是新时代中国特色社会主义建设的应有之义。面对这个任务,新时代的中国人任重而道远。

第二章 大变局时代政治传播的核心困境

当今世界正处于百年未有的大变局时代。这是一场涵盖政治、经济、文化、观念、技术的全方位、多维度、深层次的结构性变革。这场变革不仅冲击、挑战,甚至部分瓦解了既有的政治格局,也在一定程度上激发、催生乃至型构出新型的政治样态,其中以极化政治、后真相政治、不平等政治、视觉政治、人工智能政治的迅速崛起最具代表性。这些新兴政治样态改变了传统政治传播的内容和形式,挑战了以往政治传播的路径和规则,不仅成为当前政治传播必须面对的核心困境,也是面向未来的政治传播避无可避的关键议题。

一、极化政治:政治传播的撕裂境况

21世纪以来,极化政治在欧美各国愈演愈烈。在极化政治的格局下,政党领袖和议会精英为了确保党派利益或集团利益,毫不掩饰自己的极端立场和激进话语,传统政治中的持中审慎、妥协退让变得罕见,党派利益优先于国家利益、为了反对而反对的"否决型政体"趋于常态。

左的越来越左,右的越来越右,中间派别和温和立场则不再受人欢迎。尽管竞争、分歧、对抗是政党政治的题中之义,但极化态势已经超出正常阈值太多。"政治对峙在美国创建的时候就被纳入了国家体制之中,但近年来在华盛顿越演越烈。"①这种极化政治的激进样态必然深刻影响政治传播的内容、形式和效果。

首先,传播内容的片面化。极化政治的格局下,为了凸显鲜明的党派立场,维持各自的党派利益,同时也为了瓦解对方阵营,遏制竞争对手的舆论攻势,政治精英和媒体往往倾向传播对自己有利的信息,有意无意忽略或屏蔽对自己不利的信息。现实生活中,这种以偏概全、以点代面的例子,无中生有、刻意捏造事实的现象也不少见。

其次,传播方式的激进化。自启蒙时代以来,理性与宽容成为现代政治的代名词。也许并不是所有人都能做到,但没有人会否认其合理性和正当性。"他们不会相信自己一方就是永远和绝对正确的,从而不同意自己的另一方就是'与人民作对',甚至应该被彻底打倒。"②然而,随着极化政治的出现,审慎、宽容、妥协精神不再是美德,中立、温和的立场开始失去人心。选举政治中优胜劣汰的竞争关系,升级为极化政治中你死我活的敌我关系。政治关系模式的变化改变了政治传播的方式和格调。既然已是敌我关系,自然不必再留情面。激烈的言辞,暴力的话语,极具煽动性的修辞表达,故意引导的舆论走势,刻意营造的情绪氛围,早与传统媒体人崇尚的中性立场和客观站位相距甚远。这就直接促成当代政治传播呈现出一幅令人不安的场景:言辞越激烈,立

---

① 约瑟夫·奈:《美国世纪结束了吗?》,邵杜罔译,北京联合出版公司2016年版,第104页。
② 段德敏:《英美极化政治中的民主与民粹》,《探索与争鸣》2016年第10期,第77页。

场越极端,语言越暴力,传播越有效。

最后,传播效果的阵营化。上述传播有效是针对特定对象而言的。由于传播内容的单一性和片面化,传播方式的激烈性和暴力化,各个媒体的传播效果往往具有较强的派系性和阵营化。左派阵营中呼声较高的政治精英,可能被右派阵营嗤之以鼻;右派极力推崇的政治方案,可能被左派阵营搁置一边。对立阵营甚至为了否决而否决,为了反对而反对,公共利益和大众诉求或遭政党偏好无情碾压,或被个别群体分化撕裂。

极化政治使当代政治传播陷入一个尴尬的两难困境:若归从其中一方,则难免偏颇与激进的结局;若坚守中立与理性,则势必面临打压或冷遇。媒体也要生存和发展,极化政治却未留给当代媒体太多的选择空间。倘若媒体摆脱不开这个极化陷阱,其威望、地位和影响会每况愈下;而一旦媒体遭遇信任危机,却又何尝不是现代政治传播的合法性危机?

二、后真相政治:政治传播的竞争幻象

2016年的三场"黑天鹅"事件——英国脱欧、特朗普当选和欧洲民粹政党崛起,使"后真相"迅速成为热门词汇,并进而成为公共讨论和政治分析的重要概念。顾名思义,所谓"后真相"是指出于特定目的,有意或无意掩盖事实、忽视真相,将情感、观点和立场置于优先地位的社会现象。现实生活中的虚假新闻、小道消息、政客说谎、媒体有选择地发布信息、个人有选择地接受事实等都属于这类现象。"后真相"不否认事实和真相的存在,只是承认事实和真相容易被情感遮蔽,被观点掩

盖,被立场漠视。人们将由后真相引发的一系列新兴的政治现象、政治关系和政治秩序统称为"后真相政治"。

情感先于事实、观点掩盖真相的现象自古有之,为何在当下产生如此声势浩大的影响呢?显然,这源自经济、政治、文化、技术、观念等多重因素的影响。首先是经济不平等持续恶化。进入21世纪,随着国际贸易的深层拓展,产业转型的结构变迁,以及制造业的大幅转移,再加上2008年全球金融危机的沉重打击,欧美各国的贫富差距日趋拉大,收入与分配严重失衡,中产阶级逐渐萎缩,底层民众苦不堪言。"在过去30年里,低工资人群(底层的90%群体)的工资只涨了大约15%,而1%的上层群体的工资却涨了差不多150%,0.1%的最上层群体的工资涨了300%还要多。"①经济领域的不平等长期居高不下,慢慢引发了社会领域的不平等,阶层固化、贫困陷阱、"双钻石"结构、"威尔金森"命题等问题层出不穷。高收入与低收入两个阶层之间的裂痕越来越明显,富人与穷人之间的对立越来越严重。收入和分配的不平等,硬生生把平等的权利想象和统一的共同体成员身份撕扯得支离破碎,各阶层之间相互质疑,彼此猜忌,甚至谩骂、攻击,这就为后真相政治的浮出水面奠定了经济和社会根源。"从其对经济和社会所带来的影响来看,不平等是一种灾难,是一种狡猾、隐蔽和可怕的机制。"②

其次是媒体的恶性竞争。自20世纪80年代末起,西方各国相继放开媒体的管制权。在市场经济的大潮下,作为企业的媒体自然将生存竞争和追逐利润作为最高目标。新闻内容的真实性、客观性,往往会让

---

① 约瑟夫·斯蒂格利茨:《不平等的代价》,张子源译,机械工业出版社2020年版,第8页。
② 雷米·热内维等:《减少不平等:可持续发展的挑战》,潘革平译,社会科学文献出版社2014年版,第15页。

位于报道形式的趣味性、时效性。有时甚至还要调研民众需求、评估大众偏好,以便投其所好,量身定制。这样一来,主流媒体登高一呼、从者如云的场面已不多见,更多的是私营媒体揣摩民意、讨好大众。"如何在获取受众和传播真正的'政治'之间取得平衡,长期以来成为困扰政治传播实践者和学者的难题。"[1]

最后是信息技术的高速发展。从传统互联网到移动网络,从纸质媒体到社交平台,从主流媒体的一统天下到自媒体的百花齐放,再到新媒体、融媒体、全媒体的推陈出新,现代信息技术的高速发展带来的是传播途径的更新换代,传播手段的花样迭出,传播效率的几何级提升。这些新技术、新平台的应用和推广,一方面为大众获取、整理、评估和发布信息提供了方便和效率,另一方面也进一步强化了新兴媒体暗含的开放性、互动性、共享性,为信息传播的扁平化、去中心化提供了可能。"在这样一个人人都有麦克风的时代,网民既是信息的接受者,同时也是信息的传播者,极大地改变了政治传播与宣传教育的模式。"[2]而这些恰恰是后真相的产生和后真相政治的形成的物质基础和现实条件。

"后真相"让现代政治蒙上了一层冷酷的灰幕。一旦人们感觉自己生活在一个充塞着私人情感、各色观点和多元立场,真相和事实要么被遮蔽,要么被掩盖,始终处于可望而不可即的后真相世界里,秩序的合法性、权力的正当性以及精英的影响力就会大打折扣。可以说,后真相政治对传统政治传播构成了重大冲击和挑战,也对新型政治传播提出了全新框架和议题。

---

[1] 吴飞、龙强:《政治的幻象:时政新媒体的传播模式与困境》,《现代传播(中国传媒大学学报)》2017年第7期,第26页。
[2] 秦红:《"互联网+"时代网络政治传播的困境与优化策略》,《湖北社会科学》2016年第9期,第47页。

首先,信任危机的加剧。由后真相构成的政治秩序中,主观的情感、立场和观点大行其道,客观的事实、真相则屈居其后。久而久之,政治精英的个人形象、媒体平台的公信力将被不断消解,政治信任危机也将不断加剧。近些年,这种信任危机不仅在美国,也在包括欧洲在内的全球大部分国家有所显现,"加拿大、英国、意大利、西班牙、比利时、荷兰、挪威、瑞典和冰岛也出现了相当程度的政府信任度的下降"[1]。人们原本身处信息爆炸、资讯发达的时代,面对海量信息,早已无力辨别真伪,若再失去对传播主体的信任,其后果可想而知。而实际上,人们依旧渴望事实和真相,如果传统渠道不能提供,只能转而相信其他。这就导致信任异化或信任替代现象的出现。结果只能是:谣言四起,传言不断。一旦失去信任,人们得到的信息越多,焦虑感越强,不安和怀疑越浓烈。"如果没有信任,则不会有和谐,更不会有强健的经济。"[2]

其次,相对主义的泛滥。当新闻和资讯被有目的地筛选、有选择地发布、有计划地营造时,人们渐渐会产生相对主义的错觉。如果一切都是相对的,那么也就没有了善恶、美丑的分别,没有了黑白、对错的界限。在道德相对主义的影响下,人性的弱点会促使人们越来越注重个人感受和自我欲求,推崇私利优位和娱乐至上,甚至不知不觉间成为"精致的利己主义者"。而这些人只相信:事实与真相固然可贵,个人的感受与偏好更为重要。

再次,"第三种现实"的滋生。后真相让真假相伴而行,半真半假,时真时假,亦真亦假。这种介于事实与虚假之间、不完全客观也不完全虚构的现象被称为"第三种现实"。它具有相对性、情绪性、即时性三大

---

[1] 小约瑟夫·奈等编:《人们为什么不信任政府》,第6页。
[2] 约瑟夫·斯蒂格利茨:《巨大的鸿沟》,蔡笑译,机械工业出版社2017年版,第172页。

特征:"信息内容既有真相成分,也有谎言内容;为迎合受众情绪,传播者玩弄真相于股掌间,谈笑戏谑,刻意引导,受众则为情感左右,被情绪牵制,无视事实真假;社交媒体信息传播快捷、高速,受众面对海量信息兼顾无暇,看后则忘。"①如特朗普政府有意强调移民群体对美国经济和文化的破坏和冲击,却只字不提移民群体的贡献和作用;再如欧洲民粹主义政党大力宣扬民族主义和民族国家的重要,却对欧盟对各国发展的推动和扶植视而不见。由此可见,作为一种新型传播现象,"第三种现实"极大加剧了当代政治传播的碎片化、不稳定性和不确定性。

最后,竞争性真相的混淆。与强调主观先于客观、情感胜于事实,虚假与真相并存的"后真相"相比,竞争性真相强调真相具有不同的面向、不同的叙述手法和表述方式。两者虽有交叉,本质却有较大的不同。所谓"竞争性真相"是指由不同的人阐发、从不同的角度刻画、具有同等真实性的真相。按赫克托・麦克唐纳(Hector MacDonald)所说,"许多时候,你可以通过许多方式描述一个人、一起事件、一件事物或者一项政策,这些描述可能具有同等的真实性"②。由于现实生活中的真相往往具有若干面向和维度,每个面向和维度中的真相都是真实而非虚假的,因此,竞争性真相的本质是真相而不是假象。传言、谎言、谣言、假新闻、阴谋论、个人臆想等都不是竞争性真相。现实世界里,竞争性真相无处不在,无时不有。它既包括源自复杂性的片面真相,基于个人判断的主观真相,也包括超越客观现实的人造真相和未知真相。对于竞争性真相,一些别有用心者或只强调其中一面,或刻意回避某些方

---

① 庞金友:《网络时代"后真相"政治的动因、逻辑与应对》,《探索》2018年第3期,第32页。
② 赫克托・麦克唐纳:《后真相时代》,刘清山译,民主与建设出版社2019年版,第6页。

面。每件事情通常都不止一种真实的叙述手法和表述方式。既要发挥竞争性真相积极主动的一面,激发人们的兴趣,鼓励人们的行为,也要警惕竞争性真相消极被动的一面,提防那些故意用竞争性真相误导他人的别有用心者。

在后真相时代,要想防止竞争性真相被操纵,应对那些恶意误导者,合理甄别复杂的"后真相"与真实的竞争性真相,必须承认竞争性真相的普遍性,认清竞争性真相的必然性,警惕竞争性真相的破坏性,发挥竞争性真相的积极性,提高对竞争性真相的辨别能力和应对能力。

三、数字政治:政治传播的虚拟陷阱

人类正在大跨步迈进一个以"互联网+"、大数据、云存储、智能算法为核心表征的数字时代。无论是利益的表达和综合,还是权力的生成和运作,抑或是决策的酝酿和输出,甚至是政治态度的评估和政治行为的观测,都需要借助数字来提取、呈现和考查。正如有学者所说,"技术会放大普通公民的政治表达"[①]。从某种程度来说,对现代社会而言,数字正在成为一种重要的政治现象。它可以瓦解传统社会阶层间的政治关系,也可以打造不容忽略的政治力量,更可以建构起新型的政治秩序。换句话说,数字政治既是现代政治的崭新面孔,也是现代政治的显著特征。然而,当人们在欢庆数字时代到来时,也要反思和警惕数字政治的可能风险,尤其是它对政治传播的冲击和影响。

---

① 马修·辛德曼:《数字民主的迷思》,唐杰译,中国政法大学出版社2016年版,第7页。

首先，当政治传播陷入信息汪洋，数字安全危机将不断升级。数据是数字时代的基石。随着数据搜集、分析、整理和应用的范围越来越广，力度越来越大，层次越来越深，个人、组织、政府乃至整个社会对数据的信赖程度会越来越强。原本错综复杂的人类社会，正在变得日益数字化、公开化和透明化。这一变化并非只有积极的一面。从目前的情形来看，无论是数据的收集、传递，还是数据的存储、使用，每个环节都存在较大的风险。不受法律和规则约束的数字化进程，不仅会使个人隐私荡然无存，甚至直接威胁社会稳定乃至国家安全。身处信息的汪洋大海，无时无刻的在线状态，若不具备一定的数据安全意识和信息处理能力，人们就像在"网络裸奔"。2007年的"熊猫烧香"病毒事件、2016年的雅虎用户信息外泄事件，无一不在提醒着人们必须时刻关注数字安全的重要性。随着自媒体时代的到来，传统主流媒体掌控数据处理和信息发布的"大一统"局面被打破，曾经的媒体掌舵人和信息管理者逐渐缺位。人们在理论上都成了数据生产者和信息传播者的同时，却并不都具备足够的安全意识、信息能力。对于各种数据的类型、信息发布的方式、可能产生的后果、必须承担的责任等都没有明确的了解和把握。这就大大增强了数字危机的风险。出于自身利益和高额利润的考虑，一些科技公司单纯强调新兴智能产品的性能和优点，却对这些设备对个人数据和动态信息的搜集和获取避而不谈。一些应用终端在提供相关服务的同时，会自动记录、存储并整理用户的个人信息，进而为下一步的智能推送和精准营销提供素材和依据。这些都无疑对个人财产、人身安全和社会稳定构成了潜在威胁。

其次，当政治传播面临数字鸿沟时，数字不平等将不断拉大。当人们在论及数字政治或数字时代的政治传播时，其实往往预设了一个必要的前提条件，那就是共同体所有成员必须全体全时联网在线，数字时代的福利和红利为人们共同分享。而在现实世界里,无论是在发达国家,还是在发展中国家,不同地区、不同阶层、不同群体的数字化程度、水平和能力都有较大差距,有些甚至是天壤之别。这就涉及数字鸿沟问题。"数字鸿沟"是指"处于不同社会经济层面上的个人、家庭、企业和地理区域之间,在享有信息和通信技术的机会程度和参与互联网的使用程度的差异"①。"大数据"不是大概的数据,而应该是全样本的数据。数字技术的应用为现代政治传播提供了速度和效率,但若因为数字鸿沟的存在,不能实现全员覆盖,以"大概数据"为基础做出的评估、判断和预测,其效度和信度都会大打折扣。"大数据大大地威胁到了我们的隐私和自由,这都是大数据带来的新威胁。但是与此同时,它也加剧了一个旧威胁:过于依赖数据,而数据远远没有我们所想的那么可靠。"②在数字化进程高歌猛进的时代,人们必须意识到:数据不均衡会导致数字鸿沟,数字鸿沟会引发数字不平等,而数字不平等则会加剧现实中的传播不平等,进而使社会不平等继续恶化。

再次,当政治传播遭遇智能推送,算法歧视将不断强化。从本质上来说,智能算法就是一系列主观的规则约定和议程设置。在看似中性的程序设计里,规则和议程的开发者和设计者往往带有一定的主观偏好,这种偏好必然产生政治和社会后果。"当自动决策工具的设置不是为了明确消除结构性不平等时,它们的增长速度和扩散规模只会加剧这种不平等。"③算法要么在性别、种族、职业、收入等方面存在倾向性,

---

① 侯康超:《直面数字鸿沟:电子政务与数字现代化》,中共中央党校出版社2020年版,第124页。
② 维克托·迈尔-舍恩伯格、肯尼思·库克耶:《大数据时代:生活、工作与思维的大变革》,盛杨燕、周涛译,浙江人民出版社2013年版,第208页。
③ 弗吉尼亚·尤班克斯:《自动不平等:高科技如何锁定、管制和惩罚穷人》,李明倩译,商务印书馆2021年版,第162页。

要么对特定群体过度关注或刻意排斥。而且,这种算法歧视轻易不会为人们所察觉,具有较强的隐蔽性和误导性。在政治传播领域,通过种类繁多、随处可见的社交平台和终端网络,掌控先进智能算法的科技公司可以轻松获取民众信息,在经过长期跟踪、系统评估后,有选择地将具有特定价值偏好的数据和信息准确无误地推送给民众。智能推送的运行逻辑是:算法首先分析并成功捕捉到你的偏好,然后依据你的偏好为你量身定制地精准推送。换句话说,你喜欢什么,就会被推送什么;你所接收的,自然就是你所喜欢的。高效、精准、私人化、即时性是这种智能推送的基本特征。普通民众身处信息链条的终端,面对这种主动的、全方位的、始终在线的智能推送,永远是被动的、无法断网的接收者。智能推送将现代人推向了一个极具悲剧性的信息场景:貌似生活在一个海量信息、无限开放、全时互联的信息世界中,无所不知、无所不晓,但实际上却被封闭在一个狭小的信息茧房内,既不能主动选择,也无法逐一验证。结果只能是:要么迷失在信息丛林中不知所措,彷徨无助;要么被源于自己的个人偏好不断洗刷,不断强化。换个角度讲,算法本身也存在着内在矛盾性,是逐私利还是谋公利,是重偏好还是重平等,是技术至上抑或人类本位?这些都是对算法的终极拷问。正因为这种内在矛盾性的存在,人们必须有所反思。若人的存在由数据来赋值,人的意义由数字来规定,人就会沦为算法操纵和控制的客体,其主体地位将不断被削弱甚至最终丧失。

最后,当政治传播成为数字权力,"数字利维坦"将可能降临。当个人、组织和政府越来越依赖信息技术开展公共决策和进行国家治理,就意味着谁掌握信息技术,谁就拥有主动权和影响力,数字就成为一种权力的形式。如果数字技术渗入公共权力或为公共权力所使用,就会使政府拥有远超于传统社会的新型国家能力;如果技术为超级科技公司所垄断,这些科技巨头就会拥有无法想象的行动能力和公共权威。"技术被从经济领域移植到政治领域后,它极易被国家俘获用于社会控制和政治权力再生产,技术手段从而成为社会治理的重要工具。"①不论数字权力掌控在谁手中,只要不加以合理约束和适度控制,数字就不再只是简单的技术存在,而会成为无比强悍的"利维坦"。正如芒福德所注意到的:"个人的一切,包括行为活动、往来交谈甚至连梦幻、欲念,都难逃这神眼跟踪。一己生命的一切迹象都被记录到计算机数据库,接受通盘监控和管理。换言之,不只是侵犯了隐私权,简直彻底打碎瘫痪了个人的自治状态,其实就等于消散了你的灵魂。"②在这只巨大的"利维坦"面前,普通民众要么沦为可有可无的数据奴隶,要么成为无足轻重的虚拟存在。

四、视觉政治:政治传播的深度错觉

从本质上讲,政治传播是政治主体和客体之间为实现特定的政治目标、追求特定的价值取向,借助符号和媒介使政治信息得以流动的过程。从始自古希腊罗马的广场政治,到工业时代以报纸、杂志、传单为载体的纸媒政治,从"二战"时振奋人心的广播政治,到全民娱乐时代的电视政治,再到"推特总统"(Twitter President)、"脸谱首相"(Facebook Prime Minister)闪亮登场的自媒体政治和视频政治,图文时代悄然变革,

---

① 王小芳、王磊:《"技术利维坦":人工智能嵌入社会治理的潜在风险与政府应对》,《电子政务》2019 年第 5 期,第 87 页。
② 刘易斯·芒福德:《机器神话:权力五边形》(下),宋俊岭译,上海三联书店 2017 年版,第 272—273 页。

一个全新的视觉政治时代正在大步走来。

在视觉政治时代,音像视频占据政治传播的中心地带。这些音像视频既是权利诉求、利益表达的载体,也是主流宣传、价值传播的渠道,更是政治参与、街头运动的平台。正如有学者所描述的:"视觉政治是政治的一种表现,是指政治人的政治行为通过电视、电影、网络、与公众直接接触等包括图像、声音的视觉媒介表现出来的完整过程,从而在公众中塑造或形成特定的政治形象。"[1]相比以往的政治样态,视觉政治具有如下显著特征。一是必然性。视觉政治是图文时代认知规律和行动原则的必然结果,是"后人类视界"的必然选择。[2] 二是通俗化。视觉政治是复杂政治过程的简单化表达,通俗易懂,即时高效。"可视化"具有远超传播媒体"可读""可听"的影响力和传播度:简单、粗暴、极具感染性。三是在场感。视觉政治充分发挥音像视频的优势,填补了直接民主与间接民主之间的距离,模糊了现实政治与想象政治的差异,可以轻松营造出类似古典广场政治的真实感,甚至还可以借助虚拟技术,模拟、转换、覆盖甚至修改现实政治,轻松跨越时空的局限。可以说,视觉政治是现代政治发展的最新变化,也是政治传播媒介演进的高级阶段。

当现代政治步入视觉政治的时代,政治重心逐渐围绕视觉元素展开和运转,政治传播的结构和框架也随之发生变革。试想,在视觉优先的时代,为了合法性的建构、价值观的倡导、精英形象的塑造、民众权益的维护,还有哪种形式的传播会比音像视频更高效、便捷,更具冲击力和影响力,更具感染性和传播性呢?

---

[1] 崔萍:《初探视觉政治对塑造政府形象的正效应》,《前沿》2006年第1期,第135页。

[2] 参见施畅:《赛博格的眼睛:后人类视界及其视觉政治》,《文艺研究》2019年第8期。

虽然视觉政治越来越推广普及,越来越深入人心,但同时也遭遇了重大挑战。这种挑战源自一种新兴算法技术即"深度造假"。深度造假,借助深度学习技术得名,也称"深度伪造"。这一技术于 2017 年发端于社交平台,一经发布便在全球产生广泛影响,随后迅速进入政治、社会和传播领域。深度造假的实质是指把图片和声音输入机器学习的算法,并借此进行面部操作。换句话说,就是把一个人的脸部轮廓和表情放置在其他人的脸上,同时利用逼真的声音处理,制造出看似逼真、实为合成的视频,从而达到躲避识别、混淆视听、虚假宣传或娱乐大众等目的。简言之,深度造假就是利用深度学习技术进行精准的人工换脸。

深度造假在当前的影视、教育、健康、娱乐行业已相当常见。虽然内在运行机理复杂,但一旦程式化和平台化,操作起来却是简单明了,无须具备专业知识和系统训练就可以掌握,因此,其普及的速度惊人。再加之,深度造假一方面借助社交媒体传播和扩散,一方面又依托社交媒体上的海量用户数据训练算法。如此一来,深度造假就与社交媒体相互借力,共生共长:前者为后者提供技术支持和传播渠道;后者为前者提供更多的数据来源和更多的用户体验。受丰厚的利润驱使,深度造假技术突飞猛进,不断突破。最为关键的是,"深度造假不仅是一种技术迷思和技术景观,而且是一个充满变数的权力场域。这一场域受到多种政治、经济和技术力量的干预"[①]。不难想象,在一个全民视频的年代,深度造假一旦介入政治领域,会掀起多大的风浪?令人担忧的是,虽然造假与防伪的斗争从未停歇,但深度造假的预防与治理却是难

---

① 姬德强:《深度造假:人工智能时代的视觉政治》,《新闻大学》2020 年第 7 期,第 6 页。

上加难。目前还没有行之有效的方法和工具可以全部克服。当然，随着区块链技术的出现，得益于它不可更改的数据记录和去中心化的交易方式，针对深度造假的深度防伪技术有望取得重大突破。

音像视频是人们日常生活和大众娱乐的内容和载体，也是人们认识世界、了解政治，甚至参与政治不可或缺的渠道和方法。当"可视化"的技术浪潮遭遇深度造假的暗流，政治传播必将面临重大冲击和挑战。无法回避的视觉政治，难辨真伪的深度造假，身陷两大浪潮的强势裹挟，现代公民又将何去何从呢？也许，尽快努力提升公民的信息处理能力、数字鉴别能力、媒体素养能力才是视觉政治时代最为迫切的能力要求。

五、人工智能政治：政治传播的终极隐患

在人类发展史中，任何一场新技术革命都对政治的发展和变革影响深远。人工智能不断渗透和介入政治领域，势必引发治理体系的变革、权力结构的重组、民主形式的更迭以及统治秩序的重构。这些基于人工智能的发展而建构、引发的新型政治样态被称为人工智能政治。

在人工智能发展的不同阶段，人工智能渗透、介入和影响政治的方式，人类对人工智能的理解，人类与人工智能的力量对比和关系模式都将随之发生变化，人工智能政治的核心议题也相应改变。为了充分展示人工智能政治的可能发展，我们不妨做如下逻辑推演。

在人工智能政治的初始阶段，人工智能以弱人工智能为主，仅能介入生产和生活领域。人类将其视为提供便利、舒适、效率和幸福的工具，发展水平和发展方向由人类决定，人类主宰一切。在人工智能政治

的发展阶段,人工智能不断进步、升级,人类对其依赖性增强。"除非彻底消灭信息与通信技术,否则我们的世界已经离不开它们。"①随着人工智能介入政治领域的程度越来越深,围绕人工智能逐渐形成了体制内和体制外两大超级权力。人类依然主宰世界,但与人工智能的力量对比已有所扭转。在人工智能政治的成熟阶段,弱人工智能达到顶峰,人对人工智能的依赖性继续上升。随着生产、生活各领域中的人的角色与功能被人工智能逐渐代替,人成为最有闲的无用之人。政治领域中的公民被数字虚拟化,算法民主取代代议民主。人与人工智能的实力对比发生根本性扭转。在人工智能政治的高级阶段,弱人工智能不断突破,终于成功突破"奇点",人工智能拥有了自主思维和独立意识,进入强人工智能时代。后人类时代来临,人面临或被淘汰或与机器并存的两难困境。人类主宰的时代消失不见,机器统治时代随之到来。

在人工智能政治逻辑推演的背后,实际上隐含着人类与机器之间关系的前瞻和预期。显然,按照人工智能政治的逻辑,人机关系注定是一个悲剧性结局。最初,人借助人工智能技术介入、影响和参与政治。此时人是主体,人工智能只是一种技术手段。然后,随着人类对人工智能的认可度提高,以及人工智能技术与能力的不断提升,人工智能终于突破"奇点",成为拥有独立意识、自我观念和自主学习与进步的智能类人生物。此时人与"智能人"不分主辅,平等并存。随着人工智能技术的不断突破、智能机器人的迅猛升级,人类相对于智能机器的短板和弱势不断凸显,人类将面临一个艰难选择:要么自动退出历史舞台,沦为

---

① 卢西亚诺·弗洛里迪:《第四次革命:人工智能如何重塑人类现实》,王文革译,浙江人民出版社2016年版,第198页。

机器的辅助工具,人类命运交由机器主宰;要么选择接受器官移植,从而与机器融为一体,"在充满人工智能的世界里,人类如果想维持其地位,就必须变成半人半机械的物种,以避免沦为人工智能的玩偶"①。所以,如果不加控制,任由人工智能自由发展,人工智能终将主宰这个世界,"人工智能一旦脱离束缚,将以不断加速的状态重新设计自身;而人类由于受到漫长的生物进化的限制,无法与之竞争,将被取代"②。

正如霍金和马斯克所担心的,人工智能政治会将人类推向一个从未遇见过的困境,"我们看到 AI 系统正在被部署为既能增强社会也可能以复杂的方式毁灭社会的这样一种不断增长的潜力"③。一旦人工智能突破弱智能跃升至强智能,拥有独立思维和自主意识,一个人机共存甚至机器取代人类的后人类社会就将降临。以人为中心和主体的现代政治以及政治传播也将面临终结。从某种意义来讲,这是当代政治传播的终极隐患。

一切仍在发展和变化。上文论及的极化政治、后真相政治、数字政治、视觉政治和人工智能政治,代表着瞬息万变、充满不稳定性和不确定性的大变局时代的不同面向。它们即便综合在一起,也仅能掀开这场革命性社会转型和结构性政治变革的冰山一角。为了线索清晰、结构对仗,这里刻意将这些新兴政治样态分而论之。但实际上,它们之间存在较多的重叠和交叉。如极化政治与后真相政治相互影响,彼此强化;数字政治与人工智能政治同宗同源,皆是现代技术的越级发展;而

---

① 马克·佩恩、梅勒迪斯·法恩曼:《小趋势 2:复杂世界中的微变量》,曲磊译,中信出版社 2019 年版,第 108 页。
② 腾讯研究院:《人工智能:国家人工智能战略行动抓手》,中国人民大学出版社 2017 年版,第 368 页。
③ 詹姆斯·亨德勒、爱丽丝·穆维西尔:《社会机器:即将到来的人工智能、社会网络与人类的碰撞》,王晓等译,机械工业出版社 2018 年版,第 183 页。

视觉政治本质上也是一种特殊的数字政治,且与人工智能和超级算法须臾难分。本章虽高扬反思情怀和审视眼光,但绝不意味着对人类正在大跨步迈向的以"互联网+"、大数据、人工智能、云计算为表征的数字时代的抗拒和反对——此乃时代发展之大势;本章虽突出"困境"语境,但旨在强调面对新生事态和可能趋势的冷静态度和客观立场。只有了解当下,才能放眼未来;只有预知风险,方可持续发展。未来可期,让我们拭目以待。

第二编
政治传播的微观逻辑

第三章 政治传播与现代国家成长的三重建构

　　国家成长是民族-国家、民主-国家和民生-国家的三重建构,政治传播于其中均发挥着不可替代的作用。在民族-国家成长阶段,政治传播既在客观上推动了国家权力在时空维度上的延伸和扩展,又在主观上促进了国家认同的形成和巩固。在民主-国家成长向度,政治传播一方面通过构建制度主体、营建共识环境和提供参与渠道,全方位推动民主制度的完善;另一方面通过培育公民意识、开展公民教育、倡导公民义务和塑造制度权威,多维度激发民主价值的内化。在民生-国家成长层面,政治传播通过作用于政府的组织结构、行为方式和外在形象,不断优化国家的治理体系和治理能力,同时通过消解民众的疏离感、冷漠感和不信任感,持续提升政治参与的回应性、科学性与交互性。在现实政治的语境中,政治传播的诸多作用往往重叠交叉,甚至相互龃龉。最大程度发挥政治传播正向作用的关键在于充分利用政治传播所蕴含的沟通与协调功能,而不是仅仅将其视为一种策略选择或权宜之计。

　　自19世纪以来,经过一代又一代国人的艰苦抗争和不懈探索,中国逐渐从传统走向现代,不仅建立起"主权在民"的国家政权,锻造出中华民族的共同体意识,而且持续推动中国特色社会主义的创新发展,致力于实现全体人民的共同富裕。在相同的时间轴线上,世界其他国家也历经兴衰成败,在时代更迭中不断发展。当今世界正处于百年未有的大变局时代,全球的动荡变革期与中国的战略机遇期不期而遇。站在这个重要的历史交汇点,面临错综复杂的国际形势与艰巨繁重的国内改革发展稳定任务,若想在新的世界格局中占据优势地位,谋求更大的发展空间和更高的发展目标,必须全面推进国家治理现代化,全面建设社会主义现代化国家。而关乎这一中心任务能否顺利完成之关键点就在于是否以及如何促进国家的持续成长。在世界百年大变局和信息技术大发展的背景下,如何理解政治传播与国家成长微妙而复杂的关系,如何诠释政治传播在国家成长不同维度中的角色、功能与作用。这既是一个重大的理论问题,也是一个紧迫的现实议题。

一、民族、民主与民生:现代国家成长的三重维度

所谓"国家成长"意指借用生态学概念描述现代国家渐进性发展、累积性演进和自主性优化的多重维度与复杂过程。[①] 虽然基于不同的历史传统与现状,各国国家成长具体形式差别较大,但总体变迁呈现出明显的从传统到现代、从幼稚到成熟的大致态势。

现代国家是一定历史阶段的产物,它首先出现在欧洲,后来逐渐发

[①] 参见刘金海:《国家成长的要素、机制与格局——基于政治生态学角度的国家成长理论》,《学术月刊》2020年第9期。

展成为一种势不可挡的全球趋势。与传统国家相比,现代国家具有如下鲜明特征。

第一,拥有明确的领土主权,且"在已经界定和得到承认的领土内拥有强制和获取的垄断权力"①,能够"实施统一的行政控制"②。现代国家对内能够依法实施对地方和个人的管辖,对外则以独立自主的身份与其他国家进行交往。相较之下,多数传统国家"有边陲而无边界",其中央政权的控制能力相当有限。

第二,以拥有统一历史传统和大众文化的国族为基础。在理论构想上,国族应该由同一民族构成。不过,在现代国家的演化过程中,国族发展既可能由单一民族(ethnic group)构成,也可能是由多民族构成。但不论是单一民族还是多民族都居住于特定领土范围内,隶属同一政治共同体,并为同一具有垄断性和强制性的国家机器所控驭。传统国家内部则具有异质性,是由"众多社会组成的","除了统治阶级和其民众在文化上保持距离以外,不同地域共同体之间也总是具有文化的异质性"。③

第三,国家权力属于人民,并且依据"主权在民"的原则进行权力配置和权力行使。统治权力、政权架构以及公共政策需要基于民意取得、组织和选择,权力行使需遵循法治原则,并且公民在法律范围内享有权利。而传统国家的权力则隶属君主或者部分公民,权力配置和行使具有较大的任意性,普通民众大多时候处于被动服从的地位。

第四,依赖理性官僚制度在全国范围内依法治理,承担保证国家安

---

① 邓正来主编:《布莱克维尔政治学百科全书》,中国政法大学出版社 1992 年版,第 490 页。
② 安东尼·吉登斯:《民族-国家与暴力》,胡宗泽、赵力涛译,生活·读书·新知三联书店 1998 年版,第 144 页。
③ 参见安东尼·吉登斯:《民族-国家与暴力》,第 62—63 页。

全、促进经济发展和提升公民福利的职能。随着现代工业的发展,人们之间的社会关系和公共事务趋于复杂化,现代国家不仅建立起一套制度化、规范化的管理体系专门来处理政治之外的行政事务,还越来越重视大力培育社会组织、积极激发社会力量,实现国家治理主体多元化、治理能力现代化。在一些传统国家中,官僚制虽然已经出现,但其主要是向君主负责,统治性和控制性更强。

  国家成长是多因素、多维度和多层次综合发展的复杂过程。这一过程既关乎国家主权维度,强调具有文化和民族整合力的民族-国家的形成与发展,又注重国家制度维度,强调理性而又包容的现代民主-国家的建立,同时也着重国家治理维度,强调经济持续发展、服务便捷和福利完善的民生-国家的建设。换言之,如果说,民族-国家、民主-国家和民生-国家是现代国家的结构性要素,那么,国家成长则是民族-国家、民主-国家和民生-国家三维建构和发展的过程(见图3-1)。其中,民族-国家成长偏重的是现代国家成长过程中国族的整合和凝聚维度,它以国家主权为中心,寻求国民在共同体层面的认同,主要解决国家权力在领土范围内的延伸和覆盖以及国家权力合法化的问题。民主-国家成长关注的是现代国家成长过程中现代制度体系的建立与发展维度,它以现代国家制度建设为中心,所要解决的是国家权力根据"主权在民"的制度规则来分配和运行的问题。① 民生-国家成长侧重于现代国家成长过程中的政府行政能力与民众福利发展维度,它以国家治理体系和治理能力现代化为中心,所要解决的是政府满足公众对于基本公共服务的需求,建构富足而美好的现代国家的问题,主要表现为在国家稳定和主权在民的基础上,政府调整和优化职能,有效提升公众福

---

① 参见徐勇:《"回归国家"与现代国家的建构》,《东南学术》2006年第4期。

祉,为民众提供高质量的安全、不断发展的经济和优质的社会服务,民众积极参与公共生活,培养良善的公共道德。

国家成长不是一蹴而就的,而是一个系统工程,是一项经年累月、久久为功的伟大事业。它着重于国家从传统至现代的转向并且持续发展的过程,具有渐进性、累积性和持续性的特征。

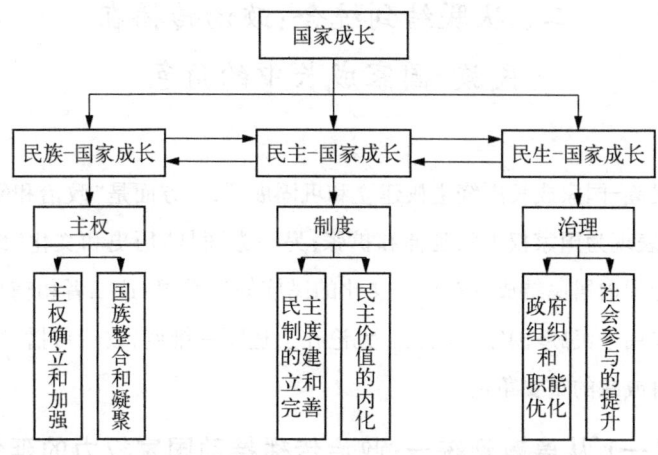

图 3-1 国家成长的具体维度

国家之所以能够持续成长,其动因是多元化的。派伊(Lucian W. Pye)关注到了政治传播因素在国家成长中的关键作用,提出正是因为传播的压力,传统社会才逐渐衰落。甚至在未来,人们对新传播媒介的创造和对新传播内容的接受将是现代国家成长的决定性因素。[①] 吉登斯(Anthony Giddens)也对政治传播在现代国家成长中的重要性予以肯定,提出在现代国家发展过程中"为了协调臣民而展开的信息收集和存

---

① 参见 Lucian W. Pye, *Communications and Political Development*, Princeton: Princeton University Press, 1967, p.4。

储与物质生产同等重要"①。可见,政治传播作为国家内与国家间的政治信息的流动②,与国家成长具有直接而密切的关系,在维护国家安全、增强国家认同、提升国家治理能力以及展开国际交往中均扮演着至关重要的角色。

二、从联结到统合:政治传播在民族-国家成长中的角色

民族-国家成长围绕主权建立和巩固展开,一方面是"政治和领土"维度,表现为国家权力的延伸和扩张;另一方面是"历史和文化"维度,表现为国内居民结成具有统一文化的民族的过程。③ 这二者相辅相成,共同作用于民族-国家的成长。无论在上述哪一维度,政治传播都扮演着不可或缺的重要角色。

(一)从离散到统一:政治传播推动国家权力的延伸和扩展

在空间维度,政治传播加强了全国各地的联系,缩短了国内居民的心理距离,助力国家权力在空间维度上的扩张。政治传播技术、制度和活动打破了传统国家中存在的地理空间限制。在传统国家中,无论采取何种政体形式,中央对地方的控制和整合总是有限度的,国家对国民的管辖也是间接的,基层社会的正常运转更多依赖于地方

---

① 安东尼·吉登斯:《民族-国家与暴力》,第2页。
② 参见荆学民:《政治传播活动论》,中国社会科学出版社2014年版,第26页。
③ 参见邓正来主编:《布莱克维尔政治学百科全书》,第490页。

政府、贵族、宗族或者宗教力量。① 这在一定程度上源自交通和通信技术的限制。因此,伴随信息储备和传播技术的升级,国家和中央政府开始具备直接管辖个人与地方的技术条件,发展至今,国家权力已经能延伸甚至渗透至个体生活的方方面面。除技术外,自中央至地方多条政治传播渠道的铺设、全国范围内蜂窝式传播机构的设立,以及各式各样政治传播活动的展开,都在不同维度上连接了基层社区。在此基础上,随着承载相同价值的信息在社区间的不断输入与输出,这些被连接的社区逐渐"联结"起来,最终转化为国家权力统摄下的标准化基层社区。

政治传播能够在国内居民心中营造出"在场感",拉近国民之间的心理距离。在交通和信息闭塞的社会中,国民的政治活动大多局限在一定范围内,缺乏对共同体和其他国民的整体想象,不同地方国民之间以及国民与国家之间的心理距离较大。各类政治传播活动的展开在国民之间建立起了沟通的桥梁,能够加强国民之间的联系,打碎他们之间的区隔感,使个体切实感受到他人的存在,掌握集体的发展动向。甚至,随着信息技术的发展,不同地区的国民能够在同一时刻接收相同的政治信息,见证乃至身临其境地感受同一政治事件的发生。这进一步加强了国民之间的心理联结,使其对即使身在千里之外的同胞也能产生近在咫尺、同舟共命的情感。

在时间维度上,政治传播不仅创造性地联结了特定国族的历史、现在与未来,创造出属于民族-国家共同的历史记忆以及未来期待,而且能够通过信息的即时分享减少各地的时间差,保证政令畅通无阻,以此助力国家权力向时间维度的延伸。历史记忆的形塑活动是一种重要的

---

① 参见安东尼·吉登斯:《民族-国家与暴力》,第47页。

政治传播活动,它并非只关乎过去,其意义更在于现在和未来;历史记忆并非隶属个人,而更是一种集体社会行为。现实的社会组织或群体(如家庭、家族、族群、国家或公司)都有其对应的集体记忆[①],对于由多民族所组成的民族-国家而言,其历史记忆更是至关重要。历史记忆可以告知国民他们的共同起源,包括在血缘、地理或者文化上存在何种联系;国族现在正处于历史发展中的哪一阶段,发展态势如何;以及国族未来的整体发展方向。也就是说,国家可以通过掌握历史叙事来论证国族存在的合理性与必要性,完善国民对于国族的心理构图,实现国家权力在文化和心理维度的延伸,包括可以利用对民族英雄的建构、历史故事和神话传说的描绘等政治传播活动形塑属于国族的祖源记忆、迁徙记忆、抗争记忆,同时删减或者弱化不利于国族建构的记忆等。

除历史时间以外,对于当代时间的掌控同样关键。政治传播技术的发展和信息传输渠道的疏通,增强了中央政权的时间管控技术和能力,有助于提高国家的组织和运行效率,维护国家主权安全。例如,通过各类政治传播活动的顺利开展,中央政令能够在第一时间传送至各地,并及时接收到各地的信息反馈,保证信息的完整和对流,从而增强事务处理的规律性和可预测性,避免由于时间差而导致的政令不通、执行不力。不仅如此,在现代战争中,高精度的信息系统和多方沟通更是维护国家主权安全的关键环节。

在水平维度上,伴随着传播技术的升级和信息制度的完善,中央权力更为集中,对于地方和国民的管理与监督也更加细致和精密。政治传播除有助于国家权力在范围上扩张以外,还能够推动在程度上的持续增强。吉登斯对这一点进行过详细讨论,他认为电子媒体的发明确

---

① 参见王明珂:《华夏边缘》,社会科学文献出版社2006年版,第24页。

立了通信与运输的分离,最大限度降低了"距离的摩擦",使为行政所用的信息的搜集、存储与控制能力大幅度提升,进而推动国家监督、管控以及动员强度的增强。以官方对于个人信息的统计为例。在传统时代,数据收集主要集中于财政与税收和人口统计两个领域,并且后者的统计还多是地方性质的。发展至 18 世纪中期,国家将统计内容的范围扩展至个人基本信息和道德信息等社会诸多方面,记录程度也做到了详细、系统甚至完备。① 发展至今,随着数字技术、生物技术以及信息传播的融合,国家对于个人的监督程度早已超越"外在于个人的信息"——个人的基因、虹膜、面部、指纹等生物信息也因生物识别技术而得以存储和运用。这将宏大的国家权力转变为日常的行为规训,大大加深了国家权力对个人生活的渗透程度。

(二) 从异质到同一:政治传播促进国家认同的形成和巩固

除在客观上促进国家权力的延伸和拓展之外,政治传播还有助于增强国民在主观上对共同体的认同和依赖,这二者一体两面,密不可分。国族认同的加强为国家权力的延伸提供了合法性源泉;国族认同的消解也很可能导致国家权力的丧失。与其权力格局相对应,传统国家中民众的文化认同与族群归属感更多隶属小范围的宗族共同体或者基层社区。因此,民族-国家成长需要打破既有的小范围忠诚感,在全国范围内建立起观念共同体,获得超地域的普遍认同。达致这一目的的重要方式之一就是政治传播。

在认知上,国家可以通过规定的通用语言,打造属于本国的政治标

---

① 参见安东尼·吉登斯:《民族-国家与暴力》,第 220—221 页。

识和象征体系来加强国民对主权的认知。传统国家中国民对于国家的认知是有限的。比如,在"九一八"事变前后,现在我们耳熟能详的指称中华民族中出卖全民族利益和中国国家利益的"汉奸"一词,开始大量流行①,这恰好诠释了传统国家的国民对于国家认知的模糊性。因此,加强国民对国家主权的认知与承认是使国家权力合法化的第一步。从这个意义来说,政治传播首先具有信息提供功能,能够通过各种传播行为和技巧加强国民对国家主权的认知。其一,通过官方语言的确立和普及弥合各族群之间差异,打造规范化和统一化的信息场景。语言是传播的符号和工具,它作为共同体存在的纽带之一,具有国家辨认的功能。因此,每一个国家都会设立官方语言,并且通过学校教育和官方媒体传播来实现这一语言的普及。就国民个体而言,这为他们了解自身所处的共同体提供了通用的工具;就国民关系而言,这增加了国民之间的相似点,为他们架构起更加便利的沟通桥梁;就国家与国民关系而言,这助力了政令畅通,有利于加强中央政府的管辖,同时也能够达到形塑国民思维的效果。其二,通过确立本国的政治象征体系,具化国民对国家的认知。国家对于国民而言是一个抽象的存在而往往不便于被识别。政治象征体系能够将抽象的国家具化为一种语言、一首歌、一个标志、一场仪式,甚至一栋建筑。这些符号或者物件作为国家乃至国家精神的具体表达,降低了国民对国家认知的门槛,使国民切身观察与感受到共同体的存在。其三,通过国家形象的塑造突出国家特征。"只有伴随民族-国家产生,'国际'这一术语才开始具有充分的含义,这是因为民族-国家具有严格的、相互区分开来的特征。"②国家形象塑造正是加强本国与他国区分的重要机制之

---

① 参见黄兴涛:《抗战前后"民族英雄"问题的讨论与"汉奸""华奸"之辩——以现代中华民族观念的影响为视角》,《人文杂志》2017 年第 8 期,第 78 页。

② 安东尼·吉登斯:《民族-国家与暴力》,第 210 页。

一,它在对比的视野下向国民和世界展示本国的定位、特色和地位,帮助国民快速地识别国家。

  在情感和行为上,国家能够利用各种政治符号、政治仪式以及叙事方式激发国民对国族的依赖感和自豪感,同时规训其行为方式。其一,当国民在运用语言、传唱国歌、参观博物馆,或者参与周年庆典、授勋奖赏等各种政治仪式时,国民将会进入一种特殊的情感体验情境之中:他们的情感与象征物所蕴含的意义将会发生联结,从而唤醒和激发出对国家的认同感、归属感和依附感。此外,上述政治实践的不断重复还为国民提供了标准化的行为模式,达到规训国民行为的目的。其二,借助亲缘隐喻和叙事定义国民与国家、国民之间的关系,如将祖国称为母亲,将其他国民比作同胞兄弟,等等,这些行为也能激发国民对国家的热爱之情。亲缘叙事将母亲—孩子、兄弟姐妹之间的亲密关系投射至国民—国家与国民—国民之间,从极其亲密的意义上阐释了他们之间的应然关系。这不但便于国民对相关关系进行简单化理解,而且指引国民遵照这一规定采取相应的态度和行为方式。其三,通过良好的传播效果,诸如塑造出属于本国的神圣祖先、优秀的政治领袖、杰出的英雄人物或者良好的国家形象,都能使国民更加强烈地感受到作为国家成员的优越性,从而激发出国民的自豪之感与爱国之情。

  由此可见,民族-国家的建构取决于一国有没有,以及在多大程度上实现了基于领土空间尺度的聚合性民族/国族建构。[①] 在客观上,政治传播技术、制度与活动助力国家权力在时空维度上的延伸,将国民从地方生活场景中抽离出来,打造出标准化、普遍化的环境,加强中央权

---

  ① 参见张凤阳:《西方民族—国家成长的历史与逻辑》,《中国社会科学》2015年第6期,第21页。

力的时间管理效率；同时在主观上，政治传播作为国民内聚力的黏合剂，有效增强了国民对于共同体的认知、归属与依恋。

三、在参与中培育：政治传播在民主-国家成长中的功能

成熟的民主-国家需要具备两个条件。一是在制度上，以"主权在民"为根本原则构建国家制度，获取政治合法性和制定公共政策。政府依据法律规定行使权力，公民则能够凭借制度化、规范化和程序化的路径表达主体意志、参与公共事务。二是在价值和能力上，公民需要信仰民主精神，具备规范而独立的主体意识、权利意识、责任意识和参与意识。与之相应，政治传播对民主-国家成长的积极功能既体现在对民主制度完善和民主价值发展的推动上，也体现在对二者良性互动的促进上。

（一）政治传播参与民主制度完善化

民主-国家是指在制度上实现"有限多数统治"的国家。以"主权在民"观念为指导，民主制度首先在西方国家建立起来，并以普选制、代议制、多数原则、竞选制度、投票程序为具体实现形式。随着第二次世界大战的结束，民主制度开始在世界范围内大规模推广，各国都在积极探索适合本国国情民意的多元化的民主制度形式。但无论是选举民主、协商民主还是其他民主形式，都需要民众真正参与到政治运作中，享有知情权、参与权、表达权和监督权；同时，执政党和国家机关也必须在各种决策和管理活动中尊重和贯彻民意。政治传播正是在这个意义上推动民主制度发展，不断完善民主制度的结构要素和过程。

政治传播参与制度主体的构建。政府、政党以及公民均是参与民主制度的主体,各主体的政治素质和能力以及他们之间的关系直接影响到民主制度的运转。政治传播首先通过建构民主制度主体来推动完善民主制度。在质量上,通过各种政治传播实践,各主体对于民主价值的理解将趋于深刻,能够以更加成熟的姿态参与政治活动。政府和政党可以更加精准地遵循或捕捉民意,制定和实施政策;公民也能够获取更多的政治信息,明确自身在民主程序中的角色和参与民主生活的目的及影响,提升自我的政治参与能力。在数量上,信息技术和媒介平台的发展提供了多元化的政治参与渠道,为更多民众搭建起政治参与和监督的平台,也为政府逆向参与提供便利。不仅如此,多样化政治传播活动的展开在客观上也使参与民主生活的民众越来越多。在主体关系上,制度的形成与完善取决于各主体之间的博弈与妥协,即不同主体对于制度的制定、执行与遵守、监督、评估与调适都离不开主体之间的信息交换。因此,通过政治传播,各主体能够更加确定自身和竞争对手的观点以及服务对象的诉求,以此来推进民主制度的更新,保证制度运转的活力,建立起愈加和谐的主体关系。

政治传播促进政治共识的形成。有效的政治传播有利于共识的加强,为民主制度运转奠定良好的环境基础。萨托利(Giovanni Sartori)曾将共识分为基本共识、程序共识和政策共识三个层次。其中,基本共识是构成我们信仰体系的价值信仰的共识,是民主的有利条件;程序共识是解决冲突的原则和规则的共识,是民主的必要条件和起点;政策共识则是促进民主发展的保证之一。[①] 三种共识对于民主-国家的正常运转

---

① 参见乔万尼·萨托利:《民主新论:当代论争》,冯克利、阎克文译,上海人民出版社2015年版,第146—147页。

都是必不可少的,政治传播恰好能够促进这三种共识的形成。一方面,政治传播本身具有形塑社会价值和协调社会关系的功能,政府借助各种政治传播活动对民主价值进行弘扬,能够推动深化公民的民主信仰,促进基本共识的建立。另一方面,通过政治沟通,对话双方能够更加明确地表达自身诉求,了解对方的看法,为形成一个共同的参考框架夯实基础。这有利于减少政治对立和政治极化现象的产生,助力程序共识和政策共识的形成。

政治传播影响民主实践的效果。民主制度的实现路径多种多样,但是都离不开政治传播。在权力导向的民主制度中,政治传播是总统或政党竞选所必不可少的环节,政治广告、电视辩论、自媒体发言等都成为政党竞争的重要工具。在政策导向的民主制度中,政治传播更是至关重要的步骤,如政治对话、磋商、讨论、听证、交流、沟通、审议、辩论、信访和座谈实质上都是主体间展开的政治传播活动。政府制定政治决策要受到舆论制约和监督,而民众作为公共政策这一社会价值权威性分配的主要作用对象,能够借助政治传播活动直接参与到政策制定、执行和监督的全过程之中。因此,无论是在哪种民主制度和民主运转的哪个具体环节,政治传播都是不可或缺的步骤与工具,直接影响民主制度运转的状态和效果,政治传播的制度化发展必然也会促进民主制度朝着更加完善的方向发展。

(二)政治传播培育民主价值内生化

民主价值在一国的内化与发展既体现为民众逐渐获取民主知识和信仰,能够以平等的姿态、审慎的精神和理性的行为进行政治参与,逐渐成长为真正合格的公民的过程;也表现在政府始终遵循"主权在民"的价值原则,以其作为根本指导思想来配置和行使权力。

在公民维度上,政治传播助力于公民意识发展。公民是民主-国家的基本主体,公民意识的发展水平是衡量民主-国家成长的重要标准。学者认为,在现代民主语境下公民意识具有两层含义:一是当民众直接面对政府权力运作时,它指的是民众对于这一权力的公共性质的认可以及监督;二是当民众侧身面对公共领域时,它是对公共利益的自觉维护与积极参与。① 可见,公民意识不仅指公民在心理上对于主体、权利和责任意识的认知,还包括实践上的监督和参与能力。而无论哪一层面上的公民意识都不可能自发产生,二者都需要经过长期的文化浸染、反复的实践锻炼和系统的专门教育。

一方面,公民可以在丰富多彩的政治传播实践中培育公民品格和锻炼公共参与能力。政治传播的过程是主体自我传播和主体间互动的过程。参与各方但凡想要有效反映问题、实现自身诉求,就必须要摆事实、讲道理和举证据,甚至还可能要与他人发生辩论。这在客观上使公民表达自身真实偏好和理性辩论能力得到锻炼,并且使公民能够切身感受民主政治运行的过程。此外,在传播的过程中,参与主体的任何言行主张除时刻经受公共理性和公共道德的审视与评判之外,同时也在不断地进行自我的道德审视和利益评判。② 这在主观上使公民愈来愈明确自身观点,更加理性和审慎地提出诉求,同时对于对方观点报以最大化的理解,促进包容、平和的公民文化的形成。故而,经由公民个人内在传播、公民之间以及公民—政府之间充分的沟通,公民的传播素养和能力得到了培育和锻炼,所习得的民主知识也在这一过程中不断内化为公民意识和品格。

---

① 参见朱学勤:《书斋里的革命:朱学勤文选》,长春出版社1999年版,第363页。
② 参见王洪树主编:《社会协商对话》,中央文献出版社2015年版,第13页。

另一方面,政府或其他相关组织可以借助政治传播活动来专门化地培育公民意识。自我实践对于公民意识的培育固然重要,不过系统化、专门化的公民教育也必不可少。系统的公民教育是一种重要的政治传播活动,政府通过家庭、学校或者其他专业机构,向公民传播民主知识、价值以及参与程序等信息,开展关于民主基础知识、政治素质和参与能力的教育活动。尤其是随着互联网的发展和数字公民的产生,各国政府、非政府组织甚至跨国公司都展开了针对数字公民引发的数字鸿沟、信息泄露、网络暴力等一系列问题的教育活动,围绕数字尊重、教育和保护[1]三大主题进行知识和技能的传播,以帮助提升公民在虚拟数字空间进行政治参与的意识和能力。

在政府维度上,政治传播有助于将权力转化为合理的权威。民主是一种权力的政治形式。民主-国家意味着一国始终遵循"主权在民"的政治理念,其将全体公民看作权力的掌握者,政府只有在获得公民的授权后才得以合法确立,其存续也要以公民的认同与支持作为基础,且时刻受公民监督,向公民负责。换言之,在民主国家中,政治秩序的维护不能依靠暴力,而是要将权力转化为权威,依靠公民对政权的认可以及服从实现治理。正如萨托利所做出的判断,"权威是民主最典型的权力准则","民主应当将权力(一种强制力)转变为权威(一种引导力)为目标"。[2] 作为影响力形式的权威附着在特定个人、政权或者共同体之上,需要借助恰当的政治传播方式使公民感受和认知,进而实现公民对权力的自愿服从和积极支持。韦伯根据认同和服从的不同基础将权威

---

[1] 参见 Mike Ribble and Teresa N. Miller, "Educational Leadership in an Online World: Connecting Students to Technology Responsibly, Safely, and Ethically", *Journal of Asynchronous Learning Networks*, Vol.17, No.1, 2013, pp.137-145。

[2] 乔万尼·萨托利:《民主新论:当代论争》,第282—284页。

分为三种类型：一是法理型权威，建基于一系列的章程与制度；二是传统型权威，根植于一国传统的历史与文化；三是卡里斯马型权威，依附于特定个人魅力和气质。①"现代社会主要以法理型权威为特点，其合法性基础来自于人们对正式的合理合法的制度的尊重"②，其他方式作为辅助手段而存在。

无论是哪种权威的形成都离不开政治传播。就现代国家所主要依赖的法理型权威的形成而言，政治传播必不可少。如在政治选举过程中，总统电视辩论、议会辩论等政治传播形式本身就是民主制度运转的具体环节，展现着规则和程序的合理性。此外，各种政治传播技巧在政治竞选中的运用还能提升选民的认可和支持，促进制度权威的形成。在政治协商过程中，规则或政策制定和颁布的全程都将置于公共理性和道德的审视之下，以此激起协商参与者及其所代表群体对公共决策的内心认同和行为遵守，从而获取合法性，强化制度权威感。③ 就其他权威形成而言，政治传播也发挥着至关重要的作用。比如，政治传播可以运用至对制度经验和成效的说明之中，通过对绩效的表达来论证既有制度体系的合法性和优越性，或者通过各种政治传播活动和符号打造出适合国家发展的领导人形象，建立起卡里斯马型权威等。

由此可见，民主制度的完善和民主价值的内化与发展是民主-国家成长的主轴和基石，二者互补互济、缺一不可。政治传播通过参与民主制度主体与共识环境的构建、实现自身制度化发展来推动完善民主制度，同时作为主体间互动的过程，政治传播为公民培育公民品格和锻炼

---

① 参见马克斯·韦伯：《经济与社会》（上），林荣远译，商务印书馆1997年版，第241页。
② 燕继荣：《论政治合法性的意义和实现途径》，《学海》2004年第4期，第91页。
③ 参见王洪树主编：《社会协商对话》，中央文献出版社2015年版，第15页。

参与能力提供了机会,还有助于将权力转化为权威,展示出民众共识和同意,推动民主价值的内化与发展。

四、协调与交互并行:政治传播在民生-国家成长中的作用

在现实生活中,一些国家虽然已经实现国家统一,初步建立民主制度,但仍会遭遇经济社会发展活力递减、公共机构运行效率低下、政府官员寻租腐败,以及各类利益主体冲突不断等国家治理困境。这些问题的持续发酵容易导致国家失败、社会紊乱,拖累甚至瓦解民族-国家和民主-国家的发展。因此,增强科层制政府的活力,提高政府决策的科学性和公共产品的供给能力,充分回应和有效满足社会需求,建立起民生-国家,同样是国家成长的重要维度。

(一)政治传播协调提升国家的治理体系和治理能力

在日常的政府行政管理中,信息与沟通本就是至关重要的资本与环节,政府和民众之间的政治传播更是强调以民众为中心的行政管理的重要前提条件之一[①];在突发公共事件的治理中,掌握全面的政治信息和开展顺畅的政治传播同样是科学决策和高效管理的关键。并且,随着信息革命的深化,人类社会逐渐进入智能化、数字化、互联化时代,信息传播在政府管理和国家治理中的价值与作用进一步凸显。

政治传播能够促进政府结构的规范性。政治传播是政府组织形

---

① 参见 Bidyut Chakrabarty and Prakash Chand, *Public Administration in a Globalizing World: Theories and Practices*, New Delhi: SAGE Publications India Pvt Ltd, 2012, p.360。

态革新的驱动力之一,在很大程度上可以推动政府职能的更新和转变。各国政府体制多以科层组织体系为主,存在严格的层级体系和明确的职能划分,工作人员拥有与岗位相匹配的职权,且严格遵照制度规范展开工作。以此为特征的政府组织机构在运转过程中可能会逐渐僵化,出现政府机构膨胀、层级过多、多头管理、协作不畅,难以适应快速的环境变化和应对突发情况等问题。近些年来,随着政治传播愈来愈重视以用户为中心,积极采用新兴的传播技术,信息生产和需求开始双向递增,传播速度大大提升,建立开放化传播网络成为趋势。这进一步推动政府组织发生变革。一方面,信息生产和需求量的大幅度提升,要求政府内部应具有畅通的传播渠道和高效能的信息分析部门,既能够满足即时传播的需要,快速地应对外在变化,又能够在纷繁复杂的信息中过滤和选择所需要的信息,准确地做出决策。换言之,这些需求助推政府以更加科学、合理的方式规划组织机构安排,通过打通职能部门、压缩层级体系,建立起灵活、柔性的组织结构。与此同时,政治传播对大数据、云计算以及人工智能等新兴技术的使用又为这一改革提供了技术可能。另一方面,新兴信息技术的运用和信息网络的建立使政治信息自源头产生之后就能够在政府内外部实现广泛共享,达到信息归并整合的效果,以此推动部门整合协作,实现办事流程一体化。不仅如此,还可以将线下的政府工作平移至各类平台之上,实现政府与民众在网络上的直接对接,在增加政府工作透明度的同时提升工作效率。总之,政治传播的发展使过去基于僵化的科层组织、作为一种内部操作的政府运作程序朝着更加灵活和公开的方向发展。

政治传播能够提升政府行为的科学性。就政府整体行为而言,在诺伯特·维纳(Norbert Wiener)看来,政府系统实质上就是一个自动控制系统,"控制机构发出指令,作为控制信息会传递到系统的各个部分(即控制对象)中去,由它们按照指令执行之后再把执行的情况作为反馈信息输送回来,并作为决定下一步调整控制的依据"①。根据这一理论,信息是一切系统正常运转的基础,任何系统控制的实现都依赖于信息的传播,政府作为一个政治系统,它的正常运转离不开政治信息的输入、输出与反馈。尤其是负反馈,它能够弥合政治系统所预设的目标与现状之间的差别,帮助政府更加精准地制定政策或者完成任务。具言之,假如政府想要制定出一项真正能够提升社会福祉,并被民众认可的政策,就必须依靠对各类舆情的多轮次搜集、意见的多方位整合以及反馈的多维度评估。这一过程实质上就是一个不断循环互动的"政治传播环",每一次循环所得到的结果都会对政府行为或者政策进行修正或调整,直至最理想结果的产生,这便是政治传播作用于政府行为的方式之一。

政治传播能够提升政府人员的专业性。对政府工作人员而言,政治传播是提升政府人员洞察力、前瞻性和执行力的关键环节。根据管理学大师彼得·德鲁克(Peter Drucker)的观点,知识管理是"组织通过利用智力资本获取竞争优势的过程",其关键就是信息传播,"将组织中的人、信息资源和信息平台整合在一个交流和共同的环境当中"②。一方面,政府组织通过开发、整合和共享信息,"创造出能够使隐性信息与显性信息互动的机制和平台,使隐性信息得以表达出来转化为组织所共享的信息;另一方面,通过构筑知识库和信息交流平台来帮助组织中

---

① N.维纳:《控制论:或关于在动物和机器中控制和通信的科学》,郝季仁译,北京大学出版社2007年版,"导读"第1页。
② A.蒂瓦纳:《知识管理十步走:整合信息技术、策略与知识平台》,董小英等译,电子工业出版社2004年版,"译者序"第1页。

的个人内化集体的隐性信息"①。借助这一双向传播活动,政府工作人员不仅能够提升对日常行政事务的认知度和专业度,增强自身应对突发事件的业务能力;他们之间的互相配合也会更加紧密和流畅,从而提升为民众提供公共服务和公共产品的能力。

政治传播能够加强政府形象的正向性。政治传播可以助力政府树立起负责任、做实事、高信用的好形象,为政府赢得良好声誉,并以此作为资本为政府带来更多与非政府组织或企业合作的可能性,进而提升政府提供公共产品和服务的质量与能力。随着社会的日益复杂化,政府必须扩大公共服务来满足民众日益增长的公共需求。但政府工作人员的数量和能力毕竟是有限的,在没有经验积累的新领域是无法在短时间内制定出科学精准的政策并灵活执行的,当然即使在政府所熟悉的领域,它也不可能事必躬亲,从制定决策到具体执行全程直接参与。因此,政府就需要借助非政府组织或企业的智慧和力量,通过各类承包商、代理商或者社团来向社会提供更加优质与专业的服务。合同是政府与其他组织合作的一项重要工具。在合同中,政府行政人员与私人部门签订正式协定,规定政府同意支付一定款项来换取某种产品或者服务。②缔结合同是一个双向选择的过程,不仅政府要考察企业的实力和能力,企业和非政府组织也会考虑政府的要求、合作中所受到的各种管制以及与政府建立伙伴关系之后对自身效益的增进等因素。正是在

---

① A.蒂瓦纳:《知识管理十步走:整合信息技术、策略与知识平台》,"译者序"第1—2页。隐性信息指的是在实践中获得的技能知识、与人际网络有关的关系知识等,比如人们发现问题和解决问题的能力,掌握的技术技能和技术秘密,工作中的经验和判断力,决策时所具有的洞察力和前瞻性都是隐性知识;显性信息指的是通过书本或教育与培训获得原理知识和事实知识。

② 参见詹姆斯·W.费斯勒、唐纳德·F.凯特尔:《公共行政学新论:行政过程的政治》,陈振明、朱芳芳等译,中国人民大学出版社2013年版,第31页。

这个意义上,政治传播助力政府提升形象资本,吸引更多的非政府组织和企业参加到公共服务和产品的提供之中,通过充分发挥非政府组织和企业的专业和市场优势来提升政府行政效率和能力。

(二) 政治传播有利于促进公民的政治参与

美好生活的创建不能仅依赖政府的作为,也需要民众的积极参与,为社会建设贡献智慧和力量,还需要不断培育公民推己及人的公共道德,为社会发展注入良善的精神力量。从这个角度来讲,政治传播在促进公民积极参与公共生活方面一直发挥着稳定而积极的作用。

在情感上,政治传播能够培养民众的同理心,消解公共疏离感和冷漠感,激发民众参与公共活动的欲望和激情。第一,在正式的政治传播启动之前,人们需要将自己想象成对话的另一方,试图理解他人正在以及将要表达的内容,并且尝试组织回应对方的要求。这一过程是人们想象力和同理心的投射过程,可以引发人们对于公共问题的思考与关注,培养民众之间的同理心与关怀心。[1] 第二,政治传播能够提供有关公共参与的信息。公民的政治冷漠很大程度上是由于缺少对相关信息的掌握。即使是那些对政治参与有很大兴趣的公民,如果他们缺乏"必要的政治信息,他们也无法有效地参与政治,并且总是不得不听命于信息占有者"[2]。因此,充分的信息是有效参与的前提和基础。包括政府信息公开、政府新闻发布和政治性展览在内的政治传播活动都能为政治参与提供相关信息,避免由于信息缺失而导致的政治冷漠。第三,各

---

[1] 参见 Robert E. Goodin and Simon J. Niemeyer, "When Does Deliberation Begin? Internal Reflection versus Public Discussion in Deliberative Democracy", *Political Studies*, Vol. 51, No. 4, 2003, pp. 627–649。

[2] 詹姆斯·博曼、威廉·雷吉主编:《协商民主:论理性与政治》,陈家刚等译,中央编译出版社 2006 年版,第 253 页。

种政治传播活动能够将人们有机地联系起来,使民众感受到社会中发生的事情与自己息息相关,帮助民众增强公共道德想象力。正如托克维尔观察美国时所意识到的,通过报纸展开的传播活动促进了民众的共同行动,有效抵抗了由个人主义所引发的公共冷漠感。并且,丰富多彩的政治传播能够营造出民众积极参与社会事务的氛围,起到带动与辐射的作用,激发更多的民众投身于公共实践之中。第四,政府能够借助家庭、学校、社区或者专门的活动等媒介设置议程,对民众展开有关公共道德与公民精神方面的教育,帮助民众从小形成良好的道德和法治意识。

在行为上,丰富的政治传播活动能够激发社会活力,使民众真正作为社会治理的主体参与到各类社会治理活动中,提升自身的公共参与能力。借助各类政治传播活动,民众能够身体力行参与到公共实践当中。除投票、听证会、民意调查、陪审、游说和请愿等传统的参与社会治理、介入政府政策制定的形式外,网络政治传播的发展为民众开辟了新的参与途径。借助网络平台,民众或是通过电子政务平台与政府官员展开直接沟通,针对具体问题建言献策;或是通过网络直播,实时参与到司法庭审、乡村扶贫中;或是借助舆论的力量倒逼政策或决议的制定。这不仅能集思广益,激发社会力量为国家建设和发展出谋划策;而且也能起到社会安全阀的作用,使社会结构更加富于弹性,从而有效缓解社会矛盾。借助传播实践的参与,民众的理性思维和责任意识也能够得到锻炼。比如,在有多次新闻反转的经验基础上,相比轻听、轻信和轻易传播,民众更倾向于保持中立,在了解事情来龙去脉后再做出判断,并且注重对后续信息的观察。

由此可见,民生-国家在于政府机构和职能的优化,也在于社会参与的提升和民众的共建共享。政治传播通过作用于政府的组织结构、行为方式和外在形象,来调整和优化政府职能、置换优质的社会资源,从而提升政府提供公共服务和公共产品的能力,同时还能促进公民对公共生活的积极参与,培育其公共道德,为社会治理注入集体智慧,以此来促进民生-国家的巩固和发展。

纵观现代国家的演进历程,无论是民族-国家的建立,还是民主-国家的进步,抑或是民生-国家的发展,政治传播于其中均扮演着关键性的角色,承担着结构性的功能,发挥着奠基性的作用。对于国家成长而言,政治传播就是一种不可或缺的建构性力量。在现实政治中,这种建构力又可具体分为六大形态。一是联结力,借助传播渠道、技术与活动,同一民族国家内的中央与地方、国家与个人在客观上加强了联结。二是统合力,通过对国家或者群体形象的勾勒以及政治象征的设计,国民的聚合力与凝聚力得以加强,同时以鲜明的特征与其他人群区别开来。三是影响力,在政府或政党通过利用各种传播技巧和方式来增强自身合法性或普及政治价值的同时,随着信息技术的发展,民众也开始作为自主的传播主体,利用强大的舆论情势参与和影响政府决策以及公共治理。四是培育力,政治传播可以激发公民意识,塑造公民品格,培养公民责任。五是协调力,借助政治传播,不同群体成员的意见得以表达与沟通,为调和社会矛盾和协调社会行动提供了可能性。六是交互力,借助政治传播,公民能够全方位参与政府各项议程的确立、执行与评估,政府也可以充分动员公民的参与热情,打造畅通的参政渠道,提升政治效能感和政治信任度。政治传播的这些功能与作用,往往凸显和互嵌在不同的政治场景中,推动着不同维度的国家建构和成长。

值得注意的是,民族-国家、民主-国家和民生-国家既是现代国家内涵的三张面孔,也是现代国家成长的三个层面。这一类别界分只是基于理论探讨之所需,在现实生活中,三大维度并非泾渭分明、界限清晰，而是统一于现代国家的成长进程中，它们彼此缠绕交融且相互作用。这就导致上述所提及的政治传播的各项功能可能会同时作用于国家成长，或者产生互相促进的效果，或者出现相互抵消、相互掣肘的情况。比如，由政府开展的旨在加强各地联系与增强民众认同的政治传播活动，其所维护的核心价值是统一和秩序，它所产生的效果可能会在一定程度上与自主意识和政治参与发生冲突。再如，民众向政府提出意见和诉求、展开政治参与的政治传播活动更多的是对民主价值的践行，这又具有影响社会秩序正常运转、降低政府治理效率的可能性。究其原因，出现这种矛盾效果归根结底在于政治传播具有两种作用方式，且这两种方式具有潜在的冲突性：一种是策略性地使用政治传播技术和活动，着重政治传播的外在功用性及其因果效应，企图达到外在于政治传播的特定目的；另一种是注重政治传播过程本身以及其内含的交流属性，在各方能够实现平等对话与协商的基础上，注重达成相互理解的愿景，并以此为基础再延伸出其他目标。①

总而言之，若想在国家成长的不同维度最大限度地发挥政治传播的正向角色，协调政治传播的各项功能，统一政治传播的作用方式非常关键，尤其要注重发挥政治传播所蕴含的交流属性，凸显政治传播所承载的沟通功能以及理解价值。只有当各方均关心某一政治议题或者公共事件，且都具有保留或提出意见的能力，同时又能够通过多次协商与沟通达成共识，社会融合才能够从强制型转向交往型，政治认同才有可能由被动型转向主动型，社会治理主体和方式也将会由单一型转向多元型，从而真正实现以政治传播之力推动国家的全方位成长。

---

① 参见芭芭拉·福尔特纳编：《哈贝马斯：关键概念》，赵超译，重庆大学出版社2016年版，第65—66页。

第四章 政治传播数字化与权力监督机制的完善

政治传播是一种"向量式"传播,表面呈现为信息的流转,内在可以搭建权力运行的结构。权力监督关涉权力的授权与行使,依赖权力主体之间的相互作用,其始于情报的获取,成于信息的存储、更新与传播,终于行为反馈与对照。权力监督与政治传播相互耦合,政治传播是权力监督的基本要件:足够的政治信息存量是权力监督实施的基石,顺畅的政治传播过程是权力监督持续开展的前提,多向度开展的政治传播是权力监督效果凸显的有效保障。伴随数字技术的持续创新和广泛应用,我国积极将数字技术应用于政治传播之中,使海量的政治信息和数据得以生产、传播并受到重视,政治传播的数字基础业已形成;政治信息在党和政府、社会组织和民众间的分布状态发生转变,传播方式持续规范;政治信息流动性和政治传播的流畅度得到提升,传播通道逐渐畅通;政治传播方向更加多元与精细。政治传播的数字化发展实现了数据信息的互联互通,加强了民众监督的行动能力,削减了权力异化的滋生土壤,有力地推动了权力监督的主动化、多向化和系统化,为新型权力监督机制的建立奠定了坚实的基础。

权力监督是现代政治的基本要求,是社会主义民主政治的重要组成部分。在任何政治体制中，政治传播都是权力监督的基本要件，展开权力监督、防止权力越轨离不开政治信息的传播，甚至可以说，权力监督过程外在体现为主体间的信息流动，内在包含着主体间的权力互动与作用，故而，一国政治传播秩序与形态的更新也会影响到其监督机制的发展与完善。伴随着信息技术的更新换代和媒介平台的推陈出新，尤其是以智能化、数据化和精准化为特征的大数据、人工智能、云计算等新技术的运用，中国政治传播在守正的同时不断创新，在主体、内容、过程以及传播效果方面都出现了很多新现象与新特征，政治传播秩序与形态也在悄然间发生着转变。基于政治传播与权力监督二者间的密切关系，本章尝试在数字技术不断发展的背景下，对我国政治传播和权力监督机制的密切关联和系列变化进行总结与分析，探讨数字技术发展加持下的政治传播何以支持或阻碍权力监督的展开，并以此为基础展望如何以政治传播之力助力权力监督机制向更好的方向发展。在当前关于我国政治传播和权力监督的相关研究中，已经涌现出一些可资借鉴的研究成果，其中有大量的研究重点关注到了数字技术更新背景下的政治传播发展，也有研究探讨了我国权力监督机制的发展与完善，但是较少有研究从政治传播的视角探讨权力监督，并且关注数字技术发展、政治传播与权力监督之间的动态关系，因此需要结合理论与实践进行初步探讨。

一、理论基础：政治传播是权力监督的基本要件

政治传播与权力监督相互耦合，一方面，政治传播外在表现为信息的流动，内在包含着主体间权力的互动，其潜在效果之一就是对权力的

监督;另一方面,权力监督是权力授权与行使的必然产物,是主体间权力互动的体现,并且,权力监督过程中的实时跟踪、及时预警、全程追溯和高效处置等环节都高度依赖政治传播。

(一) 作为权力互动的政治传播

汤普森曾提到,对于传播的分析应首先关注到象征形式在社会领域中的流通并与权力关系相互交叉的多种复杂方式。① 政治传播是政治共同体的政治信息的扩散、接受、认同与内化的过程②,政治信息由于是从政治中解构出来的因而天然地具备政治属性,政治信息扩散、接受、认同与内化意味着传播主体的观点、价值与意识形态等劝服性的达成。因此,相较其他传播形式,政治传播更加关乎权力关系和权力互动。具体而言,从表层看,政治传播是政治信息通过各类传播媒介在政治共同体内外的客观流动;但实质上,信息客观流通的背后是以权力关系和结构作为支撑、以权力作用作为本质的,其潜在预设了信息流动的方向和强弱,规定了一方行动者是政治观点、价值和意识形态的主动传播者,另一方行动者则是相对被动的接受者。

首先,占有政治信息的一方就是暂时拥有权力的一方。"政治信息的扩散"其前提在于一方行动者拥有特定的政治信息,而另一方暂时没有,传、受双方掌握的信息并不对等;反之,则无所谓信息扩散一说。政治信息即权力,人们的思想与行为依赖自身所获得的观点、价值、意识形态以及对这些信息的理解。因此,拥有政治信息就意味着抢占了权力实施的先机和高地,能够达到劝服、影响对象的目的。尤其是在当今

---

① 参见约翰·B.汤普森:《意识形态与现代文化》,高铦等译,译林出版社2005年版,第286—287页。
② 参见荆学民:《政治传播活动论》,第26页。

的信息社会，权力首先建基于掌握和配置信息资源的能力之上。故而，占有政治信息的一方就是暂时拥有权力的一方。

其次，"政治信息的扩散"这一客观、动态的状态意味着政治传播主体具有影响他人意识和行为的潜在能力。这种说服力和影响力由政治传播主体主观上的政治传播自主意愿和客观上所具备的政治传播条件所形成。前者是指政治传播主体在主观上不受限制，能够自主选择是否传播政治信息，传播何种和多少政治信息以及如何传播政治信息。退一步言之，即使该政治信息并非主体有意识、有规划地传播，而是从信息源头无意流传出去的，那么在过程中是否能够"扩散开来"，以及如何"扩散开来"依旧取决于这一场域中不同行动者之间的博弈，有关于传播主体的意识和能力。后者指传播主体在客观上具备政治传播的条件，可以自由选择和运用合适的媒介和方式达致政治信息"扩散"的目的。毕竟社会中存在着海量的信息，如何使特定信息从中脱颖而出并广为人知，很大程度上诉诸传播主体对媒介、话语、修辞等的综合运用能力。只有拥有自主的传播意识、较强的传播能力、广泛的传播途径和恰当的传播技巧才能真正达致信息有规律、有方向和有效果的扩散，掌握政治信息的解释权，进而影响到他人的意识和行为。

最后，"信息的接受、认同与内化"的过程是受众对于传播主体的观点、价值观甚至是意识形态的认可与服从的过程。信息的传播与认同既取决于政治信息扩散的广度和深度，也依赖于受众的既有认知与内在心理。政治信息传播过程中，信息的客观扩散只是第一步，受众是否愿意接受、接受至何种程度以及是否按照传播主体预设的方向进行理解同样是政治传播的关键环节，这彰显出受众对于主体及其所传播信息或支持或抵抗的力量。一旦受众接受相关政治信息并且按照传播主体的意志进行理解,那么就意味着受众服从了政治传播主体的意识,反之,如果受众拒绝接受信息,或者是以不同于传播主体的意愿解码政治信息,那么就体现为一种反作用力。

当一方拥有政治信息,并且具备自主的传播意识和能力,使政治信息以预设的方式被另一方顺利地接受、认同与内化时,就意味着前者已经具备建构社会政治事实,足以影响后者的思维、意识与行为的能力。这种影响力即为权力,即前者对后者行使了权力。换言之,政治传播是一种"向量式"的传播,表面上呈现为信息的流转,既包含着信息传播的多少,也体现出信息传播的方向;内在亦搭建起权力运行的结构,蕴含着权力关系与权力作用,不仅政治信息传播、接受与认同的过程即为权力作用的过程,而且政治传播的结果还有助于权力关系的建立、贯彻和巩固。就此来看,政治传播形态和秩序的转变同样也会影响到权力关系和结构的改变。

(二) 权力监督的信息逻辑

"监督,就是权力的拥有者当其不便或者不能直接行使权力,而把权力授予他人行使后,监察控制后者按照自己的意志和利益行使权力的行为"[①],具体指社会管理过程中的控制手段和控制机理,即一定的控制主体对其相应的控制客体所进行的了解信息、对照标准进行检测并修正偏差,从而使被控客体的行为最大限度地接近标准的所有活动。公共权力监督和制衡,由了解(知情权)和督促纠正权所构成。[②] 可见,一方面,权力监督关涉权力的授权、行使与控制,离不开权力主体之间

---

① 王贵秀、石泰峰、侯少文:《政治体制改革和民主法制建设》,经济科学出版社1998年版,第208页。

② 参见金太军、张劲松、沈承诚:《政治文明建设与权力监督机制研究》,人民出版社2010年版,第11—12页。

的相互作用;另一方面,权力监督中权力主体的相互作用外在表现为政治信息的获取、对照、纠偏和反馈。

权力监督与政治传播相互耦合,政治传播是权力监督的基本要件和动力机制,权力监督是政治传播的潜在效果。权力监督始于信息和情报的获取,成于不断的信息和情报的存储、更新与传播,终于信息反馈与对照后权力主体的行为纠偏。只有通过政治信息的不断流转和多方权力主体的顺畅互动,监督活动才得以展开;反之,权力监督活动可能收效甚微,甚至根本无法开展。有鉴于此,从政治传播视角切入考察权力监督机制不失为一种可取之径。

首先,足够的政治信息存量是权力监督实施的基石。公共权力异化总是与使用过程的不透明相伴,权力腐败往往采取诡秘的方式,权力越轨常常缘起于一次不为人知的微小行为。封闭信息、暗箱操作是腐败和越轨官员最常用的手段,他们通过降低公共事务的透明度,使特定信息秘而不宣,从而获得了极佳的腐败和越轨机会,又消灭了腐败和越轨的罪证。[①] 因此,只有共享稀缺的政治信息,公开后台的政治沟通,才可能遏制权力越轨的萌芽,督促权力主体展开自我监督;同样,只有掌握足够的政治信息,全面识别和了解政治机构或权力主体的行为目的和结果,监督部门或广大民众才能够准确判别这种行为是否合理合法,决定是否要展开进一步的监督或预警。

其次,顺畅的政治传播过程是权力监督持续开展的前提。权力监督活动并非一次性掌握足够的信息就能够实现,还需要依赖政治信息的持续流通和权力主体间的频繁互动,如不断释放政治信息进行预警,

---

[①] 参见李光明、寇学军:《权力监督与廉政制度建设研究》,经济日报出版社2009年版,第31页。

搜集政治情报实施研判,或者是宣传政治信息、开展教育整顿等。只有上述环节的有效实施和不同环节之间的有机衔接,才能真正展开权力监督,达到制约权力的目的。反之,当政治信息在传播过程中受到阻碍、发生延误或者遭到淡化、扭曲时,权力监督可能就会因为信息链的断裂或者信息的剪刀差等因素而被迫中止或者归于失败。

最后,多主体参与、多向度开展的政治传播是权力监督效果凸显的有效保障。信息的妙处,在于它可以造就一种天然的多主体结构和多重性空间,进而增强制度运行中的变异性和可能性。① 因而,通过多线条和多向度的政治传播,信息能够处于持续流通的状态并且得到公开与共享,从而保证了多元主体的存在。在不同权力主体相互作用过程中,权力更容易得到制约和平衡,避免了权力天平向特定个体或者利益集团倾斜,同时还保障了多元主体之间的相互、全程监督,规避了监督不全面、不完善等问题,夯实权力监督的效果。相反,单一的政治传播很容易衍生出私下的沟通与共谋,不仅容易形成利益共同体,更无法开展有效的权力监督和制约。故而,多元主体参与,多向度、多层级的政治传播更有利于展开权力监督。

可见,政治行为主体对政治信息的掌握、政治传播的流畅度以及政治传播的方向三位一体,成为关系权力监督效果的重要因素。其中,一定的政治信息存量是监督实施的基石,决定是否能够展开权力监督;畅通的政治传播过程是权力监督持续实施的前提,关乎权力监督的进程;多元化的政治传播方向影响到权力监督的效果,保障权力监督实质效果的呈现。

---

① 参见渠敬东:《制度过程中的信息机制》,《北京大学学报(哲学社会科学版)》2021年第6期。

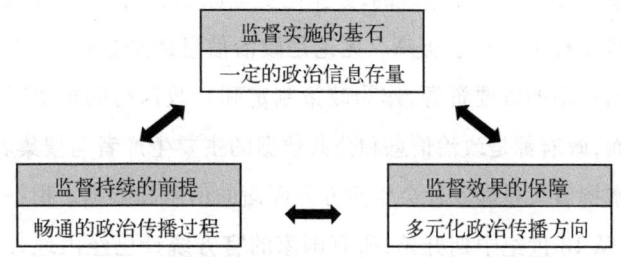

图 4-1 政治传播与权力监督的耦合机制

二、现实场景：政治传播的数字化发展

在数字化时代，伴随数字技术的不断创新和广泛应用，以及媒介平台的层出不穷，我国积极将数字技术寓于政治传播之中，充分运用各类数字化技术和互动性平台展开政治传播。这促使我国政治传播形态和秩序持续变化，不仅政治信息生产和传播的总量大大增加，政治信息在多元主体间的分布状态、政治信息的流动性以及方向性也都产生了不同程度的转变。

（一）政治传播基础业已形成

信息系基于特定目的，对数据加以整理，甚至建立档案，性质上属于主观且需经动态数据处理的问题；数据则是指一定事实或者状态的存在或者记录，例如未经过处理的原始数值或文字即属之，其性质上属于客观、静态存在的问题。[①] 二者都是客观现实的记录与反映，其区别

---

① 参见朱柏松：《隐私权概念之衍变及其损害防止立法之动向》，《法学丛刊》1989年第134期，第89—102页。

在于信息是经过加工和整理的,数据则更加原始和初级,因此数据生产和保存对于技术的要求更高。无论是政治信息还是数据,一直以来都是政府治理中的重要资源,作为政策制定和行政执行的重要工具而存在。因而,政府都是政治信息和公共数据的主要生产者与搜集者,不断制作和掌握着大量涉及社会生活方方面面的信息和数据。根据吉登斯的观察,从18世纪中期开始,所有国家的官方统计已经由地方性转变为国家性,由财政、税收和人口拓展至社会生活的诸多方面,并且详细、系统且几近完备。[①] 发展至今,随着数字时代的来临,下述趋势迅速而显著加强。

首先,海量的政治信息和数据源源不断地产生,大至国家间的交往和国家级政策,小至某一官员的日常行为都能够被呈现和保存为一条数据,各类政治社会发展也都能够以数字化的形式呈现。这使政府能够搜集、保存和传播的数据更加详细、精致和原始。

其次,随着数字时代的来临,人们由以往对物质的关注逐步转变为对信息的强调,政治信息成为完善政府服务、促进社会治理和加快社会经济发展等各方面的重要资源,信息战略性资源的属性和价值不再只是针对政府工作人员,即政治信息越发受到普通个体、社会组织等各类政治行动者的关注。

最后,政府收集、保存和传播信息的技术大大提升,尤其值得关注的是,它能够根据信息的特征选择以话语或者数据的形式进行保存和传播,从而为受众提供更清晰、原始的信息。在世界各国,海量的、原始的政治信息的形成、制作与传播,成为政治传播数字化发展的显著表现,我国亦是如此。

[①] 参见安东尼·吉登斯:《民族-国家与暴力》,第220—221页。

（二）政治传播方式持续规范

基于信息战略性资源属性和价值的日渐提升，除政府和政党外，各类社会组织和个体也逐渐具有寻求这些信息的内在需要，并且对信息资源的完备度、准确度和原始度要求越来越高。因此，保证信息透明和主动公开信息成为时代趋势。信息社会对政府信息公开提出的最大挑战就是：政府需要更加公开、透明，政府信息公开需要走得更远。[①] 由此，在数字时代的背景下，我国在注重信息统计和舆情搜集的同时，也开始逐步、规范地公开行政机关在履职过程中制作和获取的信息，加强与民众的互动。2007年，国务院颁布了《中华人民共和国政府信息公开条例》，以法规的形式明确规定了我国政府信息公开的主体、范围和方式等要件，正式开启我国政府信息公开的规范化之路。2015年，在数据已经成为国家基础性战略资源这一判断的基础上，国务院发布《促进大数据发展行动纲要》，推动政府信息系统和公共数据互联开放共享，加快政府信息平台整合，使民众能够获得更加原始的数据信息，大量的、实时的以及格式标准化的政府数据逐步得到开放。2017年，中共中央政治局会议审议通过《中国共产党党务公开条例（试行）》，这意味着我国的党务公开工作也受到重视，逐渐走向规范化和制度化。根据相关法规规定，国务院、各省市都借助政府网站、新闻发布会、电视、广播、报刊以及"两微一端"、抖音等新媒体主动公开政务信息，或者依据公民申请开放特定信息。以北京市为例，目前，民众如若想要获取政府公报，聚焦政府工作动态，可以通过北京电视台、北京日报等方式获取，还可以借助"首都之窗"政府网站，"北京发布"的微博、微信公众号、抖音账

---

① 参见王万华：《知情权与政府信息公开制度研究》，中国政法大学出版社2013年版，第184页。

号进行了解,或下载"北京通"手机应用软件,以及在百度小程序"北京通"、微信小程序"北京政务服务"等软件中展开查询。

在我国正式实施政府信息公开的15年中,政府信息公开和政府数据开放的程度持续提升,信息公开和数据开放的质量以及规范性也逐步提高。这些转变释放出政府、政党运作过程中产生和搜集到的各类信息,减弱了政治信息的排他性。

(三)政治传播通道逐渐畅通

政治信息的流动性和政治传播的流畅度与一国政治传播通道是否畅通息息相关。整体来看,我国政治传播通道主要包含两大类:一类是政府内部的传播通道;另一类是政府—社会间的传播通道。我国政治传播的数字化发展突出体现在这两类传播通道的更新上。

首先,我国政府内部的信息孤岛持续被突破。在现代政治中,各国政府大多采取以等级分明的层级结构和照章办事的工作风格为主要特征的科层制度,我国亦是如此。科层制度的形成是人类在行政管理过程中的智慧结晶,在提升工作效率和规范工作流程方面都发挥过重要作用,主要有两大特征:一是等级分层和职能分明的横纵结构;二是其中的工作人员承担着专业化和非人格化的行政职务,并基于明确的规则制度和命令—控制模式行为,同时又会考量自身职位和利益。当前政治传播活动深受这两大特征的影响。一方面,由于固有的职能区分和地位区隔,以及可能发生的利益冲突,不同部门和层级间天然地存在着信息壁垒或信息鸿沟,政治信息呈现出层级化、部门化和碎片化等特征。除此之外,当信息在条块分割的结构中进行传播时,还可能会由于信息摩擦而产生信息折旧和损耗。另一方面,如若缺乏必要的监督和激励,久而久之工作人员遵循的照章办事和按部就班等工作原则就会被本末倒置,逐渐导致思想僵化和工作死板。① 这可能会拉低政治传播的效率,导致信息延误。与此同时,由于工作人员会基于自身地位和利益考量做出决策,信息在传播过程中还可能会遭到篡改或扭曲。

中国政治传播的数字化发展逐渐改变着科层制度中固有的政治传播问题。2023年2月27日,中共中央、国务院印发《数字中国建设整体布局规划》。2023年,在最新的政府机构改革中,国家数据局正式组建。这些行为都表现出我国政府致力于以高位推动跨部门信息协同,发展高效协作的数字政务,健全各级数据统筹管理机构。目前,各省市都在积极建设数字政府,提升数字化服务水平,致力于实现各部门、各层级和各系统的信息互联互通、数据按需共享以及业务高效协同。从横向看,政治传播的数字化发展持续打破我国政府不同部门之间的信息壁垒,助力建设统一的数据汇集与分享的格式与平台,使政府内部信息能够得到有效的汇总、分类、传播与共享,各部门可以按需所取,及时沟通;从纵向看,目前大数据、算法技术、人工智能等具备了实时监测、即时判断和智慧研析的功能,这使政治传播的时空限制得到压缩,政治信息不需要经过层层审批和传播就可能被有关部门所关注,尤其是在突发状态下,政治传播在技术条件上有效地克服了层级结构的限制,使信息能够得到直接迅速的传播。总体而言,政治传播的数字化发展削弱了科层制中政治传播的结构性障碍,使原本以刚性、层级化为特征的科层制变得柔性化和扁平化。

其次,政府—社会间传播渠道持续拓展和畅通。我国一直以来都

---

① 参见罗伯特·K.默顿:《社会理论和社会结构》,唐少杰、齐心等译,译林出版社2008年版,第301页。

实行着纵向约束体制,中央主要负责决策和监督,并且对民众做出承诺;地方政府负责实施中央政策目标,兑现对民众的承诺,同时接受中央政府的监督;民众参与地方治理,向地方政府表达诉求,也可以向中央政府申诉。① 中央政府—地方政府—社会之间存在着错综复杂的政治传播活动。在互联网技术发展之前,中央、地方政府与社会之间的交流主要依靠大众传播和人际传播展开。其中,中央政府与社会间的沟通主要依凭大众媒介,辅以人际沟通;地方政府与社会的互动以大众媒介和人际传播为主。大众传播效率相对较高,但是精细度不足,传播效果也难以准确评估;与之相较,人际传播可以具体到特定的人和事,但是总体效率较低,而且还有可能受到人为的限制。总体而言,中央政府—地方政府—社会间虽然有固定的政治传播渠道和方式,但是传播效率较低且流畅度不高。

政治传播的数字化发展体现为政府—社会间交流渠道的拓展,即在大众传播、人际传播之外开拓了新媒体传播这一渠道,这种传播渠道在吸收人际传播的精细化优势的同时又提升了传播效率,极大提升了政治信息的流动性和政治传播的流畅度。目前,我国政府与民众之间沟通的新媒体渠道主要包括两类。第一类是制度化渠道,即国务院、各省市政府等都设立有政府网站,开设了微博、微信、抖音账号,并且专设"我想对总理说""地方政府信箱"等栏目。通过这些制度化的传播平台,政府能够有针对性地发布政策和展开宣传,民众也可以直接针对相关部门反映诉求和表达态度,并且进行互动。第二类是非制度化渠道,民众能够借助各类社交平台直接表达自身对于公共事务和政策的态度

---

① 参见曹正汉:《纵向约束体制:论中国历史上一种思想模型》,《社会》2021年第4期,第30—68页。

和观点,并借助舆论之力量向政府输入诉求。这些方式都有效提升了政府—社会间的交流频率和传播流畅度。除渠道拓展外,依靠信息化和数字化手段,政府能够建立起更加规范的网格化和信息化治理制度,搭建起"网格—社区—街道—区—市—省—中央"信息联动系统,同时将每个事项的工作流程都纳入"采集上报—按需分拨—指挥派遣—处置反馈—结案归档—研判分析"六级闭环结构①,使政治信息能够在社会—政府间有秩序且迅速地得到流通、分类和统筹,由此在制度设立和治理方法上不断畅通政治传播渠道。

(四) 政治传播方向日趋多元

在我国,政治传播方向主要包含政府(党)—社会和社会—政府(党)两大方向。阿尔蒙德提出,在传统社会,由权威性政府输出的信息往往超过由社会输入的信息,政府能够利用大众媒体和自身媒介将政治信息扩散至社会之中。② 换言之,在传统社会中,政治传播方向以政府—社会向为主。那么,在数字技术和互联网平台的加持下,我国的政治传播方向朝多级、多重、多向度转变。

首先,社会—政府向政治传播日渐凸显。在过去,民众意见和态度的表达多通过信访活动、新闻媒体报道等方式实现,这些方式需要耗费较多的时间、精力甚至物质资源,因此,与作为主流的政府—社会向的政治传播相比,社会—政府向的政治传播流就显得微弱些。数字技术的发展改变了这一状况,一方面,在客观上,民众拥有了更加多元且直接的政治表达渠道,借助政府网站、社交平台等,民众只需动动手指或

---

① 参见本刊政治编辑部调研组:《社会服务管理网格化:创新社会服务管理的有效途径——来自"走转改"一线的报告》,《求是》2011年第21期,第61—63页。
② 参见加布里埃尔·A.阿尔蒙德等:《发展中地区的政治》,任晓晋等译,上海人民出版社2012年版,第46页。

者点击鼠标就能够展现态度和表达意见,从而大大增加了社会—政府向的政治传播;另一方面,借助社交平台,民众的意见能够得到总体性的汇集与整体性的展现,进而转化为能够影响政府决策和执行的舆论力量。在舆论力量一次次发挥作用之后,民众进行政治表达的主观意愿也会受到鼓舞,表达意识得到增强,更加乐于在社交平台或者政府网站上留言、评论、跟帖等。由此,社会—政府向的政治传播流不断增多,日渐凸显。

其次,政府—社会向政治传播持续增加。在数字技术的加持下,与社会—政府向的政治传播日渐凸显相应,政府—社会向政治传播持续发展,并且在数量和质量上都有所提升。在数量上,除日常政治宣传外,政府信息的公开和数据的开放本身就极大增加了政府向社会传播的信息量,加之党和政府还会针对这些信息与数据展开进一步的阐释和宣传,额外增加并丰富了传播内容。另外,国务院办公厅发布《关于推进政务新媒体健康有序发展的意见》《关于进一步优化地方政务服务便民热线的指导意见》等,要求建设更加权威的信息发布与解读回应平台,和更加便捷的政民互动和办事服务平台。这意味着我国政府与民众间的互动频率会极大提升,地方行政官员、政府工作人员和民众将会围绕某一话题展开即时、频繁的互动与讨论。在质量上,政府—社会向的政治传播形式也在数字技术的加持下变得更加丰富和生动,常常文字描绘与视觉呈现兼具,或大屏与小屏共用,或理论与故事同在;传播的精细化程度也大大提升,能够针对不同的个体用户的特征和兴趣相应地展开传播和阐释。

最后,官员—民众间的政治传播开始显现。之所以官员—民众之间的政治传播可以作为单独的政治传播流,是因为官员作为传播者在互联网场域中,尤其是社交平台中兼具公共和私人的双重身份:一方面,他们能够作为政府或者职能部门的代表出现于政治互动场景中,因而可以看作政府—社会向政治传播的分支;另一方面,他们的一些行为和言论也彰显出私人化色彩,由此,这一向度的政治传播又不完全等同于政府—社会向的政治传播。这类传播向的显现体现出我国政治传播方向精细化和复杂化的发展趋向。

三、未来趋势:以政治传播数字化建构新型权力监督机制

习近平总书记在中共中央政治局第四十次集体学习时强调:"要深化党和国家监督体制改革,以党内监督为主导,促进各类监督力量整合、工作融合,强化对权力监督的全覆盖、有效性,确保权力不被滥用。"①党的二十大报告再次要求:"健全党统一领导、全面覆盖、权威高效的监督体系,完善权力监督制约机制,以党内监督为主导,促进各类监督贯通协调,让权力在阳光下运行。"②可见,在我国的权力监督机制中,党内监督与人大监督、民主监督、行政监督、司法监督、群众监督、舆论监督等各类监督有机贯通、相互协调,其中涉及中国共产党、各类行政司法机构、各民主党派、民众以及媒体等多种主体的互动。因此,他

---

① 《习近平在中共中央政治局第四十次集体学习时强调,提高一体推进"三不腐"能力和水平,全面打赢反腐败斗争攻坚战持久战》,2022年6月18日,http://www.moj.gov.cn/pub/sfbgw/jgsz/gjjwzsfbjjz/zyzsfbjjzyw/202206/t20220620_457872.html,2025年3月23日访问。

② 习近平:《高举中国特色社会主义伟大旗帜 为全面建设社会主义现代化国家而团结奋斗——在中国共产党第二十次全国代表大会上的报告》,2022年10月25日,https://www.gov.cn/xinwen/2022-10/25/content_5721685.htm,2025年3月23日访问。

们之间的政治传播直接关乎我国权力监督机制的运转状态。

我国政治传播的数字化发展使我国政治传播秩序和形态持续发生转变:不断缩小政府—社会间信息的不对称,改变政治信息在不同主体、地区间的分布状态;有效畅通政治传播的渠道,促进政治信息的流动性和传播流畅度;持续提升普通个体的传播能力和意识,增强社会—政府向的政治传播,实现多向度的政治传播。政治传播的数字化从而可以不断助力我国各部门、各层级之间的协调监督,提升党内监督、人大监督、行政监督、司法监督的监督效率和监督质量,同时持续增强民众的监督能力和权利,助力发挥群众监督和舆论监督的作用,建立起面向党和政府全员的、全过程、全方位和全天候的监督体系。

(一) 公开化:增强权力监督的主动化

从官员的角度看,政务、党务中决策、执行、管理、服务和结果等信息的全过程公开,减少了权力异化滋生的土壤,促进了官员时刻进行自查自纠。如前所述,公共权力异化常常与信息垄断和信息不透明相关,权力越轨、腐败与滥用往往滋生于信息剪刀差。正是由于部分官员掌握有政治信息的优先获得权和知晓权,或者能够在私下运作权力,并且及时销毁罪证,才培育了滋养特殊利益集团的肥沃土壤;增加了管理租金,加大了交易成本;使民主过程中的公众参与大打折扣,媒体舆论亦无法形成对政府滥用职权的监督制衡机制。[1] 因此,实现信息公开共享和多方互动能够有效助力于权力监督的开展。在我国,政务、党务信息公开和数据开放将党的领导与建设、政府履职的过程与结果都展现在全民监督之下,从而增加了履职过程的透明度,改变了政治信息在官

---

[1] 参见斯蒂格利茨:《自由、知情权和公共话语——透明化在公共生活中的作用》,宋华琳译,《环球法律评论》2002年第3期,第263—273页。

员、监督机构、民众之间的分布状态,减少了"隐匿的环境"这一权力越轨行为产生的必备条件,在一定程度上遏制了部分官员不作为、乱作为的发生动机,削弱了部分官员权力越轨行为产生的可能性。并且,随着党务、政务信息公开数字化、科学化、专业化水平的持续提升,官员与民众间交往的直接性也不断提高。

(二)贯通信息区隔:实现权力监督的多向化

从民众的角度看,政务、党务信息公开的持续发展、政治传播渠道的畅通以及社会—政府向的、官员—民众向的政治传播的增加都助力提升民众的信息权利和能力,增加了民众建议和意见的聚合和表达,激发了民众对党和政府进行监督的积极性。党与政府是政治信息的主要生产者和掌握者,享有对特定政治信息的垄断权力。在现实政治实践中,由于时空、技术、信息规则以及个人意愿等多因素的限制,民众所能获得的政治信息、所能展开的传播范围以及达到的传播效果都是有限的。基于此,民众的监督能力同样有限。不过,就政治信息的获取而言,政务与党务信息的公开、官员—个体向政治传播的增加改变了这一局面。其中,党务政务信息的公开极大提升了民众所能合法获取的政治信息的范围和数量,增强了民众的信息和数据权利,使其具备开展政治监督的基本条件。并且,随着信息公开和数据开放范围和质量的不断提升,民众能够以自身需求为中心,通过多样化的方式及时了解、获取和对比相关信息,或者直接参与至各类政务活动中,更加深入地监督机构和官员的履职过程。此外,借助社交媒体和直播平台,民众能够与官员展开直接互动,更加直观地感受到官员的精神面貌、衣着打扮、谈吐风格以及执政水平等。这意味着民众能够获得官员公共和私人的各类信息,对官员展开更加全面的监督。就政治信息的传播而言,群众监督和舆论监督的力量得到了夯实。一方面,民众借助互联网平台能够与部门负责人或者是地方行政领导获得联系,直接向其反映政策落实过程或者社会生活中遇到的问题和意见,并且借助舆论评判或者上级压力形成对政策实施和相关人员的直接监督和全程监督。另一方面,个体能够相对自由地在网络中表达自身意见和态度,并且民众的建议和态度能够在开放的互联网平台中得到整体展现、广泛传播并且实现聚合,进而形成一种巨大的舆论压力,这种舆论压力能够产生强大的监督势能。

(三)突破信息孤岛:提升权力监督的系统化

从政府组织机构的角度看,传播渠道的畅通意味着不断突破组织边界,有助于信息的互联互通,从而推动政府、政党内部自我监督的展开。党的二十大报告专门强调要健全党统一领导、全面覆盖、权威高效的监督体系,"坚持在党内监督定向引领下,促进各类监督既依照自身职责发挥效能,又强化关联互动、系统集成,形成同题共答、常态长效的监督合力"[①]。不过,在现实的监督实践中,自我监督往往会陷入"上级监督太远,同级监督太软,下级监督太难"的困境之中。政治传播的数字化发展对于消解这三类困境都有所助益。其一,上级监督"不再遥远",不会因为信息剪刀差、信息延迟等问题进行无效监督。上级监督机构能够突破时空限制,实时监测官员行为和政策实施情况,同时辅以智慧研判,分门别类、急缓有序地给予特定人员、领域和事项以重点关注。此外,上级监督机构还可以利用信息化手段随时调用所需信息和数据,并且针对历史数据和动态数据进行对比与研判,及时进行预警和

---

① 《党的二十大报告辅导读本》编写组:《党的二十大报告辅导读本》,人民出版社2022年版,第91页。

准备。其二，同级监督"不再软弱"，变得更加有理有据。这首先是基于数据的精确性。目前，很多行为和记录皆以数据的形式呈现和保存。相比语言表达，数据以精确性为特征，可操作性相对较小。因此，当数据作为同级监督的依据时，可靠性和可用性更强，能够更加精准地反映问题和进行追责。此外，在数字政府打造的过程中，我国政府致力于互联互通、协同一体，各层级向纵向贯通发展，各部门也逐渐横向打通，其所汇总、集合和分享的信息的格式和标准逐渐趋于一致。在信息互联和数据共享的基础上，数据造假的困难翻倍，一个数据的改动可能就会牵涉数百条信息，权力任性的空间被大大压缩；与之相应，数据调查却更加便捷，官员的基础信息和言论行为等都有迹可循，履职过程和结果也均记录在案，故而，纪委监委部门作为我国的权力监督专责机关能够展开立体化和全过程的监督。其三，下级监督也成为可能。由于信息的公开和数据的共享，信息在上下级间的分布再不如从前那般差别巨大，下级所掌握信息的滞后性和静态性有所减弱，因此也具备了监督上级的可能。综上，政治传播的数字化助力打破政府内部的信息孤岛，有利于建立关联互动、系统集成的监督体系。

政治与权力相伴而生，权力的形成、运作、博弈与流动是政治生活的主要内容。在人类政治现代化的过程中，对权力进行有效监督和制约，保证权力能够在合法的范围内有效运转一直以来都是重要的政治议题。中国式现代化是一种全新的人类文明形态，突破了西方现代化的固有模式，展现了政治现代化的新图景和新价值。进而，作为全人类都必须面对的权力监督话题，同样是中国式现代化的关键环节，不仅关系着中国式现代化的顺利发展，而且展现出中国式现代化独具特色的面貌。

在不同政治体制和历史发展阶段中，政治传播的秩序和形态并不完全相同,政治信息的存量、分布状态、流通性、流畅程度以及流通方向均有所差别。政治传播作为权力监督中不可忽略的要素和环节,上述各要素都影响着权力监督的开展和效果。目前,中国政治传播的数字化发展使民众获取和掌握了更多的政治信息,增强了全国范围内政治信息的流通性和政治传播的流畅度,并且推动了社会—政府向的、官员—民众向的政治传播的发生发展,以此打开了政府信息的暗箱,督促官员个体自查自纠,实现权力监督的主动化;打碎政府—社会间的信息区隔,赋予社会和民众更强的监督意识和能力,实现权力监督的多向化;打破政府内部的信息孤岛,建立起互联互通的监督体系,实现权力监督的系统化,从而推动我国权力数字牢笼的建构。当然,目前我国政治传播数字化发展仍然在持续发展中,权力监督的数字牢笼同样也在建设过程中,政治信息在公开与开放、互联与互通以及个体隐私与公共安全方面仍存在有待解决和完善的问题。因此,伴随政治传播数字化技术的不断提升,政治传播的数字化标准需进一步确立,数字安全有待增强,数字化效能有待提升,由此才能真正推动我国权力数字牢笼的巩固,使权力监督行为既不会影响权力的正常运转,又能够达致有效监督的效果。

第五章　数字时代算法传播的主体异化与民主困境

传播秩序是影响政治社会之民主程度的重要维度。算法以其传播网络的数字聚合、传播空间的数字取向与传播关系的数字构建，构筑了以数字秩序为基础的运行环境。算法传播的数字秩序赋予政治人以新的存在形态，即"数字人"。"数字人"是政治主体的异化样态，它以数字升维、数字透明和数字交往为特质，大大降低了政治人的自主性，损害了政治人的尊严感，扭曲了政治人的社会本质。"数字人"的政治主体异化揭示了算法传播的数字权力逻辑。深度嵌入传播过程的算法数字权力在政治主体之间内置了不对等的权力冲突与非合理的权利让渡困囿，进而扩大了政治主体间的数字权能张力，使民主社会陷入权力实践冲突、权利让渡扭曲与政治共识分裂的困境之中。民主社会的信息技术使用及其传播秩序构建需要确立人之主体相对于技术客体、社会权利相对于公共权力的价值优先性，既要防止技术律令对政治人的环境规训，也要避免技术权力异化对公共福祉的损害。

算法是数字时代的核心技术，算法传播是对传统传播模式的新突破，它打破了以信息性质为基础，以内容生产为关键的传统传播模式，转而凭借数字技术的综合网络和社会应用，实现了对传播双方、传播信息、传播方式和传播效果的数字介入与数字构建。从本质上而言,算法传播就是以数字技术为基础,以数字信息为核心,以数字建构为特质的传播模式,它在增进传受双方的主体性的同时,也强化了传播关系的权力取向,生成了以算法传播为形式的数字权力。当算法传播从人际传播领域跨越至大众传播领域时,这一新的传播样态也就对人们的公共生活产生具有颠覆性、强权性和分权性等多重性质交织的社会影响。算法传播的颠覆性是指算法的全域性和整合性传播方式对传统的垂直性和单维性传播方式的革新,它不仅囊括了政治生活、经济生活、文化生活、社会生活、精神生活等各个领域的信息网络,还整合了当下所有能够承载和传播信息的现代技术,勾连了各种类型的信息平台,将整个社会的信息数据归置于算法秩序之中。算法传播的"强权性"是指算法的政治优势群体对传统精英式的自上而下之传播权力与传播效果的强化乃至固化。算法传播的"分权性"是指算法在政治领域与经济领域的差异化应用,导致公共权力在算法政治与算法经济两个层面出现国家政治权力与资本经济权力的主体性分野。这种主体性的算法权力分野将基于不同的主体利益诉求而致力于争夺社会意识形态的形塑主导权。算法传播的强权性和分权性表明,算法传播已经在不同主体维度产生了差异化的权力效应,同时也表明算法能构建起有助于传播优势群体的特权式社会秩序,从而揭示了不同主体之间存在算法权力势差,意味着算法传播具有反民主的目的悖逆和价值困境。传播秩序是影响社会政治之民主程度的重要维度,一般而言,开放包容、公开透明与平等自由的传播秩序有助于民主政治的发展。有鉴于此,本章将在算法传播所构筑的社会秩序基础之上提出:在算法传播的强权性与分权性特质下,政治主体呈现何种状态?这种状态对民主政治有何影响抑或使民主政治陷入哪些困境?

一、数字化:算法传播的社会秩序基质

算法与政治传播的关系可简述为算法的认知框架塑造政治人的思维方式与行为模式。生活于特定技术环境中的政治人通过对技术的适应、遵从或抵制等方式与技术环境进行互动,其结果是,政治人在享有技术便利的过程中,无意识地接受了技术的塑造。质言之,政治人的存在样态与技术形态紧密相关。尼古拉·尼葛洛庞蒂(Nicholas Negroponte)认为,"我们无法否定数字时代的存在,也无法阻止数字化时代的前进,就像我们无法对抗大自然的力量一样"[1],"数字化生存"已经是后信息时代(即智能时代)的社会图景,"计算不再只和计算机有关,它决定我们的生存"[2]。算法是数字技术的核心形态,"数字化技术产品最鲜明的特征就是借助算法分析数据的相关关系,进而作出更为精准的预测,而人们则把技术产品的测算方法升华为数据思维。所谓数据思维即理性、精确、逻辑和严谨的思考方式"[3]。算法传播对政治人的认知颠覆正是其数字本质所建构的数字化生存模式,这不仅解构了传统政治传播的秩序结构,还消融了政治传播的主客边界。算法从传播网络的数字聚合、传播关系的数字建构与传播空间的数字取向等三个维度重构了社会秩序。

---

[1] 尼古拉·尼葛洛庞蒂:《数字化生存》,胡泳、范海燕译,电子工业出版社2017年版,第229页。
[2] 尼古拉·尼葛洛庞蒂:《数字化生存》,第61页。
[3] 刘璐璐、张峰:《后疫情时代数字化生存的技术哲学思考》,《东北大学学报(社会科学版)》2021年第5期,第4页。

（一）算法传播网络的数字聚合

算法传播网络的数字聚合指的是，依托数字分析的算法将相关因素直接或间接地纳入传播过程，这一过程遵循网络传播逻辑，而不是数字运行的线性逻辑。线性传播具有单向直接性，传播媒介相对单一，传播关系也相对简单，没有形成复杂的媒介结构与传播网络。网络传播具有多元复杂性，传播媒介不再以单一的有形介质为主，传播关系也相对复杂，形成了复杂的媒介结构和联结广泛的传播网络，主要表现为技术、资源与观念在算法场域的数字聚合。

首先，算法是其他数字技术的基础。这意味着对算法的认知不能仅停留在一种数字程序或一套数字编码层面，而需要将以算法为基础的所有技术视为算法传播的构成要素。算法传播是由社交媒体、自媒体、人工智能技术、虚拟现实技术、社交机器人、智能手机应用等各种智媒构筑的综合网络。算法的数字技术聚合整合了信息、文字、视频、图画、广告、仿真、互动等多种方式，实现了传播效果的生动化、具象化、社会化与个性化，各种媒介的叠加传播，在媒介"补偿功效"（莱文森[Paul Levinson]语）中增强了政治传播的广度和深度。

其次，算法是各领域争夺的资源。算法传播的精准性、即时性、个性化使其成为数字政治、数字经济、虚拟金融和广告投放等领域实现利益最大化的核心资源。算法对人们认知态度的塑造、行为模式的引导、社会舆论的监测与政治系统的输出所带来的机遇和挑战，使其成为国家有效构建政治秩序与引导塑造意识形态而必须掌控的技术资源。算法在传播中的信息生产、优化推荐、自主运作与高效过滤等优势，使其成为各类媒体用以调适其传播方式所必须拥有的媒介资源。算法在经济发展中的"数字杀熟"、消费引导与娱乐定位的强大效果使其成为资本平台必须掌控的商业资源。

最后,算法是多元观念聚合的数字场域。这是与技术和资源的数字聚合相伴随的结果。不同的信息技术对社会认知的作用方式不同,也就引起不同的社会观念在信息技术中聚合。社会观念的变化影响社会资源的生产与使用。技术聚合与资源聚合使算法传播的观念具有多元性、联动性与隐藏性特征。观念聚合是经由算法对数据分析后自主化传播的,也是各类传播主体基于各自需求主动或被动形成的。算法观念的多元性是指观念来源和内容的多元。算法观念是各类智媒平台中的观念,在内容上涵盖了人们对政治、经济、文化、娱乐和日常生活的各类价值判断。算法观念的联动性是指算法观念虽然是在网络空间中生成与传播的,但这些观念会与人们的现实生活产生勾连,从而影响人的现实行为。算法观念的隐匿性是指算法观念是经过算法对统计学意义上的数据进行计算与分析塑造的,换言之,算法数字统计的机械性和一维性掩盖了人们观念的变动性和多维性。

(二) 算法传播空间的数字取向

算法传播空间的数字取向是指,算法传播塑造了以数字计算为核心基质的社会结构空间。这一取向存在嵌入性和脱嵌性两种面向。空间嵌入性体现为算法与人们日常生活的深度融合。日常生活是算法得以产生的必要条件,算法也是影响、规训人们日常生活越来越普遍的方式之一。[①] 算法与人们日常生活空间的深度融合:一方面,它为传播行为提供了源源不断的数字资源,使传播具备连接与聚合技术,并为传播提供资源基础;另一方面,即时的数字获取与分析使算法具备了影响人

---

① 参见 M. Willson, "Algorithms (and the) Everyday", *Information, Communication & Society*, Vol. 20, No. 1, 2016。

们认知模式、生活方式与社会关系的能力。算法模糊了人类作为技术主体存在的界限,它在传播中既扩展了人的主体性,表现为传播的个人化与交流的跨空间化;同时也妨碍了人的主体性,表现为人对算法的依赖及对数字化生存的适应。

空间脱嵌性体现为"算法社会"这一空间形态的出现。"算法社会"是以数字计算为结构基础的一种智能形态,相较于算法传播空间的嵌入性,"算法社会"更侧重于描述算法的自主性对人与社会结构的消极影响。在"算法社会"中,投入使用的算法很少能够再以人的现实意识为程序指令,完成程序设定后的算法将自主运行,并且拥有规训算法设计者与拥有者的技术权力。自主化算法及其数字结构与社会权力关系在算法社会呈现出"人-算法"主体并存与算法权力异化的新特征。人与算法的无缝融合,模糊了人与技术之间的界限,使传播主体呈现出人与智能算法并存的样态,改变了以人为传播主体的自我意识、社会情感与社会行动。具有深度学习能力的算法会随着算力升级而渐有高度自主的技术主体趋势,存在"技术失控"的脱嵌风险。具备高度自主性的算法具备了兰登·温纳(Langdon Winner)所说的"技术律令"的环境塑造力:"技术是这样的结构,它们运作的条件要求对其环境进行重建。"①换言之,算法将对人类社会进行宏观与微观建构,社会发展和个体生存都以适应算法的数字秩序为基础。

(三)算法传播关系的数字建构

数字化的传播关系是算法传播的最强劲影响。算法对数字的最大化利用导致政治人的数字化,生物学意义上的政治人被简化为统计学

---

① 兰登·温纳:《自主性技术:作为政治思想主体的失控技术》,杨海燕译,北京大学出版社 2014 年版,第 86 页。

上的"数字人"。算法对数字资源的最大化使用,使传播者在信息互动中产生了数字化的传播关系,传播者的"数字化"必将导向传播关系的"数字化"。这是因为,"数据化的个体与他人的交往也是数据化的,基于数据的互动,体现着个体的存在感,也成为社交'表演'的一部分,影响着人的自我表达、自我认知与社会关系"①。数字传播关系的基质是信息数字化,在此基础上形成了认知关系、劳资关系与权力关系的数字结构。

认知关系数字化是算法传播关系的基础性维度。认知关系数字化体现为自我传播中的自我认知数字化和大众传播过程中的社会认知数字化。自我传播是"主我"与"客我"的对话。传统传播观认为,自我传播是发生在人体内部的信息交流,如感觉、理解、思维和情绪等都是人的内向交流。在"主我"与"客我"的交流互动中形成的自我认知是由人的自我感觉和自我意识构成的。算法的自我认知数字化呈现出从"主我—客我"向"主我—数字—客我"的转变。这一转变过程中的"数字"并不具有人际传播的媒介意义,仍然是自我传播过程中形塑自我认知的嵌入性中介,即数字构成了个体观察自我、认识自我与监测自我的内在介质。此外,算法技术势差致使其强化了大众传播的单向化与制度化的信息效果。算法传播的优势群体主要是资本平台和公共机构,这些优势群体往往能利用算法有程序地传播自己的价值观念,与传统大众传播不同的是,算法大众传播是通过数字分析为公众定制私人信息。

劳资关系数字化是算法传播关系的隐蔽性维度。劳资关系数字化

---

① 彭兰:《生存、认知、关系:算法将如何改变我们》,《新闻界》2021年第3期,第47页。

指数字成为资本平台的重要资源,资本逻辑促使商业平台利用算法追逐数字价值最大化,而商业平台的数字来源是进行无偿数字生产的社会公众。劳资关系数字化因其提升了人们自由选择信息的便利性,而隐藏了数字生产背后的不平等关系。商业资本对数字经济价值的最大化追求将俘获公众的数字生产价值,其俘获方式是通过"掌握数字化生存的入场券而攫取的依赖性的非强制化霸权"[1],其后果是数字生存下的公众让渡信息权利以获得社会行动的便利性。在算法商业平台的信息传播中,公众的数字痕迹被资本平台获取,并用于持续性的个性化信息推荐。这些推荐信息在一定程度上包含了商业资本的利益诉求,如果公众想继续拥有平台的信息服务,必须默认商业资本对个人数据的获取,也必须不断地为其进行数字生产,而这种数字生产并不会为公众带来现实的物质性补偿。

权力关系数字化是算法传播关系的实质性维度。社会学视角下的权力是指凡是特定主体拥有的足以支配他人或影响他人资源的均可称为权力。[2] 算法传播的权力构成依其使用主体而定,即算法权力具有不同的主体立场。在算法传播的关系结构中,认知关系与劳资关系的数字化都具有权力特质。在自我传播与大众传播认知关系数字化中,前者指向算法的自主性权力,嵌入个体的算法设备成为监测人体信息的工具,成为个体了解和衡量自我的重要方式;后者则指向算法优势群体的权力,这种优势群体的权力具体指向劳资关系数字化中的经济权力。此外,算法优势群体还包括公共权力主体。在算法权力关系中,公众是

---

[1] 张以哲:《经济权力:大数据伦理危机的社会关系根源》,《华侨大学学报(哲学社会科学版)》2021年第2期,第7页。
[2] 参见尤尔根·哈贝马斯:《作为"意识形态"的技术和科学》,李黎、郭官译,学林出版社1999年版,第76页。

数字化生存环境中的适应者,是算法及其权力主体在数字资源汲取与数字利益分配,社会关系监管与社会行为规制过程中的生产者与承受者。算法传播的数字权力使"数字化"成为"个体在数字时代'社会化'的重要途径与基本方式,无论是商业活动、日常交往、信息传播还是社会治理,数字化都既是社会规范又是生活方式"①。因此,算法权力的技术自主性与主体立场性共同影响了算法传播中的政治主体性。

二、"数字人":算法传播的政治主体异化

算法的数字传播关系导致政治人的数字异化,"数字人"成为政治主体的异化形态。算法推动信息技术从"媒介即信息"②向"媒介不再是信息"③的叠加演化。算法不仅以精确的私人信息框架塑造了政治人的认知和行为模式,还通过构建数字秩序改变了政治主客体间的社会关系。算法的原始目的是为人类生活提供高质量的信息服务,但是算法计算的高效性加剧了人对技术的依赖,数字逻辑培养和再生产了适合数字化生存的"数字人",数字成为支配人、控制人的异化力量,致使算法的工具价值压制了政治人的目的价值。如果按照韦伯对工具理性压倒价值理性、手段战胜目的的概括性表述,人生存在工具理性铸造的"现代的铁笼"里,那么,算法社会就是"数字的铁笼"。算法数字秩序将复杂且需求多元的政治人简化为一个个冰冷理性的数字载体,将数

---

① 王敏芝:《算法之下:"透明社会"的技术与观念》,《探索与争鸣》2021年第3期,第29页。
② 马歇尔·麦克卢汉:《理解媒介:论人的延伸》,何道宽译,译林出版社2011年版,第16页。
③ 尼古拉·尼葛洛庞蒂:《数字化生存》,第55页。

字身份作为政治人在数字世界里自由行动的唯一通行证,政治人就是铁笼里的"囚徒",其政治诉求、政治认知、政治关系与政治交往都将被数字定义。

"数字人"强化了数字在政治传播中的支配地位,致使政治人的生物身份出现降维,数字身份得以升维。在数字升维的传播中,数字成为提高传播力的主要生产资料。这表示以何种方式有效地或高效地获取数字资源,如何最大化利用数字资源,成为算法传播优势群体(国家和资本大公司)维护其地位和利益必须考虑的核心问题。而这也关涉了算法传播的劣势群体(社会公众)在数字生产过程中处于怎样的境况。其中最显著的是算法传播的"数字透明"对公众尊严的损害。算法传播对政治人的自主性和尊严感的损害是微观层的消极表现。更深刻的是,算法传播塑造了数字交往的新型政治沟通模式。这一模式在某种程度上导致政治系统的输入与输出效益依赖于政治系统的数字汲取能力。这使算法对政治主体的僭越从个体推向了社会,亦从微观走向了宏观。

(一) 数据升维:降低政治人的主体自主

算法数字主义降低了政治人的自主性。算法强化了"万物皆可数据"的数字主义思维,"数据主义在人工智能时代还表现为计算主义"①,算法是数字主义衍生的核心机制,它以数字的计算状态、计算活动和计算过程代替了人的心理状态、心理活动与心理过程,任何政治传播者的偏好变化均可从数字计算中进行预测与引导。约瑟夫·拉兹(Joseph Raz)的自主性理论认为,如果将特定的选择或生活算作自主的

---

① 闫坤如:《数据主义的哲学反思》,《马克思主义与现实》2021年第4期,第191页。

话,那么自主性必须具备三个条件:(1)自主人必须具备最低限度的理性来计划实现目标的行为;(2)他们必须有足够的选择;以及(3)他们必须是独立的。拉兹认为人们做出并实施选择的时候不受胁迫和操纵,在广泛意义上拥有不受干预或支配的自由。① 在罗尔斯那里,政治自主性的条件则是"个人在公共政治社会中享有的'政治人'身份——自由平等的公民"②。而"数字人"从这三个意义上破坏了政治人的自主性。

首先,算法传播的信息干预限制了政治人的独立性。表面上看,人们是自愿使用算法来实现生活目标的,但实际上任何触及算法信息的人都受到了算法的限制。算法以规则的"默认同意"为通行设置,人们如果不同意算法规则就被数字社会排除在外,不享有算法技术红利。其次,算法推荐限制了信息选择范围,侵蚀了政治人的充分选择权。算法推荐是基于个体在短时段内的信息轨迹分析为基础的,算法信息选择框架意味着公众"将从一个做出选择的主体,转变为一个被排序和被选择的主体"③。个体需求的阶段性差异被数据排序消除,因此个体探索足够信息的选择机会也受到了阻碍。最后,算法同质化传播侵蚀政治人的认知理性。从理性行为能力来看,算法决策在某种程度上能提高政治决策的效率,但这预设了政治人自身就具备理性认知能力。从理性认知能力而言,算法推荐建构价值茧房,长期接触同质信息会强化政治人的政治态度,使政治人产生价值失偏的可能。

---

① 转引自凯伦·扬、马丁·洛奇:《驯服算法:数字歧视与算法规制》,林少伟、唐林垚译,上海人民出版社2020年版,第112页。
② 夏语:《罗尔斯公共理性的限制:"排他观点"抑或"但书"》,《政治思想史》2023年第1期,第141页。
③ 全燕:《智媒时代算法传播的形态建构与风险控制》,《南京社会科学》2020年第11期,第103页。

（二）数字透明：损害政治人的主体尊严

算法对数字身份的建构体现了个人数据的透明化。算法传播中个人数据透明化有两个特征。其一，个人数据掌握在算法优势群体手中，只有拥有算法的公共部门、资本平台才能通过算法获取社会数据。这意味着个人数据的私人性逐渐被公共性和商业性侵蚀，不仅被公共部门基于公共目的监测，也被资本平台用于商业化的经济开发。其二，个人的"无意识"和"被迫同意"是加剧个人数据透明的两种方式。"无意识"导致的数据透明是个人在享受算法便利时，对算法攫取个人数据而不自知的状态。因而没有明确反对算法对个人数据的不正义使用意识。"被迫同意"导致的数据透明是指，"在算法主导的传播架构下，个人想要实现正常的'数字化生存'就必须接受算法的数据规定乃至数据霸权这一前提条件"[①]，这是个人权利让渡的被动结果。

算法传播将私人领域中的政治隐私置于公共空间而使其具备公共性，也使其在商业算法的资本逻辑下具备了商业性。政治隐私从私人领域转向公共领域，从私密性转向商业性，损害了政治人的主体尊严。隐私权是最基本的权利，是人类尊严的基础。[②] 隐私权是个人权利的重要部分，人因为有了隐私才可以有思想的自由，行动的自由和精神的自由，才能被他人尊重。政治人在无意识中被算法的"上帝视角"看透，而时常遭受"数字暴力"与"数字焦虑"。算法损害政治隐私的实质是资本商业平台的算法权力与个人权利之间的失衡，即数据流动的透明性与不可逾越的资本结构性限制相抵触，个人信息的商品化成为权力不

[①] 王敏芝：《算法时代传播主体性的虚置与复归》，《苏州大学学报（哲学社会科学版）》2021年第2期，第170页。

[②] 参见李锐锋、杨娜新：《技术化生存与透明化生存——关于隐私丧失的哲学思考》，《科学技术与辩证法》2003年第5期。

平衡的根源。① 这种权力不平衡在现实生活中表现为"数字伪造"的盛行。例如，人脸识别可以借助算法进行数字伪造，我的脸可以离开我身体而独立存在，已经成为不争的事实。总之，在算法数字化生存中"我已不再是我自己的拥有者"，失去了"我之为我"的理性存在和价值尊严。

（三）数字交往：扭曲政治人的社会本质

社会交往是人特有的行为，政治交往是政治人的本质属性。亚里士多德认为，"人类自然是趋向于城邦生活的动物（人类在本性上，也正是一个政治动物）。凡人由于本性或由于偶然而不归属于任何城邦的，他如果不是一个鄙夫，那就是一位超人"②。在算法数字空间中，政治人的交往以数字身份呈现在看不见的界面，政治社会交往不再是基于生物身份和物质空间的人际交往，而是一种在线的数据交往，人们的政治社会关系从具体的身体关系转变为数字化的交换关系。

算法传播的数字交往具有两个方面的特征。首先，它是一种身体"缺场"，数字"在场"的互动形式。身体交往意味着交往主体是精神性、文化性和社会性的存在。数字"在场"意味着交往主体是机械性、技术性和符号性的存在。"缺场"与"在场"的转化将政治人从原来物质性的社会关系中抽离出来，仅将其作为符号性的存在来确认存在属性。亦即算法传播的交往空间是一种兼具"数据同序"和"数据差序"的场域。其次，算法传播的"同序交往"以政治人信息偏好的相似性为基础，同属数字相似性范畴的政治人容易在算法场域中聚集。算法传播的

---

① 参见 M. Crain, "The Limits of Transparency: Data Brokers and Commodification", *New Media & Society*, Vol. 20, No. 1, 2018。
② 亚里士多德：《政治学》，吴寿彭译，商务印书馆 2011 年版，第 7 页。

"差序交往"以政治人信息偏好的相异性为基础,信息偏好差异越大在算法场域中就越被区分和排斥。

如果说人的本质是社会关系的总和,那么算法传播中人的本质就是数字关系的总和。数字交往扭曲了人之所以为人的社会本质。"究其本质,在于社会数据化的不断深化,个体社会交往模式发生了根本性转移。社交模式转变促使了身体在场向精神在场的流动。从现实走向虚拟的过程中,算法深度介入人的社会生活,成为个体日常的重要组成部分。在拟态的数字空间中,个体与外界的信息交换不再依赖身体进行实体沟通。"①数字交往对政治人之社会本质的扭曲,是算法僭越政治主体地位的深层表现,它不仅涉及了主体的自主性和尊严感问题,也导致了一系列的民主政治困境。

三、数字权力:算法传播的民主政治困境

"数字人"的政治主体异化揭示算法传播的数字权力逻辑。尼科斯·波朗查斯(Nicos Poulantzas)认为,"权力关系以社会关系为其活动的领域"②,社会力量的行动领域与社会力量间的能力关系构成权力关系的基础,"权力是一种典型的来源于结构的现象……是一个阶级实现其特殊客观利益的能力"③。"数字人"的政治主体异化表明算法数字权力具有广泛性、深入性、权威性和分散性等特征。算法数字权力的广

---

① 方正:《"数字规训"与"精神突围":算法时代的主体遮蔽与价值守卫》,《云南社会科学》2021年第1期。
② 尼科斯·波朗查斯:《政治权力与社会阶级》,叶林、王宏周、马清文译,中国社会科学出版社1982年版,第107页。
③ 尼科斯·波朗查斯:《政治权力与社会阶级》,第111页。

泛性是其信息汲取能力和利益实现能力对社会的全覆盖，表明其权力影响无处不在。算法数字权力的深入性是其对政治信息系统、政治主体行为与社会政治态度的系统化形塑，表明其权力渗透无孔不入。算法数字权力的权威性是政治权力主体的信息行为制度化与资本优势阶层的信息定制化对算法公众的数字认知规训，表明其权力意识形塑不可逆转。算法权力的分散性是其以自发的、无意识的与弥散的方式遍及社会，它的权力实践是自然的和默认的，表明其权力效能难以觉察。算法数字权力源于数字化的社会结构，是社会权力在数字时代的新形态，其权力分散性基于算法数字秩序的普遍性，因而它承载了其他三种数字权力的主体实践。迈克尔·曼认为："分散的权力体现一种集体权力对个体权力的更大比例，但它不是一成不变的。它可能导致对从属阶级的'包抄'，以致他们认为抵抗没有意义。"[①]

算法数字秩序对政治传播全过程的深度嵌入，扩大了政治主体间的数字权能张力。算法社会化推动了权力分配，但分配得不平衡，那些拥有并且懂得如何使用算法的社会主体占据着优势。这意味着算法数字秩序隐含了不对等的主体权力冲突，以及算法优势阶层对劣势阶层的权力宰制。本杰明·维特（Benjamin Witt）和加布里埃·布鲁姆（Gabriel Bloom）认为，新技术的出现通过赋予国家和个人不同程度的权重而对社会秩序与国家治理产生了不可小觑的影响，"新的技术能够重新分配权力，这种分配取决于，相比赋权给利维坦，科技能在多大程度上赋权于个体。在一些国家，技术可以帮助被压迫的人们对抗暴君，这有利于追求自由。另一方面，技术也有可能增强有组织的犯罪团体、恐

[①] Michael Mann, *The Source of Social Power*, Vol. 1, Cambridge: Cambridge University Press, 1986, p.8.

怖分子和孤立的狂热分子的力量,助长他们对抗自由民主制,从而侵蚀民主共同体的自治权"①。算法传播的数字秩序及其"数字人"的政治主体异化对民主制度产生的冲击更大。首先,因为民主政治一般鼓励技术扩散,而且对技术主体行为的管控更加宽松;其次,民主政治最根本的价值是人人平等,算法数字权力却内置了政治主体间的不对等权力冲突与社会权利的非合理让渡困囿。因此算法数字权力导致民主社会陷入权力实践冲突、权利让渡扭曲与社会共识分裂的政治困境之中。

(一) 算法数字能力失衡引发民主社会的权力冲突

算法数字权力的形成机制是算法优势群体对知识生产的垄断。哈罗德·伊尼斯(Harold Innis)认为,"一种媒介经过长期使用之后,可能会在一定程度上决定它传播的知识的特征"②,对媒介的占有和使用将对这种媒介所传播的知识进行控制,并根据知识的特征进行权力建构。作为媒介的算法具有强大的信息能力,这种能力首先源于技术的广泛渗透性,其次源于权力主体的技术吸纳。算法以数字为基础,以智能算力为支撑,形成了数据驱动型的知识生产方式。这种生产方式将传播主体划分为两类主体:一类是在传播过程中从事数据生产实践的群体即普通社会公众,一类是从事数据收集、分析和运用的资本平台和公共机构。算法的知识生产涉及算法专业知识、技术机构的知识嵌入、权力主体的传播策略等各因素之间的关系。与这些因素相关的知识结构、知识生产和知识传播都具有一定的复杂性和专业性,这也就决定了算法数字能力的主体差异。在算法时代,"大多数公民对计算机与人之间

---

① 本杰明·维特·加布里埃·布鲁姆:《未来的暴力与国家治理:面对机器人、病毒、骇客与无人机的新威胁》,万岩、潘煜译,中国发展出版社2019年版,第139页。
② 哈罗德·伊尼斯:《传播的偏向》,何道宽译,中国人民大学出版社2003年版,第28页。

的关系的理解没有跟上技术的步伐;这种知识的缺乏使那些控制技术的人,无论是国家还是大公司,在我们自由提供的信息基础上,对社会拥有越来越大的权力"①。社会公众在算法数字权力中处于弱势且面临被权力宰制的境况。显然,"在算法权力的主体分析中,公众主体具有特殊性,他们既是算法权力来源的数据生产基础,又是国家和资本的算法权力作用和争夺的客体,受到算法权力的双重裹挟"②。

对社会公众的数字争夺引发了政治权力、经济权力与意识形态权力之间的主体冲突。在算法数字秩序中,具备算法数字能力的优势主体利用技术和资本优势对能力弱势的公众主体进行隐蔽式的信息攫取和信息置换。用公众数据为其提供决策和行为信息依据,这会将公众数据用于商业运作,以追求数字经济利益的最大化,加剧了社会公众的数据信息公共化、商业化和透明化的恶性生存境况。数字权力正在使非国家行为主体能够承担并在某些重要方面取代国家及其大型机构的能力。算法这一颠覆性技术并不意味着国家的终结,但它确实表明国家正在衰落,国家正在失去其作为集体行动的卓越机制地位。正如泰勒·欧文(Tyler Owen)所言,"在数字技术的推动下,颠覆性创新者现在能够影响大量人的行为,而不受围绕国家行为而形成的许多社会约束。这些约束在历史上一直被视为民主社会的优势:它们让政府负起责任,并确保其在法治范围内、在流行的道德和伦理规范范围内运作"③。公共权力私人化是算法数字权能失衡引发权力冲突的关键所在。即算法通过赋权资本主体使其能对社会公共资源和社会意识形态予以干涉,

---

① Tyler Owen, *Disruptive Power: The Crisis of the State in the Digital Age*, Oxford: Oxford University Press, 2015, p.198.
② 张爱军、孙玉寻:《算法权力及其国家能力形塑的主体透视》,《学术月刊》2021年第12期,第99页。
③ Tyler Owen, *Disruptive Power: The Crisis of the State in the Digital Age*, p.9.

"致使资本主体成为集私权与公权于一身的'超级权力'集团。拥有'超级权力'的资本集团对政治利益与政治权力的谋求将冲击国家职能及其权力力量"①。换言之,算法赋权资本加剧了国家政治权力与资本经济权力之间的张力。此外,资本算法出于资本增值目的塑造公众的认知行为,将其转化为资本牟利的社会资本,一定程度上削弱了国家对社会认同的整合能力,引发了国家与资本争夺塑造社会意识形态主导权的利益冲突。

(二)算法数字权力异化侵害民主政治的权利价值

数字权力是算法运行与发挥作用的基础。在曼纽尔·卡斯特尔(Manuel Castells)看来,权力实践总是建立在对信息和传播的控制之上,控制了信息和传播,就能控制人们的思想和行为。②从这个意义上讲,算法权力也就具有了主体性。算法权力从数据权力到主体权力的话语递进,表明算法数字化还在政治主体的掌控范围内,数字权力始终是政治主体的权力延伸,为权力主体的意志服务。但如果算法数字化水平突破了"奇点",那么算法的政治主体权力将依附于算法数字权力,从而出现数字权力异化。这一异化将以其自身的规则和逻辑重构算法的运行环境,政治人的思维和行为模式将从主动建构算法环境向被动适应算法环境转变。马尔库塞借助"技术意识形态"的概念揭示了技术通过满足人的需要而获得了合理性存在,在技术构成的社会里,技术阻碍了人的解放,也压抑了人的本质。算法通过对数字的本体性型构,入侵社会生活的各个部分,以攫取数字资源满足多元化的信息需求,使政

---

① 张爱军、孙玉寻:《算法权力及其国家能力形塑的主体透视》,第98页。
② 参见曼纽尔·卡斯特尔:《网络社会与传播力》,曹书乐等译,《全球传媒学刊》2019年第2期。

治主体在信息便利中服膺于数字权力。

算法数字权力异化扭曲了政治主体的权利让渡。从公共权力形成的角度看,"让渡"一词是社会契约理论的关键话语,蕴含着"自由平等"的价值预设在现实世界的照射。数字权力异化意味着算法权力对社会权利的侵害。尼葛洛庞蒂强调:"当我们日益向数字化世界迈进时,会有一群人的权利被剥夺,或者说,他们感到自己的权利被剥夺。"[①]算法时代人们的数字权利让渡给了数字权力。"数据权是以数据为权利客体而形成的权利组合"[②],其基础的权利形态是自由权和平等权。

自由权让渡是算法数字权力侵害社会权利价值的根本性特征。依据柏林对自由的两种划分,算法权力对人的消极自由,即"不受干涉地做某事"的自由造成了侵害。数字权力下的自由主体是人类整体,具体到个人的自由权让渡则表现为"公民个人以自由换安全、以自由换舒适的行为选择,这种行为选择有主动的,也有被动的"[③]。数字化生存使社会公共生活管理出现了"生命档案化"的算法治理模式:"每个个体,无论生活在城市还是农村,无论是高贵还是低贱,都被转化为一个数据或者一个档案。"[④]算法数据秩序对人的自由的规制,是将人培养为符合算法治理规则的个人,只有符合才能自由地在公共领域生活,不符合的行为将受到限制。这种限制不再仅限于人们的公共生活,私人领域的选择和行为也会受到影响。作为私人领域的核心价值,个人自由在算法

---

① 尼古拉·尼葛洛庞蒂:《数字化生存》,第229页。
② 李德恩:《数据权利之法律性质与分段保护》,《理论月刊》2020年第3期,第113页。
③ 张爱军:《"算法利维坦"的风险及其规制》,《探索与争鸣》2021年第1期,第99页。
④ 蓝江:《生命档案化、算法治理和流众——数字时代的生命政治》,《探索与争鸣》2020年第9期,第107页。

时代已经不再保持其独立性,已被数据的公共化消融于公共领域之中了。

以数字秩序预设主体自由行为引发了主体间的数字平等权问题。算法数字秩序将主体划分为进入算法计算的人和没有进入算法计算的人。前一类主体在符合秩序的情况下能自由行动,后一类主体没有数据生命,不能享受数字化生存的便利,而成为数字世界的"流众"。两类主体内部之间的关系在数字世界呈现出程序不平等和实质不平等的双重差别。算法权力异化下的程序不平等涉及人们对算法公共治理程序运行的知情权问题。算法程序不公开不透明,程序过程就是不公正的,因而程序执行而得出规则结果也就表现为实质不平等。实质不平等还表现为,进入算法计算的主体内部差异被数字抹平,没有进入算法计算的主体的特殊性也被数字通行的普遍性取代,"不同情况区别对待"的实质平等演化成"不同情况相同对待"的实质不平等。

(三)算法数字权力分化反噬民主政治的社会共识

算法数字权力是分化社会群体的技术力量。社会共同体的认知匹配与建构都在算法的"计算"下得以强化,"算法不仅作为中介在实现一对一的关系匹配与连接,也在建构着群体关系"[①]。算法建构的数字群体、虚拟群体和碎片群体可能衍生出极化群体,进而破坏甚至撕裂主体间的社会共识。

首先,算法数字权力建构的是"数字群体"。"数字群体"将数字相似性作为群体的"元结构",传统群体具有的共同目标、身份认同和情感归属均化约为单一的数字属性。算法强化了年龄、性别、职业、教育背

[①] 彭兰:《算法对共同体的强化与促成》,《青年记者》2021年第9期,第4页。

景等统计学意义上的区分要素,自动地对人群进行划分,并赋予数字群体不同的评价和标签。算法的信息资源分配会根据数字标签进行规则适配以确立数字群体的边界。边界的划定意味着群体间的交流存在隔阂,不利于社会共识的整体形塑。其次,算法数字权力建构的是"虚拟群体"。虚拟群体可以实现空间的横向拓展,能与不同民族、国家和语言的人跨时空地聚集在算法网络之中。虚拟群体的需求与人们的实际需求并不完全一致,数字生产具有行为的随意性和变动性。虚拟群体内部没有完善的组织结构,完全依据相似数字属性联结在一起,数字属性变化会导致群体构成发生变化,因而虚拟群体具有不稳定性。最后,算法数字权力建构的是"碎片群体"。信息私人定制导致算法群体的价值体系碎片化。算法数字权力对信息的获取更注重即时的、相关的、片面性的数据。这表明算法对公众的认知塑造存在断裂性、固化性、残缺性等特征。这与算法背后的权力意志相关,不同的数字权力意志有不同的价值诉求。在算法价值茧房的认知禁锢下,认知偏见和歧视、认知隔阂和冲突、认知分化与固化愈加强化了碎片化的价值体系,而"固化的群体圈子、破碎的价值体系阻碍着社会共识的产生,削弱了社会共同体的构筑"[①]。

算法数字权力的群体分化挑战了国家的秩序构建能力。国家的秩序构建涉及社会群体的多元整合,它需要社会群体一致认可国家权力的集中行使。关于国家秩序构建与社会群体整合之间的关系,远可追溯至霍布斯、卢梭、洛克等传统社会契约理论家的相关论述,近可见于塞缪尔·亨廷顿、弗朗西斯·福山、罗伯特·达尔等民主理论家的相关

[①] 张淑芳、杨宁:《共同体视域下算法推送机制的信息茧房效应规制》,《湖北社会科学》2019年第10期,第174页。

分析。例如,霍布斯认为,为了终结"每个人对每个人的战争"这一自然状态,需要每个人或每个集体通过缔结契约的方式让渡自己的权利以建立一个集中行使权力的行为体来保障每个人的生命安全。这一行为体就是国家。霍布斯指出,国家的本质是"一大群人相互订立信约,每个人都对它的行为授权,以便使它能按其认为有利于大家的和平与共同防卫的方式运用全体的力量和手段的一个人格"①。亨廷顿认为,在民主化进程中,政治秩序的有效性和稳定性有赖于大众政治参与和政治制度化之间的平衡,政治共同体的容纳具有必须是"一种有规律的、稳定的和持久的聚合,总之,聚合必须制度化"②。福山也认为,国家若要发挥其作为集体行动的优势,其制度合法性必须为其所在的社会所认可。③ 可见,现代国家的政治秩序需要社会群体以共同身份和同一共识作为心理支撑才具有进行有效构建的可能性。由此观之,算法数字权能分布的不均衡性所引发的社会权力冲突及其所构建的"碎片群体",将国家共同体分化为不同的利益群体。这不仅冲击既有秩序的利益结构,也质疑社会利益的公正分配。此外,资本算法在经济利益的驱动下进行数字资源垄断与劳资剥削,既构筑了阻碍国家治理的权力壁垒,也限制了国家秩序的构建权限。

任何信息技术的使用都在政治之中,不在政治之外。对算法传播及其数字秩序的政治学研究是"为了行而不是为了知"(亚里士多德语),目的在于了解社会技术的发展与变化对人之生活的政治世界会产生怎样的影响。算法对传播逻辑与传播关系的数字化革新,既拓展了

---

① 霍布斯:《利维坦》,黎思复、黎廷弼译,商务印书馆1985年版,第132页。
② 塞缪尔·亨廷顿:《变化社会中的政治秩序》,王冠华等译,上海人民出版社2008年版,第9页。
③ 参见弗朗西斯·福山:《国家构建:21世纪的国家治理与世界秩序》,郭华译,上海三联书店2020年版,第37页。

政治人的权力实践空间,也潜在地将政治人的主体意识置于冰冷的数字之中,更为政治社会构筑了"认知—实践—认知"的自反性困境。亚里士多德认为,人是天生的政治动物,政治人是具有利益协调能力,追求友善合作,追求社会至善与团结和谐的社会性动物,政治至善的目的必定是属人的善。政治人的主体意识与主体地位是政治人实现自由而全面发展的基本前提,主客关系的互置不仅违背了人之目的价值理性,也扭曲了政治生活对善的追求。

算法对传播秩序的数字化建构为政治人之信息行为带来红利的同时,也使政治人懂得认知和行为受到了数字规训,而违背了"人是目的,不是手段"的道德正确性。政治人的生物生命和社会身份逐渐被算法构建的数字生命和数据身份取代。"人的离场与数字在场"的生存图景,在某种程度上阻碍了政治人的自由全面发展。对算法社会化和主体化的认识和担忧不应只停留在算法智能化发展突破"奇点"之前的阶段。正如尼葛洛庞帝所启示的"生存以及对生存的忧虑,应该说是质朴的人类精神活动的起点"[①],算法的数字秩序和自主逐利逻辑将政治主体置于冰冷的理性计算中,对政治人尊严的损害,对政治人权利的侵害以及对政治人本质的扭曲,不仅是人们的现实体悟,也是未来智能技术发展的重大隐患。

算法传播权力及其异化揭示了任何信息技术的使用都会对政治秩序的构建、国家能力的实现以及政治社会的发展产生不可小觑的负面影响。因为信息技术对社会政治的影响已不再局限于技术特质自身意义,而是整合了已有的技术形态,覆盖了人类生活的各个领域,其革新之快、影响之深、范围之广已超越了人的理性认知范围。信息技术通过

---

① 尼古拉·尼葛洛庞帝:《数字化生存》,第 31 页。

赋予政治行为体不同程度的技术权重而对政治生活的核心议题与主要因素产生影响,其中,公共权力的集中行使与权能分化、公民权利的制度保障与义务履行、国家政治治理与社会群体自治等多组关系的平衡将面临严峻挑战。民主社会的信息技术使用及其传播秩序构建需要确立人之主体对于技术客体、公民权利对于公共权力的价值优先性,既要防止技术律令对政治人的环境规训,也要避免技术权力异化对公共福祉的损害。

第六章 网络时代"后真相政治"的逻辑与应对

进入 21 世纪,全球政坛变幻莫测、乱象环生,诸多自启蒙时代便具有不证自明之合法性的现代精神和政治价值(如理性、科学、自由、平等、权利等)开始受到质疑和挑战,传统政治理论和分析范式遭遇空前危机。尤其是最近两三年,国际政局呈现的新现象、新问题让人目不暇接。民粹主义的强势崛起,保守主义的迅猛抬头,逆全球化浪潮的波涛汹涌,恐怖主义和原教旨主义的潜滋暗长,政治信任与政党政治危机的蔓延,以及地区热点问题的频发,尤其是互联网的全球性普及、信息技术的迅猛升级和自媒体时代的到来,都在助推"后现代政治"趋势的演进和发展。① 贫富差距造成的社会分化,媒体垄断催生的恶性竞争,互联网技术革新带来的传播转型与社交平台导致的认知偏见,以及公民政治信任危机等因素,是后真相政治形成与发展的前提和条件。后真相政治强调价值先于事实、真相让位于情感的秩序逻辑,在催生传统政治传播格局解体和新兴社交媒体生态成熟的同时,也加速了精英群体的溃退和"后政治心理"的初具雏形,并在一定程度上引发了理性坍塌、

---

① 参见 Mark Lilla, *The Once and Future Liberal*, New York: Harper Collins Publishers, 2017, p.21。

信任异化、道德相对主义泛滥和"第三种现实"滋生等政治危机。这就是后真相政治相关讨论的背景和语境。在某种程度上,"后真相"与民粹情绪、保守情怀、激进立场和反全球化主张等彼此纠缠、相互裹挟又互为因果,既反映了欧美社会的当前困境,也预示着全球当代政治的未来走向。爬梳后真相政治的源流与起因,透析后真相政治的逻辑与危机,对积极应对和防范后真相政治的负向影响、合理诠释和定位当代政治的可能趋势具有重要意义。

一、"后真相"的前世今生

情感先于事实、立场决定真相的现象自古有之,但从未像处于网络时代的今天这样显著,这样有影响力。"后真相"不否认事实和真相的存在,只是承认事实和真相容易被情感遮蔽,被观点掩盖,被立场漠视。这一非常规现象的出现,是现代互联网技术变革和社会发展的客观趋势,是多重因素共同作用的必然结果。

(一)"后真相"的语义学分析

2016年英国脱欧和美国总统大选中,"后真相"的全球使用率飙升了2000%,从一个后现代主义思潮的外围概念迅速跻身政治评论的热门术语,开始被主流出版物普遍接受和使用。因此,"后真相"被《牛津词典》列为2016年度词汇,意指关乎或代表诉诸情感和个人信仰相较客观陈述事实更能影响舆论形成的情况。《牛津词典》负责人卡斯珀·格拉斯沃(Casper Grathwohl)解释说:"随着人们阅读习惯的变化,社交媒体已成为人们获取新闻的重要来源。随之人们开始质疑传统媒体的报道,民众忽略事实,以自己的立场来判断是非或者支持政见及政客,使'后真相'一词开始具有代表性。"①《经济学人》对"后真相"的解读是:"真相没有被篡改,也没有被质疑,而是变得次要了。"②当然,也有学者对这一概念的普及和流行表示困惑和质疑。凯思琳·希金斯评论道:"我们已经到了能够全面知晓情理之后的真实时代,而'后真相'却认为赤裸裸的谎言在社会上是行得通的,这意味着政客们可以撒谎而不受谴责。"③安德鲁·卡尔库特(Andrew Calcutt)则认为:"'后真相'是民粹主义的产物,是某些一窍不通的自诩行家里手的人生造出来的,公然漠视真实的事实。"④

"后真相"由于带有一个"post"前缀,往往使人们误以为这是一个崭新的现象。但实际上,诉诸情绪、情感而达到说服效果的"后真相"现象,自古有之。早在古希腊城邦时代,就有靠修辞学、诡辩术谋生敛财的智者派。"苏格拉底之死"更雄辩地证明,再伟大的声望、再高尚的品格都无力抗衡被煽动的情绪、被点燃的怒火以及背后那汹涌的民意。为了对抗这种不良倾向,亚里士多德曾专门写作《修辞学》,试图帮助正义的人们掌握演说、修辞的技能,拥有雄辩、说服的本领,用事实、真相阻击诡辩、辞令横行天下。城邦被帝国取代后,西方文明进入希腊化时期。三大思想流派中除相对冷静、理性的斯多葛派以外,追求享乐、向

---

① Alison Flood, "'Post-truth' Named Word of the Year by Oxford Dictionaries", *The Guardian*, Nov. 15th, 2016, https://www.theguardian.com/books/2016/nov/15/post-truth-named-word-of-the-year-by-oxford-dictionaries, 2025 年 3 月 24 日访问。

② Jefferson Nogueira, "Post-truth Politics: Art of the Lie", *The Economist*, Sep. 10th, 2016, https://www.economist.com/leaders/2016/09/10/art-of-the-lie, 2025 年 3 月 24 日访问。

③ Kathleen Higgins, "Post-truth: A Guide for the Perplexed", *Nature*, Vol.540, 2016.

④ Andrew Calcutt, "The Surprising Origins of 'Post-truth' and How It was Spawned by the Liberal-left", *Social Studies of Science*, Vol.4, 2017.

往醉生梦死的伊壁鸠鲁学派和玩世不恭、视世俗为粪土的犬儒学派,都将情绪、情感的功用发挥到了极致。随后的罗马时代以及紧接着横亘千年的中世纪,政教合一,基督教教义一统天下。宗教信仰的至上地位,使事实与真相被遮掩在上帝名义的巨大光圈之下。而所谓的文艺复兴,其实质莫过于将事实与真相的评判主体从上帝转向人,评判标准由信仰转向理性,评判依据由神圣意志转向公民意愿。换言之,崇尚情感与信仰的非理性政治,和崇尚理性与逻辑的理性政治一直是西方政治传统的两条并行路线。

在"后真相"的语境下,人们对传统政治组织的信任开始动摇,对传统政治机构提供的信息开始质疑。早在 1992 年,美国作家史蒂夫·特西齐在《国家》杂志上就发文声讨,批评美国政府在海湾战争中为了所谓"国家利益",故意操纵媒体进行有选择性的报道,让民众只能了解部分事实,从而生活在一个"后真相世界"[①]。2004 年,拉尔夫·凯伊斯提出"后真相时代"概念,认为当代世界虚假的谎言和客观的事实并存,已进入一个全新的"后真相时代"。[②] 2010 年,大卫·罗伯茨(David Roberts)提出"后真相政治"的概念,认为当代政客们借助媒体力量左右事实真相,使公共舆论与新闻议题完全偏离正义精神与公共利益。[③] 英德杰特·帕马在评论 2012 年奥巴马和罗姆尼的总统竞选时也指出,两大总统候选人在电视辩论时绝口不提美国真正要害的问题,因此,他将"严肃地讨论任何话题而无视其与现实的关联"的现象称为"后真相政

---

① Steve Tesich, "A Government of Lies", *The Nation*, Vol. 254, No. 1, 1992.
② 参见 Ralph Keyes, *The Post-Truth Era: Dishonesty and Deception in Contemporary Life*, New York: St. Martin's Press, 2004。
③ 参见 Jane Suiter, "Post-truth Politics", *Political Insight*, Vol. 7, No. 3, 2016。

治"①,借此喻讽两党政客们出于利益考虑而顾左右而言它的丑态。遗憾的是,这两个概念在当时未能引起学界重视,直至2016年英国脱欧和美国大选。

现代词汇中一系列以"后"(post-)为开头的概念大多具有反思、解构、批判的意味。它们试图描述、刻画某些新现象却又无法摆脱、斩断其与旧现象的关联,最终不得不借用"前"与"后"简单、笼统而粗略地进行二元划分。这就直接导致这类概念往往表现为词义模糊、界限不清、歧义重重。从目前来看,"后真相"意指一系列有意或无意遮蔽事实、掩盖真相的社会现象,如虚假新闻、信息泛滥、政客说谎、媒体有选择地发布信息、个人有选择地接受事实等。"后真相"具有两大基本特征。一是情感大于事实。在个人私利和情感至上的鼓噪声中,真相要么被无情漠视,要么被有意遗忘。在海量信息、各异观点和各种情绪围攻下,真相显得不再那么重要。② 二是消解事实是常态。在后真相时代,观点有时比事实本身更重要,真理更是常常陷入各种言论的遮蔽之中。"事实胜于雄辩"已经渐行渐远,"雄辩胜于事实"开始抢占上风。

(二)"后真相"的现实动因

尽管事实较之情感、价值较之观点退居其次的情形早已有之,但随着网络时代的到来,信息技术的迅猛发展,这种趋势愈加明显。那么,作为一种新现象和新问题的"后真相"何以会出现呢?

首先,贫富差距造成的社会分化日趋恶化。基于贫富差距的社会

---

① 参见 Inderjeet Parmar, " US Presidential Elections 2012: Post-truth Politics ", *Political Insight*, Vol. 3, No. 2, 2012。

② 参见 Richard Ohman, *Selling Culture: Magazines, Markets, and Class at the Turn of the Century*, London: Verso, 1996, p. 220。

分化是"后真相"问题的现实土壤。在经济全球化、金融危机爆发、信息技术颠覆性变革的多重冲击下,全球各国贫富差距愈演愈烈,下层民众苦不堪言,怨声载道,极端情绪泛滥成灾。这就直接激发了传统社会有机体的分裂和解体,造成了富人和穷人之间的巨大鸿沟。以美国为例,在选举政治的格局下,民主与共和两党政治斗争造成的社会裂痕日益加深。以往的传统媒体尚能在新闻真实性原则的信条下保持观点适度平衡以维护"客观性",但在2016年大选中,主流媒体纷纷公开站队,明示立场。网络空间俨然已成美国社会阶层间的新战场,民众观点在媒体的催化下呈现戏剧性的两极分化。

其次,媒体垄断催生的恶性竞争愈加严重。20世纪90年代后,欧美各国政府相继放松对媒体经营的管制权。为了提升市场竞争力,追求利润的最大化,媒体机构的盈利倾向、垄断趋势不断强化。逐利与垄断不仅未能增强媒体报道的水平与层次,反而为深入准确和客观公正报道造成了阻力。在竞争格局下,作为企业的媒体为了追求经营效益,为了追求时效性,满足受众趣味的广泛性,不惜牺牲新闻的真实性和事实获取的客观性,如大量裁减驻外记者,过度依赖廉价的网络信息资源,从而"以顺应技术发展的理由裁人调岗,以适应社交媒体发展趋势为名简化内容审核流程"[①],从而丧失了新闻真实性的保障。由媒体向广大民众提供并确保信息的真实而畅通,是现代民主生活的必要保障,"只有社会广泛获得当权者滥用经济和政治权利的信息后,社会才能获得权力,并且在很大范围协调及维持"[②]。然而,当前一些网络媒体为了

[①] 刘扬:《趋势或问题:围绕"后真相"一词的思考》,《青年记者》2017年第16期,第21页。

[②] 德隆·阿西莫格鲁、詹姆斯·罗宾逊:《国家为什么会失败》,李增刚译,湖南科学技术出版社2015年版,第334页。

吸引受众眼球,刻意营造一种介于真相与谎言之间的"第三种现实",以调侃戏谑、玩弄真相的话语方式曲意迎合受众的不良情绪,目的只有一个:提高点击率,拉高浏览量。利润追逐下,虚假信息泛滥成灾。传统媒体尚有市场的自我监管,假信息的传播者则毫无社会责任可言。越来越多的媒体人开始相信:真相无利可图,虚构消息却能赚得钵满盆满。

再次,互联网技术革新带来的政治传播的迅猛转型。进入 21 世纪,传统的媒体格局发生翻天覆地的变化。从 PC 互联网到移动互联网,从单向发布资讯的网站到用户分享内容的博客、微博、微信等形形色色的社交平台,信息技术巨变的背后,是社交传播途径的变革,是信息分发机制的变革。借助自媒体,传统的"关系"开始复归,"来自亲朋好友的信息,与来自机构、媒体的信息,平等地出现在信息流中,形成了虚拟社区中新的'口耳相传'"[1]。面对海量的信息和便捷的传输,传统的人工编辑已无法满足用户需要,不得不依赖以时刻存储的用户记录和形形色色的主题标签为基础的"智能分发"——这种新型的分发方式能够源源不断地向用户推送极具个性化的信息,实现面对大量小众的垂直而针对个人的"有效送达"。[2] 社交传播途径的更新,信息分发机制的变革,直接形成"新媒体赋权"的新格局。由于网络内含的开放、互动、扁平化与共享性等特征,公民个体与社会组织获得了更大的空间和可能获取信息、参与表达直至付诸行动。相较世界其他发达国家,较晚进入网络时代的中国人却较早一步迈入高度发达的信息时代。公共领域内,所论议题范围、发言人资质没有任何限制,前所未有的众说纷纭

---

[1] 王舒怀:《后真相时代:谁动了我的"事实"——基于移动互联网传播技术特征的分析》,《青年记者》2017 年第 16 期,第 9 页。

[2] 参见 Sheila Jasanoff and Hilton Simmet, "No Funeral Bells: Public Reason in a 'Post-truth' Age", *Social Studies of Science*, Vol. 47, No. 5, 2017。

的舆论局面正在形成。然而,随着传统知识和媒体的权威渐失,包容开放和理性反思的政治文化却未能形成。"网络传媒依据特定的个人浏览偏好,通过'算法'自动推送相关内容,以及社交媒体朋友圈的'回音壁'效应等,都倾向于固化人们既定的价值和观点,从而使同类人群更加固执己见,同时加剧了不同人群之间的视角分化。"①首批熟练使用微博的中国网民,早已习惯一种"广场氛围",即对借助微博发酵形成的公共议题和热门事件开展平等、公开、透明的开放式讨论,对高度强调私密性、同质化的微信社交规则一时难以适应。

最后,社交平台导致的认知偏见的无限扩大。在传统媒体影响力下降的情况下,民众很难以个人能力辨别各种信息的真假,各种观点的优劣,反而更容易接受社交媒体圈里散播的情绪、偏见和立场。社交媒体的广泛使用和迅猛发展,新闻信息逐渐碎片化、情绪化和立场化,虚假新闻、小道消息、八卦传闻、流言蜚语、奇闻逸事等呈病毒式传播。一方面是虚拟网络的无限扩展,另一方面却是交往圈子的日趋紧缩。相较于高高在上、脸孔冰冷的传统媒体,网民们更愿意依赖极具部落化、私人化色彩的"圈子文化",由于圈内人原本具有相似的价值观,每天接触的信息经过"立场的过滤",与他们相左的观点逐渐消弭于无形。社交媒体的同质化倾向,信息呈现的简缩性、直观性,反向促成了现代政治的极化趋势。与此同时,每个现代人都身处一个由微博、微信等社交平台叠构起来的关系网络中,这个网络被五花八门、形形色色的观点充塞着、包围着。高效的搜索引擎,精准的推送技术,使受众基于个人偏好自主选择信息。由于确认偏见的存在,同质信息会被重点推介,异质

---

① 刘擎:《共享视角的瓦解与后真相政治的困境》,《探索与争鸣》2017年第4期,第26页。

信息则被自动过滤。久而久之，人们就会不知不觉陷入一个由自己亲手打造的、借助现代信息技术完成的极具刻板印象、类似"回音室"和"过滤气泡"的信息结构中。①

由此可见，后真相政治是对后真相时代一系列新兴政治现象、政治关系和政治秩序的粗略统称。它代表着当代欧美政治的综合征候，是诸多政治元素合力作用的结果。虽然它的庐山面目还未完全显露，却已为现代人营造了极为吊诡的政治场景：人人貌似生活在一个不限边界、无比开放的互联网络中，实际上却被封闭在一个充满认知偏见的密室里；人人都渴望真相，且可轻松获取海量信息，却往往陷在个人情感、立场的重重旋涡中难以自拔。

二、"后真相政治"的逻辑与危机

现代政治观念以理性主义为轴心，以平等和自由为价值目标，以民主和法治为制度保障，构建起个人—社会—国家之间的良性互动格局。而在后真相政治的权力框架中，事情发生了结构性变化：精英和大众的力量对比戏剧性扭转，媒体和民众的关系格局发生重大变迁，政治秩序的供给结构、政治传播的运作方式、新闻媒体的角色定位以及新情境下普通民众的政治心理都发生了微妙但不容忽略的变化。

（一）后真相政治的秩序逻辑

多元化、多样性、差异性，扁平化、碎片化和不确定性，是后真相时

---

① 参见 Constance Saint-Laurent, "Collective Memory and Social Sciences in the Post-truth Era", *Culture & Psychology*, Vol. 23, No. 2, 2017。

代的显著特征。它改变了传统政治秩序的核心原则和基础底色。于是，后真相时代的政治秩序以一种不同于传统的框架建构，以一种崭新的规则运行。

首先，价值先于事实，真相让位于情感。真相是由"信仰和事实相一致的一些形式组成的"①。在后真相时代，事实与价值并非完全等价，甚至价值先于事实并指引事实。在事实普遍缺乏的情况下，民众对事实充满敬畏；而当海量信息充塞网络时，观点、意见、看法和信念的重要性开始强势攀升。"社交媒体的流行使事实来源多元化，每个用户都可以就任何问题对整个世界发声，不管他是否了解真相，是否愿意透露真相。不同的渠道有着不同的诉求，不同的诉求有着不同的利益，事实或真相往往在众声喧哗中隐而不显。"②在前真相时代，谁拥有真相，谁就掌控民众；在后真相时代，谁更有热情，谁更富创见，谁更具感召力，谁就拥有更多民众。在信息爆炸、众声喧哗的自媒体时代，事实经过无数次的编排与阐释甚至故意扭曲和篡改，其自身已面目全非，真实难再，且不再是新闻报道的核心，而是让位于情感、观点和立场。也或者，事实还是事实，真相还是真相，从没被质疑，也未被篡改，但人们已不再相信，或者宁愿选择不相信。相较于事实与真相，人们更倾向信任自己的感觉、情绪、情感和立场。药家鑫案、"我爸是李刚"等事件发生后，网络一边倒式的喊杀声淹没了事件主角的真实身份和事件发展的真实过程。简言之，在"后真相"时代，真相已不再像以前那么重要。

其次，传统政治传播格局解体，新兴社交媒体生态日臻成熟。纵观中西方各国政治现代化的发展史，这样的情景十分常见：一些启蒙思想

---

① B. Russell, *Truth and Falsehood: Problems of Philosophy*, New York: Henry Holt, 1912, p. 121.
② 王金林：《后真相政治探幽》，《探索与争鸣》2017年第4期，第22页。

家借助报纸、杂志甚至街头传单和小报,传播先进知识,开启民众智慧,宣扬自由平等。人们从不怀疑这样的道理:广大民众可能在精英们的引导下走向富足。进入 21 世纪,事情发生了变化。以脸谱、推特、微博、微信为代表的自媒体平台打破了传统媒体垄断的政治传播格局。政治传播的主体呈现多元化趋势,登高一呼的不再只是精英群体,普通民众开始和政府机构、主流媒体共同携手参与信息的传播。信息传播渠道由社会精英和主流媒体一手掌控的时代一去不复返了。普通民众开始在网络舆论中占据更广阔的空间,拥有更雄厚的群众基础,营造更广泛的民意氛围。他们随时随地对任一话题展开任何角度的分析和评判。传统主流媒体的"一言堂"开始让位于新兴自媒体的"草根时代"。对此,《纽约时报》曾不无哀怨地评论:"真正的变化不在于新闻造假,而在于旧有的新闻守门人丧失了权力。"[1]

再次,大众政治引发精英群体集体溃退。20 世纪中后期,随着新媒体的发展特别是自媒体的出现,广大民众可以借助互联网直接表达意见,参与公共讨论,不再像以前那样通过政治精英来间接介入政治生活,大众政治从而走上前台。所谓大众政治,简单地说,就是大众阶层打破由精英阶层垄断权力、资源和信息的格局,自由发表政见,自主表达利益诉求,参与并实质影响政治运行。与由精英掌控政治传播基调的传统时代相比,网络时代的民意表达和利益诉求更为通畅,更为便利,更为高效,但也更为随意,更为任性,真实性、客观性和规范性较差。这就容易出现价值先于事实、观点重于真相、情感掩盖理性、立场压制一切的现象。而这一结果,反过来又加剧了曾被视为现代政治不可或

---

[1] Kenan Malik, "All the Fake News That Was Fit to Print", *New York Times*, Dec. 4th, 2016, https://www.nytimes.com/2016/12/04/opinion/all-the-fake-news-that-was-fit-to-print.html,2025 年 3 月 24 日访问。

缺的精英色彩被大众元素无限稀释、消解的"后现代"进程。2016年美国总统大选中,"建制派"精英或者失语,或者制造议题的能力下降,结果出人意料地兵败滑铁卢,而在共和党大佬眼中本应扮演陪跑角色的特朗普却强势上位。特朗普竞选团队充分利用底层民众对现行政治的不满和对奥巴马的失望,成功祭出"反精英""反体制"等法宝,既表达了民众的不满,也道出了民众一直想说而不得说的心里话。特朗普触及了主流精英自恃的"政治正确"的底线,虽丢了精英的脸,却得了民众的心。

最后,"后真相"导致"后政治心理"出现。后真相时代最容易激发的是怀疑心理。社交平台开创了大众公共讨论的新时代。最初步入网络时代的民众,以个体批判和质疑为主,在社交平台的加持功能和"回音室效应"下,个体质疑升级为集体质疑,"在集体力量的影响下,很多网民会强化、放大质疑的心理,甚至可能会形成质疑一切的偏执"[1]。在后真相时代,偏执是常态。某种程度上,这种根深蒂固的怀疑心理,直接造就了人们对真相和事实的虚无主义态度。"在网络社会,许多网民沉醉于自我享受,对公共生活和集体活动漠不关心,对'他者'缺乏应有的信任。"[2]与怀疑心理相伴而生的是从众心理。由于害怕被边缘,害怕被遗忘,人们更倾向选择服从主流价值和正统观念,自愿或被迫表现出与群体一致的思想、意识和行为方式。这种从众心理,久而久之,便会成为民众认知和理解客观世界的视角和态度。后真相时代也容易引发投射心理。由于信息超载,有效事实相对匮乏,民众在理

---

[1] 彭兰:《现阶段中国网民典型特征研究》,《上海师范大学学报(哲学社会科学版)》2008年第6期,第52页。
[2] 蒋建国:《网络媒体的价值冲突与文化反思》,《南京社会科学》2016年第4期,第99页。

解和认识自身所处时代背景和社会环境时,往往不自觉地将个人情绪、态度和愿望转移到他人身上,或者将他人的境遇、危机投射到自己身上。这种投射心理,成为传言、谣言和虚假新闻的原动力。人们对这样的情形并不陌生：只要看到与官民矛盾、医患矛盾、警民矛盾、师生矛盾等相关的报道和信息,社交媒体上的声讨之声就会一触即发,山呼海啸。对于这些报道的真伪,多数网民往往并不知情,甚至都不甚关注,他们只是基于日常的生活体验,移情于此,把以前的直观感受"代入"或"投射"进来。

(二)"后真相政治"的现实危机

后真相政治是一种诉诸情感的政治,前真相政治是一种诉诸理性的政治。后真相时代最有杀伤力的武器是立场、情感和舆论导向,前真相政治最有杀伤力的则是谣言、谎言和信息控制。毋庸置疑,后真相政治为传统政治设定了全新的议题,也带来了颠覆性的挑战,更引发了全方位的危机。

一是理性坍塌。后真相政治暗含政治泛娱乐化,必然带来科学精神的陷落和理性主义的坍塌。后真相的重要支柱则是情绪、情感、成见等非理性的、隐匿的、飘忽不定的非客观因素。美国大选前主流媒体对希拉里的普遍看好,与大选后特朗普的意外当选,对长期以来基于科学精神、理性判断和经验积累等形成的、已相当成熟的民意调查造成致命打击。在那一刻,规范的科学精神与严谨的理性思维完败给隐藏不露、捉摸不定的情感暗流。特朗普的上台说明,政治的确再也不是古板、严肃的精英游戏,而是一种娱乐活动,选民用脚投票是再正常不过的事情。公共政策的酝酿与出台,不再那么神秘莫测,不再那么高贵神圣,不再那么高不可攀。

二是信任异化。后真相时代,新闻专业水平下降,媒体职业道德丧失,使媒体在民众中的公信力不断削弱。结果是,面对无关痛痒的媒体报道,民众渐渐失去对媒体的信任;而脱离了民众的媒体,也只能接受被民众抛弃的结局。美国民主党参选人伯尼·桑德斯如此评价美国主流媒体在大选中的表现:"如此多民众放弃参与政治的一个原因是:他们没有在政治话语中或电视屏幕上看到他们的生活现实。"[1]在一个信息爆炸、资讯发达的网络时代,人们每天从早晨清醒的一刹那就被浸泡在信息的汪洋中,但由于无法一一判定信息的真假,信息越多,人们越焦虑、越怀疑、越不信任,从而极容易导致信任异化的出现。当信任异化、信任功能缺失的时候,政治信任便处于真空状态。如果不能及时填补,就会导致如下替代现象的出现。首先,谣言认同。谣言的现实根源是真相的缺乏,心理根源是个体的自我保护。当人们在负面情绪积压又无法有效疏解的情况下,就会采取一种接纳谣言甚至传播谣言的消极行为。其次,犬儒主义流行。生活在"后真相"时代,一方面是信息泛滥,观点漫溢,另一方面却是事实与真相渐行渐远。人们越远离真相,越渴望真相,就越焦虑不安,越倾向怀疑一切。这种非理性的、普遍的怀疑态度,会逐渐形成一种深层的心理焦虑与迷茫,继而造就目空一切、拒绝权威、疏离道德的政治文化,最终滑向犬儒主义的边缘状态。最后,民粹情绪泛滥。在情绪主导理性的后真相时代,来自底层的民意宣泄、非理性的舆论氛围、激化的利益表达,营造了一种不由分说、不容置疑的民粹化大背景。质疑理性、批判体制、抵制精英成为一种新型"政治正确"。结果,"民粹式的信任不再导向利他主义,而是走向话语

---

[1] Bernie Sanders, *Our Revolution: A Future to Believe in*, New York: Thomas Dunne Books, 2016, p.45.

独断、集体无意识和消解民主化的深渊"①。

三是道德相对主义泛滥。网络空间的去中心化,传播主体的多元化,治理结构的扁平化,使部分民众产生道德相对主义的错觉。他们对客观事实和新闻报道并不在意,更乐于浏览带有强烈主观色彩的新闻信息,即便报道内容已被确认与真相不符,他们仍倾向坚持自己的既定观点与道德评判。在道德相对主义思潮的影响下,部分民众越来越注重个人感受和自我欲望,推崇私利优先和娱乐至上,甚至走上"精致的利己主义者"的现代歧路。

四是"第三种现实"滋生。现代互联网技术使信息传播更加快捷、高效,却无法保证信息内容的真实、客观,由此产生了一种新现象即"第三种现实"。②"第三种现实"基于事实又偏离事实,介于真实与虚假之间,不完全客观也不完全虚构,既有理性化的推衍也有情绪化的现实。如特朗普有意将中国对美国的5000亿美元贸易顺差解读为中国对美国不够公平,将美国的全球窘境归结为中国的强势崛起,以此撩拨美国民众的保守情结和民粹情绪。

目前看来,"第三种现实"具有相对性、情绪性和即时性三大显著特征:信息内容既有真相成分,也有谎言内容;为迎合受众情绪,传播者玩弄真相于股掌间,谈笑戏谑,刻意引导,受众则为情感左右,被情绪牵制,无视事实真假;社交媒体信息传播快捷、高速,受众面对海量信息兼顾无暇,看后则忘。正如有学者概括的:"第三种现实具有强占话语、轻视真相、崇拜戏谑、放大碎片信息等特征,它将新闻信息的传者和受众,

---

① 全燕:《"后真相时代"社交网络的信任异化现象研究》,《南京社会科学》2017年第7期,第117页。
② Sergio Sismondo, "Post-truth?", *Social Studies of Science*, Vol. 47, No. 1, 2017.

卷入借助事实建构情绪和解读情绪的场域之中。"①这一另类现实的存在,极大加剧了当代政治的碎片性、浮动性和不确定性。

三、"后真相政治"的应对策略

"后真相"是现代政治的普遍性困境。如何正视这一变化的潜在影响,控制可能引发的风险是未来一段时期政治理论必须解决的时代课题。

第一,建构共享、发展的利益格局。"后真相"现象之所以出现,其根本原因在于利益分配不均,贫富差距过大,社会极化发展趋势严重。当主流文化、体制和机制无法反映和满足广大民众的利益诉求时,就会产生疏离于体制之外的思想、意识和行为。建设机会均等、包容开放、共赢共享、打破固化的利益格局,为更多的人提供发展机会,为更多的人提供共享的空间,对应对后真相问题具有重要意义。要想消解后真相问题,关键在于保证社会经济发展过程中公平与公正的实现,通过科学的制度安排和合理的程序控制,保证公民在分享基本利益、实现自身权利时人人平等。要让广大民众更有幸福感,更有尊严感。只有最终实现社会的公平与公正,才能满足下层民众的真实诉求,缓解他们对现行体制和政策的不满和猜忌。这是有效抑制、合理消解"后真相"的根本之道。

第二,打造开放、有序的媒体环境。当代新媒体技术的革命性发展

---

① 江作苏、黄欣欣:《第三种现实:"后真相时代"的媒介伦理悖论》,《当代传播》2017年第4期,第52页。

正在引发"一场深刻的系统性变革"。① 这是催生后真相问题的重要基础,是生成后真相问题的技术条件。技术是一把双刃剑。对于文明的发展、社会的进步和政治的革新,技术既提供了新的契机,也带来了新的挑战。虽然"如何评估、预判、适应、规范当代媒体技术的经济、社会、文化与政治后果,具体用什么方式推进与规范新媒体的发展,人们有不同的意见"②,但营建开放与规范、发展与约束、自由与责任相统一的媒体生态,对于减轻后真相的负面效应,引导新媒体向有利于社会整体发展的方向努力,具有重要的意义。后真相时代,由于信息主体多元,信息发布权泛滥,信息的真实性和可靠性大大降低的同时,反而激发了人们对素以客观、中立著称的传统媒体的热切期望,和对真实、可靠的事实和真相的刚性需求。这意味着,后真相时代,传统媒体不仅不会走向穷途末路,反倒可能强势反弹。传统主流媒体要主动出击,尽早扭转当下被新兴自媒体强力碾压的被动局面,以发布真实、可靠的信息来源为动力和契机,逐步争夺更多的话语主动权,加强舆论引导作用。

第三,营造包容、规范的公共领域。开放、成熟、有序的公共领域是现代政治生活的必要元素。公共领域若参与度不够,没有生机和活力,就会失去吸引力、公信力和合法性。这是后真相时代产生的重要体制性因素。包容、规范的公共领域的建立,需要借助宣传教育,培养现代公民意识,也需要借助道德和法律双重规制公民行为,约束并防止过激言论和极端行为。另外,将道德理性与民主观念的提升有机结合,培养多元宽容、文明理性的网络行为,引导网民理性表达,促进网络舆论的

---

① 参见克劳斯·施瓦布:《第四次工业革命:转型的力量》,李菁译,中信出版社2016年版,第6页。
② 陈忠:《从后真相到新秩序:别样共同性及其公共治理》,《探索与争鸣》2017年第4期,第32页。

理性化,提升公民对网络规则与民主程序的尊重和理解,强化责任意识与规范意识。

第四,保持谦逊、开放的政治心态。"后真相"让现代人对新闻资讯和社交媒体有了更深的了解和更全面的认识。从数量的角度,网络时代的信息接近海量无穷;从受众的角度,信息时代的人们身兼信息接收者和发布者的双重角色;从理性的角度,即便是再严肃的媒体也只能保证信息无限接受而无法代表客观和真实。这就需要民众克服自己的偏见和局限性,以谦虚的心态看待各类信息,以开放的眼光看待多彩世界。

第五,建构权威、共识的舆论话语。自媒体盛行的年代,话语权被高度分散,权威性也被严重稀释,媒体再也无法以暗箱操作的方式来维持客观的形象,只能借助透明度来提高公信力。事实与真相,永远是赢得大众信任的最有效方式。无论在现实社会中,还是在网络空间中,但凡事实不清、真相匮乏之日,便是传言四起、谣言广布之时。因此,当虚假消息和不实报道初现时,权威信源不能缺位。只有政府能够提供及时、权威、客观和可靠的消息,才能降低虚假信息的传播范围与速度。一句话,只要事实与真相现身,传言与谣言必定无所遁形、灰飞烟灭。社交自媒体的高效、便捷会使它的报道领先于传统媒体,在传统媒体发声之前,受众早已形成初步印象和认知框架。传统媒体的滞后报道,不得不以这一舆论背景和受众心理为前提。传统主流媒体作为社会的特殊资源,一直承担着积极的社会责任,有着良好的社会声誉,如果能够正确发挥传统媒体信息发布的权威性,合理运用传统媒体信息发布的丰富渠道,完全能够起到引领舆论导向的作用,并成为自媒体的权威性与共识性的话语基础。

综上所述,"后真相"对当代政治发展来说,解构和建构并存,危机与契机俱在。它反映了当代社会的最新变化,也为传统政治增加了新元素,设定了新议题。它虽然未能从实质上撼动传统政治的根基,但也确实松动甚至颠覆了部分现代人习以为常的观念。它是当代政治重重困境中最不容忽视的一个侧面,不是主流,却破坏力十足。后真相时代,真相依旧重要。只不过,真相不再是事实的披露、权威的宣示,而是一个共识的凝聚。真相不会因为表演的加入而退居后台。

第七章 "后真相"时代竞争性真相的谱系与策略

　　人人都想亲近事实和真相,远离谣言和谎言。这是一个常识。那是否意味着,只要人们身处真相之中,现实就会一览无余,世界从此简单通透呢?很遗憾,答案是否定的。真相并不像人们想象中那样简单。它庞杂、深邃,人们往往只能看到它的某个面向和若干片段;它多维、善变,对同一个事物,不同的人有不同的观点,即便是同一个人在不同时期的看法也会有所不同。一件事情通常不止一种真实的表述方式。现实生活中,片面真相、主观真相、人造真相、未知真相等竞争性真相无处不在,无时不有。真相本身具有复杂性,历史、背景、数字和故事是形成片面真相的主要因素。人们认识真相的过程具有局限性,尤其是个性化视角、镜框式认知和相对性理解的存在,道德观念、兴趣爱好、价值评估是主观真相的重要形式。在面对从无到有、主观创造、指向未来或超验世界的事物时,人们必然遭遇命名定义、社会建构等人造真相和预测、信仰等未知真相。真相本身的复杂性,再加上人们认识真相的局限性,使人类认识和改造客观世界的过程充满不确定性。更何况,一些人试图利用部分真相谋取个人目标甚至实现不可告人之目的的做法从未停歇。不仅如此,随着互联网的普及、话语权的转移、自媒体的流行、社交平台的蓬勃发展,一个情感先于事实、观点优于真相、立场胜于逻辑的后真相时代业已拉开序幕。如何理解真相、善待真相、识别假象、应对乱象,是后真相时代的关键议题。对此,英国学者赫克托·麦克唐纳在《后真相时代》一书中首次提出"竞争性真相"概念,对片面真相、主观真相、人造真相和未知真相等竞争性真相展开深度剖析,为世人认识真相的复杂面孔提供了全新的视角。竞争性真相既可以被建设性地使用,以激发人们的兴趣,鼓励人们的行为,也可能被误导者利用,去实现个别人的不可告人的目的。在后真相时代,必须承认竞争性真相的真实性,重视竞争性真相的必然性,警惕误导性真相的破坏性,发挥竞争性真相的积极性,提高对竞争性真相的甄别力。本章借用这一分析框架,试图探讨在后真相时代如何认识纷繁复杂的真相世界,如何理解竞争性真相的逻辑与策略,如何应对竞争性真相被操纵和利用的现实困境等重要问题。

一、竞争性真相的内涵与特征

"横看成岭侧成峰",岭与峰是山的真相,又都不是山的全部真相。"盲人摸象"的寓言告诉人们,每个摸到大象的人描述的形象是大象的真相,又都不是大象的全部真相。这些由不同的人阐发、从不同的角度刻画、具有同等真实性的真相被赫克托·麦克唐纳称为"竞争性真相"。竞争性真相具有如下基本特征。

第一,竞争性真相的本质是真相。现实生活中,真相是很复杂的,某件事物通常不止一种真实的表述方式。也就是说,真相往往有若干个面向和维度,每个面向和维度中的真相都是真实的,不是虚假的。因此,竞争性真相的本质是真相,而不是假象。传言、谎言、谣言不是竞争性真相,假新闻、阴谋论、个人臆想更不是。

第二,竞争性真相具有普遍性。不管你喜欢不喜欢,承认不承认,竞争性真相无时无刻不在影响着你的生活。电视机里播放的天气预报,街头巷尾张贴的商品广告,社交平台传播的新闻资讯,都有竞争性真相的色彩和元素。

第三,竞争性真相在道德上是中性的。真相拥有若干个面向,不同的人会基于不同的目的使用或利用真相。有的是积极的目的,有的是消极的目的;有的是善意的目标,有的是恶意的目标。竞争性真相本身在道德上是中性的,如同一把锋利的剑,握在不同的人手里会有不同的结果一样。同样一个事物之所以呈现不同的面孔,造成不同的结果,根源在于理解和使用它的人的想法和行为不同。

第四,竞争性真相影响现实。竞争性真相直接决定人们的认知和判断,间接影响人们的选择和行动。在民主生活里,人们往往根据自己所相信的真相去讨论、投票、合作与竞争。竞争性真相有时被用于善意地实现共同目标,有时却被用来误导和欺骗他人。"我们都在通过不同视角看待世界,这些视角在很大程度上是由我们听到和读到的不同真相塑造而成的。其他人经常会有意或无意地引导我们看到真相的某些方面或某些解释。"[1]

麦克唐纳将现实生活中的竞争性真相具体划分为四大类型:片面真相、主观真相、人造真相和未知真相。在他看来,竞争性真相不是假象,作为真相在现实中的基本存在形式,它无处不在,无时不有,不偏不倚。从这一概念的界定可以看出,竞争性真相拓展了人们早已习以为

---

[1] 赫克托·麦克唐纳:《后真相时代》,第10页。

常的"真相"的边界:它既可以是理论的,也可以是现实的;既可以是过去的,可以是当下的,也可以是未来的。正如菲利普·E. 泰特洛克(Philip E. Tetlock)所说:"对世界的观察,最好通过多元主义的棱镜,它容许现实和非现实之间许多灰色地带的存在,容许关于真实与否的许多冲突的视角,甚至容许以下的可能性:我们所称的真实的世界,只是可能的世界中的众多可能性之一,其中的一些实际上比我们的世界要大得多。"①只有认清竞争性真相的本质,了解它的类型,清楚它的规则,才能够让人们的认识更接近于真相,不为假象所迷惑,不为野心家所误导。然而,现实世界是复杂的,这种复杂性是竞争性真相存在的根源。人人都渴望真相,却并非人人都理解真相的复杂性。现实本身是复杂的,身处现实之中的人们的感受和体悟更为复杂;生活本身是复杂的,疲于奔命的人们的认识和看法更加复杂。

二、源自复杂性的片面真相

真相的复杂性内在决定了真相的片面性。这些源自事实,但只是事实的部分内容,无法涵盖事实整体的部分真相被麦克唐纳称为"片面真相"。在麦克唐纳看来,"我们面对的大多数问题和实体过于复杂,无法得到完整描述;我们不得不表述片面真相,因为生活过于复杂,我们无法做出全面的表述"②。现实生活中的历史、背景、数字和故事是形成片面真相的主要因素。

---

① 菲利普·E. 泰特洛克:《狐狸与刺猬:专家的政治判断》,季乃礼等译,中国人民大学出版社 2013 年版,第 231 页。
② 赫克托·麦克唐纳:《后真相时代》,第 46 页。

第一,促成遗忘或选择记忆的历史。历史是曾经发生的政治,政治是正在发生的历史。"到达公众的信息从不会是重要事件及其发展的全面记录,而是经过了基于某种特定既定观念的精心筛选的信息。即便不这样,也是很难做到全面记录的。"[1]角度所在、立场选择、价值倾向等非历史性因素无时不在影响着历史的记录者和解读者。历史往往承载比真实更沉重、更复杂的使命和功能。

有时,历史可以让人们忘记过去。强制遗忘所有历史是不切实际的,但沟通者可以引导受众远离那些不符合需要的历史真相。同理,忽略过去的罪恶可以回避批评,无视对手的成功史可以弱化其地位和影响。有时,历史也可以让人们有选择地记忆过去。对于过往的历史,选择性叙述的直接后果就是选择性记忆,而选择性记忆又可以塑造出一个选择性的未来。又有什么能比有意图地选择某些历史片段总结出来的经验和教训,更能为指向未来的方案和策略提供有力的证据?

克罗齐说,一切真历史都是当代史。人们总是从现在的立场出发,以当前为参照来观察和认识历史。由于当前的立场总是变化的,立场又影响着观察者的观点和结论,于是历史往往被无限次书写,而每一次书写都有一个指向未来的目的。屈辱可以被忽略,也可以被强化;被忽略的屈辱可以保护脆弱的自尊,不断强化的屈辱却可以激发愤怒、团结和向上的动力。真实的历史只是客观发生的过去,叙述的历史却要承载主观的意图和愿景;主观因素越复杂,历史越绚烂。

第二,预置框架或弱化信息的背景。单独、孤立、纯粹地描述一个事物是没有多大意义的,背景才是理解世界复杂性不可或缺的重要因

---

[1] 约翰·R. 扎勒:《公共舆论》,陈心想等译,中国人民大学出版社2013年版,第8页。

素。同一个事物在不同的背景下可能具有截然不同的形象、价值和意义。这就是背景的意义所在。在现实生活中,设置合适的背景可以为某种观点提供令人信服的框架,这个框架可以直接影响人们在其中讨论问题和处理信息的方式。在政治社会化中,对民族英雄的传颂,对慷慨人士的表扬,对奸邪之徒的讥讽,就是在设置一个理想化的人物框架。当然,这种框架作用并非都是积极的,有时固定的框架也可能成为达成共识、促进沟通的阻碍。当人们已经习惯某种特定的框架后,短期内可能难以接受来自其他框架的信息和观点。来自不同框架背景中的人们在交流彼此的竞争性真相时,也容易形成"框架错位"的现象,矛盾与冲突是必然的。善于沟通的人往往会根据需要不断更换思维框架,灵活设置沟通背景。真相在背景之中,而背景是可以被操纵和更换的。有经验的演讲者常常会通过引导话题以达到转移公众视线的效果。

身处信息时代的人们没有时间、精力和兴趣去阅读或听取长篇报道,"5秒钟效应"使信息不得不被挤压、浓缩,从而在有限的传播时空中赢得一席之地。为了促进传播的速度和效率,吸引眼球的标题、冲击视觉的图片、大吊胃口的噱头成为信息传播的必要形式。泰德·布拉德尔(Ted Brader)在谈及这一问题时强调:"竞选的艺术在于个性化的接触、触动心灵的事件、动人的言辞和高明的广告。"[1]如果必要的背景交代都成为奢侈之举,那么曲解、误读与偏差就在所难免了。

第三,凸显数量或放大趋势的数字。数字是神奇的,它能提供语言所无法呈现的清晰度;数字是强大的,它能为任何文化中的任何人所理解;数字又极具迷惑性,同样一个数字,人们可以解读出完全不同的信

---

[1] 泰德·布拉德尔:《政治广告》,乔木译,中国人民大学出版社2013年版,第220页。

息来。数字本应是最透明的,却又最易为人们误用。在现实生活中,人们看到的是一个又一个由数字支持的竞争性真相。常见的数字策略是选择有利的计量概念。2017年,特朗普总统曾对国会说,9400万美国人没有工作。这似乎意味着所有这些人都是失业者。实际上,特朗普这里的"美国人"包括所有16岁以上的学生、退休人员以及那些选择不工作的人群,而真实的失业者只有约760万,还不到他提出的十分之一。[①] 利用适当的数字策略有时可使数字看上去更大或更小。如果想让人们相信一个数字极为重要,最好的办法就是将其置于一个适当的背景之中,这个背景会使这个数字魔术般地变大或变小。某个数字已经相当巨大,若想使其显得不那么引人注目,可以将其描述成某个更大数字的很小的比例。2016年,英国政府宣布将国民收入的0.7%用于海外发展援助计划的支出。0.7%看起来无足轻重,殊不知这意味着136亿英镑,比英国政府的高等教育经费投入甚至比公共安全的经费投入都高出许多。如果想使数字变大,只需把时间段拉长;而如果想使数字变小,只需把数字揉碎、分摊到若干基本单元之上。转换不同的数字单位也会起到相同的功效。一个罗马街头的保险销售员会承诺:只要每周节省不到一杯咖啡或一杯葡萄酒的价钱就可以获得一份人身意外保险。一个脱欧派英国议员会声称:英国自加入欧盟后每年的损失足以建20座最先进的医院。一杯咖啡、一座医院,这是何等的印象反差?[②] 利用适当的数字策略有时也可以隐藏或夸大趋势。只要选择合适的轴线和坐标,明显下降的趋势会显得非常平坦,不明显的增长却可以显得

[①] 参见彼得·埃德尔曼:《贫富之惑:美国如何才能消除贫困》,苏丽文译,生活·读书·新知三联书店2019年版,第35—36页。

[②] 参见海因里希·温克勒:《西方的困局》,童欣译,中信出版社2019年版,第151—152页。

极为突出。再试想，如果用累计数字来显示总额，是不是再糟糕的业绩都可以掩盖？由此可见，数字是真实的，但数字呈现的方式却可以说谎。

数字看似简单、透明，实则复杂、多变。再挑剔的眼光，再紧凑的逻辑，在数字面前都会显得苍白无力。如果在争论中有人拿出一组数字，又该如何质疑呢？如果智库研究人员拿出相互矛盾的数字分别支撑各自的论点，如何确定哪组数字更能代表真相呢？所以，人们需要更好地解读数字，警惕数字背后的密码，尤其要防备误导者使用数字对人们说"真实的谎言"。

第四，暗示因果或改变行为的故事。在人们心目中，故事往往极具个性化和主观色彩，通常与编撰、臆想、神话、魔幻相提并论，很难与真相勾连在一起。但实际上，故事对于人际沟通、政治传播具有重要意义。讲故事是最具说服力、也备受人们欢迎的一种解释方式和沟通途径。一个好的故事往往连贯清晰、通俗易懂、抽丝剥茧，为人们了解纷繁复杂的外部世界提供巨大便利。在《国家为什么会失败》中，德隆·阿西莫格鲁（Daron Acemoglu）和詹姆斯·罗宾（James Robinson）首先讲述了"诺加利斯城的栅栏"[①]的生动故事，进而揭示了一个极为直观却无比重要的现象：国境线两边，虽只是两种制度却是两个世界，让人印象深刻。

什么是故事呢？"故事是对变化过程的选择性连贯叙述，强调局面和事实之间的因果关系。"[②]从这个意义上来说，故事一般具有如下构成性元素：一是从开始至结局的发展过程，如果一个人物自始至终没有丝

---

① 德隆·阿西莫格鲁、詹姆斯·罗宾逊：《国家为什么会失败》，第2页。
② 赫克托·麦克唐纳：《后真相时代》，第118页。

毫变化，这一定不是一个故事；二是从原因到结果的因果关系，因果是一切故事的灵魂所在，它承载着故事的逻辑链条，是故事可信度的必要保证；三是承接前后、连续因果的诱发事件，诱发事件是将前后变化和因果关系连接在一起的起点。所有故事都是以诱发事件作为正篇的开端。当然，好的故事不止这三大元素，但这是最基本的，缺一不可。在简单的故事框架里，一个原因导致一个结果，这个结果又成为新的结果的原因。但现实发展往往纷繁复杂。每个原因不止一个结果，每个结果都有无数原因。而故事的基本要求却是条理清晰，逻辑紧密。这就造成了一种无奈的困境：为了确保故事的清晰、连贯，必然要牺牲部分信息和元素。尤其是在叙述一系列复杂的事件时，人们不得不有选择地确定起点、截取时段，甚至筛选人物，而要命的是，人们不得不简化因果关系和逻辑链条。此时的故事已无法描述完整的事件演进的真实画面。这个故事只是真相的一部分，是实实在在的竞争性真相，极易形成片面真相。首先，故事可以连接事实暗示因果。支持全球化的人，会讲国际贸易使美国人的衣服、电子产品物美价廉的故事，告诉人们生活负担的加重源自闭关锁国；反对全球化的人，会讲外包使上千家美国工厂倒闭、上百万美国人失业的故事，告诉人们贫困源自就业机会向低工资国家转移。[①] 其次，故事可以定义身份。真相拥有无数的面向和版本，而每个版本都代表着一个真相的因果链条。它貌似在讲述着过去发生的事情，但实际上它在阐释和定义着当下，更指向一个遥远的未来。例如，每个民族都有关于民族起源的神话故事，或神启或抗争或偶然，故事里祖先们的伟大形象往往带着现代人的身影或愿景。苏格拉底在描

---

① 迈克尔·G. 罗斯金等：《政治学与生活》，林震等译，中国人民大学出版社2014年版，第308—309页。

述"理想国"的美好蓝图时,也带着对当下公民政治腐败和堕落的无限失望。最后,故事可以鼓励或改变行为。一个简单的励志故事、一段老套的爱情故事,有时却有异乎寻常的作用。在麦克唐纳看来,"我们一直在通过故事沟通。几乎每一天,我们都会用故事描述某个事件、解释某种情况或者预测某个结果"①。故事具有无比强大的力量,无处不在,无时不有。故事是人们理解复杂世界的重要路径,通俗易懂,极接地气,往往被人们视为唯一的真相,具有与生俱来的说服力和诱导力。但实际上,它只是真相之一。

如上所述,片面真相之所以会出现,就是因为现实生活中有太多的人在利用真相的复杂性。简单的事实,朴素的真相,往往化身为任意言说的历史、五彩斑斓的背景、眼花缭乱的数字、故弄玄虚的故事。对于那些不利的真相,沟通者可以选择避而不谈,或者点到为止,也或者将其淹没在海量的真相丛林中让人难觅其踪。而对于有利的真相,沟通者可以选择忽略那些不重要或不甚相关的真相,使观点更清晰、更集中、更有冲击力。

三、基于个人判断的主观真相

社会存在决定社会意识。纷繁复杂的客观世界最终要由人来描述、理解和认知。囿于各种主客观条件,人们往往从自己熟悉的角度、一贯的立场、擅长的专业去看待事物。同时,对待同一件事物,不同的人基于不同的立场、观点和考量一定会有不同的结论。这种基于个性

---

① 赫克托·麦克唐纳:《后真相时代》,第137页。

化视角、镜框式认知和相对性理解的主观色彩浓郁的真相就是主观真相。在麦克唐纳看来,作为主观真相,道德观念、兴趣爱好、价值评估在现实生活中最具代表性。

第一,引导信念或重塑现实的道德观念。道德具有相对性,一个人眼中的善可能是另一个人眼中的恶。对一些人来说,他们的道德观念才是合情合理的真相。道德观念也会随着时代的变化而变化,古代社会的某些美德在现代人看来可能匪夷所思甚至丑陋不堪。和其他竞争性真相一样,道德可以被引导,也可以被操纵。"有经验的沟通者——尤其是被尊为社会道德指引者的人——可以为事物、事件甚至个人赋予不同的道德意义,从而重塑我们的现实。"[①]对于社会共同体来说,共同遵守的道德信念是成员之间最强大的黏合剂。如果成员彼此之间的道德观念出现重大分歧,这个共同体就可能面临解体的风险。因此,当群体道德遭到来自外部的冲击和挑战时,成员往往会义无反顾地挺身而出,看似在维护群体利益,实则在维持自身存在的价值和意义。有时,相互冲突的道德观念可以用来定义不同的群体,人们之所以会有"我们"与"他们"的差异,有时就是借助道德观念区分开的。

首先,妖魔化是道德策略的常见手法。布拉德尔曾提出"恐惧广告"的概念用来指代现代选举竞争中虽不光彩却不少见的手段。竞选者借助竞选者通过"使选民将恐惧和讨厌与候选人的对手挂钩"[②]的方式达到批判和打压的目的。这与道德的妖魔化有异曲同工之用。其次,塑造特定群体道德是道德策略的重要手段。遵纪守法、尊重他人生命是每个公民必须遵守的道德底线。但对于士兵这个特殊群体,这一

---

① 赫克托·麦克唐纳:《后真相时代》,第144页。
② 泰德·布拉德尔:《政治广告》,第8页。

信条必须重新解释:必须让他们相信战场杀戮绝非恶意谋杀,而是正义之举和公共责任。临床医生与公共卫生官员的道德操守也有差别:前者更关注个体健康与幸福,力争不让每个病人受难受苦;后者则着眼全体民众的流行疾病或大范围的卫生难题,必要之时他们会将群体利益置于个体利益之上,在极端情况下——如面临大型恶性传染病——不排除牺牲少数人以保护多数人。公民与士兵之间、临床医生与公共卫生官员之间存在竞争性道德的分歧。最后,忽略道德也是道德策略的一种方案。1989年,英国南约克郡发生球场惨案,当地警署试图掩盖警方失误并将责任归咎于球迷,这种强调忠诚优于真相的道德准则被称为"沉默的蓝墙"。在这些涉事警察看来,保护同事是最核心的道德义务。1998年身陷绯闻和弹劾旋涡的克林顿在年度国情咨文中只字不提及自己的道德窘境,而是兴高采烈地欢呼强劲上扬的经济形势,大谈特谈1999年有望实现的财政盈余,野心勃勃地勾画未来国际格局,甚至满怀激情地宣布一系列来年的施政纲领。结果,"国情咨文演讲使公众对克林顿行使总统权力的治国表现产生了非常积极的认可,其支持率从演讲前的59%上升到了演讲后的67%。一直到1998年年底,无论何时要求公众评价克林顿的工作表现,绝大部分人都表示肯定,纵然他们明确表态自己并不认可克林顿的道德人格"[①]。由此看来,作为竞争性真相的道德是主观的,是可变的,不同的群体会坚持相去甚远的道德信条。我们既需要保家卫国的士兵,也需要坚持群体利益至上的卫生官员。当然,当有害的群体道德出现时,也需要及时抵制、纠正和改变。

第二,驱动行为或改变喜好的吸引力。对于一个人的行为来说,法

---

① 弗雷德·I. 格林斯坦:《总统风格:从罗斯福到奥巴马》,李永成译,中国人民大学出版社2013年版,第196页。

律和道德属于外部强制力量，兴趣和爱好则属于内部动力机制。美食、美景让人趋之若鹜，肮脏、丑陋的东西则让人避之而唯恐不及。兴奋、冲动、快感、仇恨、恐怖等心理驱动力的力量是巨大的。我们将事物具有的积极的心理激励称为吸引力，反之，消极的心理激励则称为无吸引力。显然，吸引力具有较大的主观因素。你眼中的理想事物在其他人眼中可能一文不值，你在吸引力的指导下做出购买、反对、投票等行为时，其他人未必与你保持一致。奋斗的人谁都不想失败，但也有人愿意将失败称为"成功之母"。

首先，吸引力主要用来劝说人们喜欢对其有益的事物。当人们在一定的预期下做某件事，更容易获得享受。其次，吸引力有时也用来让人们反对一些群体。既然吸引力是可以调整的，那就意味着它有操纵的空间。如果劝说人们喜欢对其有益的事物是可能的，那么，说服人们喜欢对自己或社会有害的事物也不是不可能。不仅如此，"更加阴险的策略是说服我们相信某个组织、个人、事物或群体是可恶的，从而使我们反对他们"①。报纸和政客们往往就用这种不道德的影响形式攻击各种目标。改变喜好不是一件容易的事，但并非不可能。每个人都需要具有识别力，看清那些试图通过重新定义偏好以达到营利、极端或其他不可告人目的的人。韦斯腾注意到选举政治的一个细节："越来越多的竞选演说通过电视进行，而媒体又为其大肆添加娱乐成分（性丑闻比真正的丑闻更具娱乐性）。民众对时事意兴阑珊，媒体就减少对它们的报道以免无利可图。……传媒大亨能拿到和政客同样精准的民意调查结果，然而为了吸引高收视，他们经常放出烟幕弹。"②与此同时，也要不断

---

① 赫克托·麦克唐纳：《后真相时代》，第178页。
② 德鲁·韦斯腾：《政治头脑》，杨毅译，中国人民大学出版社2013年版，第24页。

尝试新的事物，以使我们的生活变得越来越美好。当明确知道现有的价值观念、生活方式具有破坏性或潜在威胁时，通过竞争性真相为自己或他人改变吸引力的做法是合乎情理和道德的。

第三，左右消费或决定选择的价值评估。在拍卖会上，不同的竞标者可能会给相同的拍卖品赋予不同的价值。这些主观估价可以被看作竞争性真相。估价高的出价高，估价低的自然出价低，两者可能相差较大。商品的价格是由什么决定的呢？一般来说是价值。但更多时候，价值并不直接决定价格，价格也并不完全反映价值。决定事物价格的终极因素是人们共同认可的价值，即作为竞争性真相的主观估值。将所有相关因素包含在主观估值中是价值评估最常见的策略。人们对商品或服务的主观估值会直接影响人们的消费。只要估值高于价格，人们就会购买，反之亦然。此外，人们的主观估价也与自身的财富水平息息相关。越富有的人，支付能力越强，主观估价的水平越高。这些相关因素为游说者、广告商、销售人员提供了发挥的空间，因为他们的目标就是要想方设法将消费者的估值提升至商品或服务的价格之上，以达到驱动消费者最终购买的目的。用价格锚或其他技巧影响其他人的估值也是常见的价值评估策略。与绝对估值相比，人们更习惯和擅长相对估值。换句话说，买与不买取决于顾客的主观估价，而顾客的主观估价又深受来自销售者的外在影响。

尽管人们估值时会有这样那样的不足和缺陷，但这并不意味着这些估价是错误的，它们是货真价实的竞争性真相。这些竞争性真相决定着一个公司的兴衰成败，决定着一国经济的繁荣与否。如上所述，自启蒙时代以来，现代社会的世俗化、多元化、个性化趋势愈加明显。人们在道德观念、兴趣爱好、价值偏好等方面拥有丰富的可选项和宽松的自由裁量权，人们有能力，更有愿望去自主判断、自由选择。这在一定程度上拓展了主观真相的深度、广度和幅度,也为人们接近真相设置了更大的障碍。

四、超越客观现实的人造真相和未知真相

无论是基于客观世界复杂性而形成的片面真相,还是基于认识客观世界局限性而形成的主观真相,这些竞争性真相皆直接源自客观世界。现实生活中,还有一些竞争性真相间接来源于客观世界之外。人们需要定义美丑、界分公私,需要制定社会规则、建立政治制度,需要给新生儿起名、为新发现的物种命名,这些从无到有,以人的意志为中心,由人主动创造和建构起来的真相即"人造真相";人们还需要根据现状预测未来,需要针对超验世界或普通价值表达自己的信仰,这些指向未来世界或未知领域的预测、信仰等即"未知真相"。

第一,定义可以解释情况或改变性质。人们习惯于根据定义来解释情况,准确的定义往往能够描述出精准的客观事实。因此,定义必须真实可靠且有据可考。但大多数词语的定义并没有那么精确,这就为竞争性真相留下了空间。首先,人们根据定义解释情况。在阿纳托尔·利文看来,小布什时代扩张型的帝国主义与特朗普主义紧缩型的民粹主义表面看相距甚远,其本质却都是"基于美国国家特性的民族主义"。① 其次,人们根据情况调整定义。政治学中的重要概念,如国家、民族、正义、民主等,大都内涵庞杂,拥有多个定义,因此,误读、滥用的

---

① 参见阿纳托尔·利文:《美国的正确与错误:民族主义视角》,孙晓坤译,中信出版社2017年版,第6—11页。

情形并不少见。定义从来都不是一成不变的,它会随着时代、境遇和人物而嬗变、进化,也可以被人们引向积极的、具有建设性的方向上来,"活跃者通过辨识具有很强象征性的事件,并根据其提供的令人信服的解释去包装问题,这反过来又成为网络发展的催化剂"①。人们通过修改定义转移辩论方向。当克林顿被控与白宫实习生莱温斯基有染时,他通过修改"性交"的定义成功将他与莱温斯基的关系定性为"性接触"而非"性交",最终虽遭到众议院弹劾,却被参议院宣判无罪。

当今世界迅猛变化,还在不断修改着关于事物的定义。尤其以信息、科技驱动的定义变化更是层出不穷,让人应接不暇。而这又是一个不得不接受的残酷现实,因此,"在充斥着可变定义的世界上生存可能很快就会成为所有人都需要掌握的技能"②。

第二,社会建构可以改变阵营或界分敌我。2016 年,具有历史意义的英国脱欧公投结束后的几个小时内,据谷歌搜索数据显示,英国人搜索最多的问题是"什么是欧盟?"这一现象看似滑稽,但细想起来也不无道理。作为一种复杂的社会经济体制,欧盟确实拥有若干面向。在挺欧派和脱欧派眼中,欧盟完全是两种面孔。商业伙伴、自由贸易区、传统道德捍卫者、强政府、超级政治体、霸道条款规定者……这些描述既是欧盟的某些形象,又不是欧盟的完整图景。对于挺欧派来说,欧盟是世界最大的单一市场,是英国经济发展和社会繁荣的重要因素,还是自由、民主、科学等传统价值的秉承者,更是协调和平衡美国和中国两个大国的重要力量。对于脱欧派来说,欧盟与英国之间的贸易往来是互惠格局,不存在谁帮助谁、谁获利更多的问题。令他们难以接受的是欧

---

① 罗伯特·J. 阿特、罗伯特·杰维斯:《政治的细节》,陈积敏等译,世界图书出版公司 2014 年版,第 388 页。
② 赫克托·麦克唐纳:《后真相时代》,第 226 页。

盟对英国的约束、限制和侵犯。在他们看来,欧盟正在成为一个隔海相望的、无视英国公民声音的超级政府,因此,"夺回控制权"是拒绝欧盟这个社会建构的唯一办法。社会建构可以改变,也可以创造或消除。民主是人们创造的重要社会建构。在相当长的时间里,民主并没有好名声,甚至与放纵、乌合之众、暴民政治相提并论,直到托克维尔的伟大预言出现,民主才开始吸纳自由、分权、法治等价值和政制,成为现代社会最标准的政治制度蓝本。由此看来,社会建构源自人们的想象,人们可以在需要的时候改变它。如果条件允许,还可以以有益的方式、在积极的方向上定义和修订社会建构。正如麦克唐纳所说:"作为人造真相,社会建构是可变的:如果我们不喜欢,我们总是可以联合起来,改变或消除这些社会建构。"①

第三,名字可以形成印象或改变形象。所有事物都有称呼和名字。这个名字会影响人们对事物的第一反应,左右人们认识事物的第一印象。2017年,英国首相特蕾莎·梅试图提出一项法案,规定但凡接受政府赡养的人如果拥有10万英镑以上资产就要缴纳更多的税金,以解决英国由于寿命延长而出现的社会赡养成本上升的窘境。这项法案的初衷和创意俱佳,但不幸的是,被在野的工党称为"痴呆税"从而被迫无限期搁置。一个极佳的改革方案毁在反对者的污名之下,这样的案例已是屡见不鲜。当然,通过起外号污蔑别人的做法有时也会失效,甚至事与愿违。英国的"托利党"与"辉格党"之辩、美国的"驴象之争"就是一个范例。名字一旦被确定,就会成为唯一的真相。一旦更改,可能引发矛盾与冲突。因此,更名是一种重要的政治策略。如果某种改革方案或现实策略无法产生理想的结果,可以考虑更名。新的名字是新的真

---

① 赫克托·麦克唐纳:《后真相时代》,第243页。

相的开始。它既可以让人们对客观现实产生全新感知也可以产生巨大的影响。

第四,预测可以左右局势或影响人群。水往低处流、太阳东升西落,这种预测属于绝对性预测,而某种股票何时上市、某项福利方案何时启动、某场战争何时结束等则属于相对性预测。在这些预测成为现实之前都属于竞争性真相。人们可以对各种预测做深思熟虑的选择,或凸显美好的内容,或忽略窘迫的细节,以营造某种积极或消极的氛围和迹象。如果想鼓励大众消费,就要发布一些经济利好的消息,而如果想紧缩经济,就必须强调危机的存在和储蓄的必要。英国脱欧辩论的焦点就是脱欧的后果。挺欧派和脱欧派都各自强调有利于自己的预测结果,虽然都有夸大之嫌,但所有预测都是基于某些事实的合理推断。同理,同处于百年未有之大变局时代,各国对本国发展态势和世界格局变迁的预测直接决定着内政外交的风格和策略,"处于两极或多极体系下的多个大国与处于单极体系下的唯一大国在行为方式上会存在根本差异"①。有时,通过预测可以阻止某事发生。预测一旦做出,就会产生相应的后果。有时,通过预测可以阻止或加速某事发生。明确预测战争的国家可能很快就会参战。预测未来智能机器人将逐渐取代记者、教师、工人、律师等职业的研究,可能使人们奋起阻击人工智能的发展进程。②

第五,信仰可以凝聚人心或制造分裂。宗教、崇拜、意识形态甚至核威慑都是信仰的某种形式。信仰勾勒了人们的思维模式,奠定了人

---

① 约翰·米尔斯海默:《大幻想:自由主义之梦与国际现实》,李泽译,上海人民出版社 2019 年版,"中文版前言"第 2 页。
② 参见安德烈斯·奥本海默:《改变未来的机器:人工智能时代的生存之道》,徐延才等译,机械工业出版社 2020 年版,第 1 页。

们的情感底色,激励着人们的日常行为。对于信仰,人们从不怀疑它的真实性。信仰对于人际关系有双面作用,它既可能凝聚人心、团结大众,也可能造成分裂、加剧分歧。鼓励遵从、隔离控制、不断重复、选择性解释是最为常见的信仰策略。如果人们想加入某个组织或团体,就需要不断调整价值观与行为方式,使自己与组织的信仰保持一致。而一旦成为成员,就必须遵从这个组织或团体的信仰。

如上所述,与真相的片面性和主观性相比,人造真相更容易造成真相的竞争性和可选择性。面对人造真相,要想清楚区分真相与假象、善意与恶意、倡导者和误导者,人们需要付出更多的时间和精力,给予更多的关注和警惕。未知真相的情形更为复杂。当两种信仰发生冲突时,不一定意味着一种正确、另一种错误。也许两种信仰都正确或都错误,或者都只代表着看待现实的不同视角。对立的信仰可以看作竞争性真相,但并不意味着人们必然接受这些信仰。人们有权向他人提供道德言说和理论论述,以说服他们改变或放弃信仰。尤其是在被信仰撕裂的社会或者被破坏性信仰污染的共同体里,更有必要这样做。只要不对受我们影响的人群恶意引导或强行洗脑,指向正确目标的信仰永远是值得肯定的工作。

五、"后真相"时代如何应对竞争性真相

在现实世界中,单以对待真相的态度来论,沟通者大体可以划分三类:倡导者、误传者和误导者。倡导者传播真相,误传者无意中传播了假象,误导者故意传播假象或有选择地传播竞争性真相。不论是无意为之,还是有意而为,误传者和传播假象的误导者传播的都是假象而不

是真相,因此不纳入竞争性真相的研究范围。竞争性真相只关注传播真相的人及其行为。真相是个多面体,别有用心者或只描绘其中的一面,或刻意回避某些方面。"一件事情通常有不止一种真实的表述方式。我们可以建设性地使用竞争性真相,以便使人们产生兴趣,激励他们开展行动。同时,我们也应该当心那些用竞争性真相误导我们的沟通者。"[1]在后真相时代,如何防止竞争性真相被操纵,如何面对那些别有用心的误导者,如何应对纷繁复杂的竞争性真相呢?

第一,承认竞争性真相的普遍性。任何事实都不止一个真相,任何真相都不止一种面向,不同维度下的真相皆为真相的一部分。竞争性真相是一种真实的存在,是人人必须面对的客观事实。人们不仅不应该惧怕竞争性真相,更应该欢迎竞争性真相。社会的进步、文化的繁荣、个性的成长,往往取决于真相之间的对话辩论,取决于真相之间的协同共享,取决于真相之间的互动合作。竞争性真相是所有发展的土壤,是一切创新的原材料,是未来可能性的起点。只有一种竞争性真相的社会,是不可想象甚至是令人恐惧的;对那些试图维护唯一"正确"的真相、否定其他竞争性真相存在的人或观点必须保持高度警惕。

第二,认清竞争性真相的必然性。未来社会,竞争性真相将越来越多。随着市场经济的日益拓展,全球化进程的逐渐深入,信息技术的革命性升级,当今世界进入一个多维、立体、全方位的大变局时代。时代变革催生出层出不穷、应接不暇的新事物、新现象和新问题,大大增加了客观世界的复杂性。在民主化、自由化、资本化和私有化浪潮的冲击下,现代个人和个人主义持续生长,个人获得越来越大的发展空间、越来越多的表达权利和越来越强的诉求愿望,主观真相自然疯狂增长。

---

[1] 赫克托·麦克唐纳:《后真相时代》,第324页。

在"互联网＋"、大数据、人工智能、工业 4.0、智能算法等科技洪流的加持下,人造真相分分秒秒都在创造着。当人类越来越自信时,自然会对未来充满着更多的期望和愿景,未知真相也就越来越多。

第三,警惕误导性真相的破坏性。所谓误导性真相,是指那些断章取义、以偏概全、恶意传播的竞争性真相。误导性真相无时不有,无处不在,但它并非总是那么显而易见。它可能隐藏在广告词里、社交平台上、报纸杂志和各种小道消息中。越来越发达的网络技术,越来越普及的社交网络,大大增加了误导性真相传播的概率和可能,"在网络战争中,真相是主要目标"①,第一个倒下的是真相。如何对抗误导性真相?首先,更全面、更客观、更具代表性的真相永远是误导性真相的克星。其次,对自己的真相要反复核实,精确表达。真相的论据越充实,逻辑越清晰,表述越精准,认可的人越多,传播的范围越大。当然,承认竞争性真相的存在,并不意味着要过度怀疑不同于自己的话语,过度戒备每个真相倡导者的动机。

第四,发挥竞争性真相的积极性。竞争性真相为人们认识世界提供了空间,为改革和创新留下了可能,正是基于相互交流的竞争性真相,人们才可能围绕一些共同关注的议题展开合作,协同发展。优秀的领导者往往更善于分享、利用和开发竞争性真相。"他们通过令人鼓舞的预测和信仰、关于理想事物的令人信服的观点、得到剪裁的历史版本、具有说服力的故事、可怕的威胁评估以及关于新型社会建构的大胆设想吸引了追随者,激励了他们的行动。"②同样都是竞争性真相,有些真相看起来更有说服力、更容易为人们信服。在解读英国与欧盟关系

---

① 爱德华·卢斯:《西方自由主义的衰落》,第 164 页。
② 赫克托·麦克唐纳:《后真相时代》,第 322 页。

时，脱欧派显然比挺欧派更善于选择那些通俗易懂、显而易见的事实和证据。怎样才能更好地发挥竞争性真相的积极作用呢？一是要注意讲授真相的方式。鲜明的观点、独到的见解、恰到好处的数字、令人信服的故事，都会令人印象深刻。二是要尊重其他竞争性观点。对竞争性观点，要充分了解，同时，给予对方展示、回应的机会，要以理服人，绝不能打压。人们的思想和行为往往具有强大的思维惯性和路径依赖。对于陌生的信息和观点，人们通常不会轻易相信，更不会简单接受。想要达到说服的目的，沟通者必须确保他们不断接触信息，不断地听到或看到，因此，最简单的重复再重复往往是最有效的办法。

第五，提高竞争性真相的辨别力。前真相时代，话语权掌握在教会、政府、精英、传统媒体手中；后真相时代，话语权结构发生重大变迁，传统机构、自媒体、普通民众开始共享话语权。媒体守门人角色业已消失，人人都是海量信息的拥有者、传播者和阐释者。面对竞争性真相，现代人必须具备现代信息意识和信息能力。其中，最重要的是信息识别能力，其次是信息选择能力，再次是信息运用能力。"就理想而言，一个民主政体应该在见多识广的和深思熟虑的公民所做出的决策的基础上运作。"[①]也许，我们应该仔细琢磨麦克唐纳一再提醒世人的话："我们每个人都应该学会识别竞争性真相，这种能力从未像现在这样重要。反过来，我们从未像现在这样拥有大量机会用合适的竞争性真相实现积极的转变。工具、知识、沟通渠道和受众都是现成的。我们只需要明智地选择真相，并且做出良好的表述。"[②]

综上所述，人类始终生活在后真相时代：在信息不发达的时代被蒙

[①] 马莎·L. 科塔姆等：《政治心理学》，胡勇、陈刚译，中国人民大学出版社 2013 年版，第 231 页。

[②] 赫克托·麦克唐纳：《后真相时代》，第 325 页。

蔽,蒙蔽在有限信息的角落里,只能看到被过滤和筛选的事实;在信息爆炸的时代被淹没,淹没在海量信息的汪洋中,只能相信符合自己价值观的事实。信息不论发达还是不发达,一个不变的事实是:同一个真相绝对不止一种真实的表达,不同的人看到的绝对不会是同一个真相。你以为你看到了真相,你以为你在独立思考,你以为你在自主判断,其实这只是一厢情愿的主观幻象。真相是多面体,真相是复杂体,真相是主观体,倡导者倡导真相、传播真相、运用真相;误导者误导真相、传播假象、制造幻象。唯有洞悉真相的本质,了解真相的运作模式,具备现代信息意识和信息能力,人们才能更有智慧面对竞争性真相,才能通过完善竞争性真相的讲述方式达成积极而健康的政治目标和社会理想。

第三编
政治传播的比较视域

第八章　当代西方政治传播的
　　　　视觉转向

视觉图像一直是政治传播中独具特色的内容和形式。图像信息的本质属性和视觉认知的内在规律决定了视觉图像在政治传播中拥有天然优势。借助不断升级的视觉技术,视觉图像内在的生动形象、直观具体、再现共鸣、包容多重等属性被不断强化,政治传播呈现出深度的视觉转向态势,不仅图像得到普遍运用,而且愈发占据重要地位,持续深入发展。随着电子屏幕和社交平台等高度依赖视觉图像的新兴媒介的普及与流行,一个以视觉图像为中心的数字时代正在大跨步走来。如今的人类对于世界的理解更多不是通过语言,而是借助视觉图像。[①] 在这样的时代背景下,人们逐渐诉诸图像来理解政治行为和政治现象。视觉图像在政治传播中的地位直线上升,迅速赶超口语和文字。以图像为中心的政治传播转向不仅限于传播内容与方式的转变,还向传播主客体思维和行为不断扩散,从而引发政治传播要素、结构与关系的系统性调适和结构性变革。作为政治系统的"神经"与"血液",政治传播的视觉转向又对政治系统产生重要的影响。遗憾的是,与现实发展和

---

① 参见保罗·M.莱斯特:《视觉传播:形象载动信息》,霍文利等译,北京广播学院出版社 2003 年版,第 446 页。

理论需求不相称,政治传播的视觉转向尚未受到足够的重视,亟待展开更深入的研究。[1] 在西方以政治竞选为中心展开的政治传播活动之中,这种深度视觉转向又引发了一系列的政治传播新趋势:一方面向以形象塑造为核心的专业化和以特定人物为焦点的个人化倾斜,另一方面向以感性主义为内核的情感性和以受众认知为目标的劝服性偏移。随着西方现实政治的重心逐渐围绕视觉元素展开和运转,视觉政治日显其重,由此引发出民主选举审美化、政治认同个人化、政治态度偏执化、民主运转病态化等新症候,对当代西方政治格局和民主秩序构成了重大冲击和挑战。本章聚焦于当代西方政治传播的视觉转向,旨在对这一全新现象的源起、发展及其对当代西方民主政治的冲击和挑战展开系统探讨。

一、当代政治传播视觉转向的内外动因及其演进

政治传播是"政治共同体的政治信息的扩散、接受、认同、内化等有机系统的运行过程"[2]。其中,政治信息的呈现方式是多样化的,可以表现为语言文字,也能够呈现为声音或视觉图像,或者是各种方式的综合体现。其中,自政治传播活动出现以来,视觉图像就一直被运用于政治传播之中。发展至今,视觉图像在政治传播中的应用范围越来越广、频率越来越高、方式越来越灵活、种类也越来越丰富。电影、电视、绘画、

---

[1] 参见 Dan Schill, "The Visual Image and the Political Image: A Review of Visual Communication Research in the Field of Political Communication", *Review of Communication*, Vol. 12, No. 2, 2012, p. 119。

[2] 荆学民:《政治传播活动论》,第 26 页。

雕塑、建筑、广告和漫画等传统视觉形式持续发展,表情包、短视频、直播、虚拟现实等新兴视觉样态层出不穷。这种变革根植于视觉图像的本质属性,起因于对视觉认知规律的把握运用,更得益于视觉技术的高歌猛进。

(一)天然优势:视觉图像的本质属性

图像信息的本质以及它与语音、文字等其他类型信息相比凸显的特点使其在政治传播中具有天然优势。这也决定了在自古至今的政治传播活动中,以图像为主要形式的政治传播始终占据一席之地且不可替代。

第一,图像信息生动且形象。这样的呈现方式不仅符合人们的认知图式与切身体验,使人能够生动形象地获取信息;而且丰富多彩、变化多样,富有戏剧性效果,有利于抓人眼球,增强与激发人们的记忆点和想象力,唤醒人们潜意识中与之相关的思维和情感。在20世纪初期的英国首相选举期间,《每日邮报》《每日快报》《镜报》等报纸都通过视觉隐喻的方式情景化展现竞选的进程。比如将选举历程图绘成攀岩、爬竿、汽车竞赛的过程,通过增减比赛对象身上的汗珠、描绘其身体状况等方式来形象化展现竞选过程的焦灼程度,使抽象化、复杂化的竞选过程变得简单、形象。①

第二,图像信息直观而具体。它能够清晰、直观地在画面中展现特定的人物形象和事物状态。相比其他传播方式,受众只需在消极的观看体验中,凭借日常的生活经验就能对图像所要表达的信息拥有较高

---

① 参见 Christopher Shoop-Worrall, "Leaps and Light Shows: Visual Politics in the Edwardian Mass Press, 1900 – 10", *Parliamentary History*, Vol. 40, No. 2, 2021, pp. 365 – 367。

程度的理解,不需要发挥想象力和创造性,更不需要严密的逻辑思考。有实验证明,在播放新闻事件和政治领导人的简短图像后,成年观众能够以 70% 到 80% 的准确率识别他们所看到的图像,并且这种识别性会随着曝光时间的延长而提高;相比之下,语音信息的接受率却只有 55%。[1]

第三,图像信息具有再现与共鸣功能。无论是静态的图画与照片,还是动态的电视、电影、网络直播画面,都是通过在视网膜上成像,再现或复刻现实来启动大脑对现实世界的解释程序。将人物的形象、事件的进展以及事物的状态原汁原味呈现在受众面前,最大化激发受众的生理和心理反应,使受众产生身临其境的感觉,实现共鸣与"在场"的效果。

第四,图像信息具有包容多重特征。图像信息虽然便于理解,但是其中所蕴含的因果关系、相似关系以及除时空关系之外的其他关系方面都具有包容性和不确定性,具体的阐释取决于人们各自的生活体验和意向。[2] 这意味着每个人都可以依据自身的生活体验对图像信息进行解码,从而导致同一张图像信息能够阐发出多重不同的含义。

正是由于图像信息本身所具有的这些特质,当传播者将其运用于政治传播之中时,往往能够达到"一图胜千言"的效果。这就使自古以来图像信息一直在政治传播中被频繁使用,经久不衰。

(二)必备条件:视觉认知的内在规律

一般来说,人类主要使用视觉、听觉、读/写和动觉四种方式进行信

---

[1] 参见 Maria Elizabeth Grabe and Erik Page Bucy, *Image Bite Politics: News and the Visual Framing of Elections*, New York: Oxford University Press, 2009, p. 17。
[2] 参见保罗·梅萨里:《视觉说服:形象在广告中的作用》,王波译,新华出版社 2004 年版,"导言"第 5—15 页。

息处理。其中,图像信息主要依靠视觉认知。视觉认知具有明确的生理和社会规律,人们对于这些规律的全面把握和有效利用是图像信息有效运用于政治传播中的前提条件。

在生理维度,视觉对于色彩、空间、形象、运动的认知均有明确的规律可循。政治传播主体可以根据传播目的,有效利用视觉认知的生理特性,巧妙运用光影、色彩与形状来吸引和说服受众。在第一次世界大战期间,由詹姆斯·蒙哥马利·弗拉格(James Montgomery Flagg)设计,以山姆大叔为主要内容的世界知名征兵海报就巧妙地运用了视觉构思和色彩搭配。海报中的山姆大叔居于画面的中央位置,身穿马甲礼服、头戴星条旗纹样的高礼帽,身体微微下倾、眼神坚定且犀利地直视着受众,同时右手食指伸出指向受众。这一形象和动作既精准而有力地刺激了美国民众的视觉神经系统,展现出国家与个人之间的关系;同时又释放出紧张和震慑的信号,突出表达征兵的重要性和急迫感。

在社会维度,视觉认知深受政治权力、文化基因和视觉传统的影响。在不同的政治文化背景中,同一图案或形象可能具有不同甚至截然相反的意涵。在古代中国,龙图腾就代表着居于庙堂之上的尊贵身份与崇高地位,但是在西方政治文化语境中,龙图腾的具体形象和内在含义却大相径庭。在19至20世纪的西方漫画中,中国龙多被夸张丑化,与鸦片、瘟疫、肮脏、阴暗等联系在一起,让人望而生厌。[①] 同一种龙图腾却具有截然相反的含义,实乃政治和文化因素使然,但这也意味着传播主体可以利用直观而简单的视觉图像来表达深刻而抽象的政治文化意义。

[①] 参见施爱东:《中国龙的发明:16—20世纪的龙政治与中国形象》,生活·读书·新知三联书店2014年版,第14页。

视觉认知具有明确可循的生物特质和社会规律，人们可以对这些规律进行系统把握并灵活运用。这不仅使图像能够作为政治传播的内容，促进传播目的的达成，还可以使政治传播主体能够更有效、有力且有针对性地展开传播。

（三）外在加持：视觉技术的持续发展

在把握视觉图像本质属性和视觉认知逻辑规律的基础上，视觉技术的发展使图像在生产、呈现、存储和识别等方面不断升级换代。这对图像信息在政治传播中的运用起到加持作用，使其不仅作为辅助性的内容和手段而存在，而是逐渐发展为政治传播的中心要件。

纵观视觉技术与媒介的发展历程，首先，图像生产实现了从简单的手工绘画到大规模的机器复制再到虚构的数字技术呈现的发展。在工业化、机械化和数字化的背景下，大规模的视觉图像生产不仅成为可能，而且变得越发容易，只要轻轻按下快门或者点击鼠标就能够完成。甚至，目前已经发展到能够利用计算机辅助设计和数字图像处理技术建构出没有客观本源，但又极度真实的形象。其次，图像存储与回放不再是想象，而且所占据的空间变得越来越小，效率越来越高，存储时间越来越长。最后，图像呈现完成了从静态到动态、从二维到三维、从低分辨率到高分辨率以及从延时到即时的成像升级。借助遥感影像、全息投影、人工智能等技术，视觉图像的呈现越来越清晰、逼真和立体。

伴随着视觉技术的迭代创新和视觉媒介的升级换代，图像信息在政治传播中的运用变得更加普遍和灵活。除借助图像的美学构造、出现频率以及意义阐释展开政治传播以外，利用新兴视觉技术，编辑与伪造视觉形象和视觉景观成为当今政治传播者青睐有加的传播手段。有学者根据技术复杂程度、进入壁垒高低以及操作难度大小，勾勒出一个视觉操纵的光谱。这个光谱一端是尖端科技的深度伪造(deep fakes),另一端是常规技术的廉价伪造(cheap fakes)。① 无论哪种方式,都为视觉图像在政治传播中的运用提供了更大的可能性和更强的着力点,使在目前的政治生活中,无论是哪种政治传播形式都离不开图形与影像。

(四)渐入佳境:政治传播视觉转向的演进历程

正是基于图像的本质属性和视觉认知的内在逻辑,具有政治意涵的视觉图像便在政治传播中具有天然优势,既易于理解,又具有阐释效力;既能够快速地抓住受众注意力、激发受众想象力、营造出氛围感,还能够在简单直观的图形与深层的政治含义间建立起联结。

当图像被运用于政治传播时,常常能够产生"一图胜千言"的传播效果,这从根本上决定图像会被持续不断地运用于政治传播之中,并且经久不衰——自古以来,无论是在东方还是西方文明之中,以视觉图像为主的政治信息在政治传播实践中始终占据重要地位。从古代宏伟庄重的宫殿、专属于君主贵族的服饰与妆容,以及各种耕织图、帝王像,到两次世界大战期间交战各国的政治宣传画、政治海报,再到总统电视辩论、政治广告、政治纪录片和政治性电影,发展至今天社交平台上关于领导人、社会事件和战争的短视频、表情包、直播等丰富多样的形式,无一不是在利用视觉图像来展开政治传播。

不过,在西方民主政治中,虽然视觉图像被长期和普遍运用于政治传播之中,但是它却往往作为辅助性的传播方式而存在,并未真正占据主导地位。一方面,西方文化向来有将口语作为知识实践的最高形式,

---

① 参见 Britt Paris and Joan Donovan, "Deepfakes and Cheap Fakes: The Manipulation of Audio and Visual Evidence", *Data & Society*, 2019, pp.10-11。

把图形看作对于理念的第二等图解的传统①;另一方面随着印刷术的发明,文字一路高歌猛进,在政治传播中的地位显著提升,使"可见的思想变为可理解的思想,视觉文化转变为概念的文化"②。文字符号与口语一并成为政治传播的重要方式。领导人和候选者的广播演讲、报纸中的政治报道以及有组织的政党集会共同构成了热闹非凡的政治传播场景。③

视觉技术和媒介的飞速发展逐渐改变了这一境况,现代政治逐渐步入视觉政治时代,政治重心逐渐围绕视觉元素展开和运转。④ 随着电视在政治中的崛起,电视辩论、竞选广告、竞选海报开始在扩大候选人影响力和增强候选人吸引力方面发挥着举足轻重的作用,视觉图像在政治传播中变得越发重要。⑤ 发展至今,伴随计算机、移动智能手机等媒介以及视频剪辑和虚拟成像等技术的迅猛发展,人类已经跨进了一个视觉图像无所不在的时代。在政治领域内,以图像分享、短视频创作和随时直播为主的社交媒体的广泛流行,以及其他网站和社交平台对于视觉图像的普遍应用进一步凸显和强化了视觉图像在政治传播中的重要性⑥,人物形象、视觉叙事、实时监控等都成为政治传播中的重要元

---

① 参见尼古拉斯·米尔佐夫:《视觉文化导论》,倪伟译,江苏人民出版社 2006 年版,"绪论"第 7 页。

② 贝拉·巴拉兹:《电影美学》,何力译,中国电影出版社 1982 年版,第 25 页。

③ 参见 Maria Elizabeth Grabe and Erik Page Bucy, *Image Bite Politics: News and the Visual Framing of Elections*, p. 57。

④ 庞金友:《政治样态与传播幻象:大变局时代政治传播的五大核心困境》,《青海社会科学》2021 年第 4 期,第 13 页。

⑤ Paolo Mancini and David L. Swanson, *Politics, Media, and Modern Democracy: An International Study of Innovations in Electoral Campaigning and Their Consequences*, New York: Greenwood Publishing Group, 1996, pp. 91 – 95.

⑥ Anastasia Veneti, Daniel Jackson and Darren G. Lilleker, *Visual Political Communication*, London: Springer International Publishing, 2019, p. 55.

素。除此之外,深度造假、虚拟成像等技术的发展赋予视觉图像以更多的灵活性、广泛性和可能性,使视觉图像成为政治传播主体的一把利刃,能够依凭传播主体的主观意图被任意修改而不被轻易识别。

至此,在整个现代生活发生在视觉荧屏的时代,伴随视觉技术和媒介的深度发展,政治传播逐渐呈现出愈加明显的视觉转向态势。一是普及化。图像在政治传播中被运用得越来越普遍,由过去"图片作为文字配图"的形式逐渐发展为"文字作为图片的注解",甚至形成无"图"不传播的样态,政治开始以图像化的方式集中呈现,各类视觉图像充斥在政治生活的方方面面。二是轴心化。图像开始占据越来越重要的地位,一方面,人们逐渐习惯按照视觉图像的逻辑来进行信息的编码和解码,政治逐渐以图像的逻辑被人们所理解和把握。正如有学者提出的,当今的政治传播正是建立于视觉基础之上——图像是主要的,文字通常是次要的。[①]另一方面,视觉图像在政治传播中的作用日渐提升,成为影响政治选举、政治参与以及政治认同的关键要素,常常一张图像、一段影像或者是一场直播就能重塑舆论环境,反转政治新闻,甚至波及政治活动的结果。三是持续化。政治传播的视觉转向是一个持续的发展过程,至今尚未终结,它仍将在传播主客体与视觉技术的互动下不断向前发展。

二、视觉转向下西方政治传播的趋势

与其他类型的政治传播不同,视觉转向下政治传播的传播内容和

[①] 参见 Maria Elizabeth Grabe and Erik Page Bucy, *Image Bite Politics: News and the Visual Framing of Elections*, p.4。

传播形式以视觉图像为主。视觉图像作为一种不同于口语和文字的信息形式和传播内容，必然给政治传播结构和过程带来截然不同的新特征。换言之，政治传播的视觉转向不仅表现在传播内容、媒介与形式的变换上，传播主体和受众的思维与行为方式也随之发生变化，从而引发信息格局的整体变革。当然，这种变革在不同的政治环境和政治体制下会有不同的侧重。在西方竞选性民主政治中，政治传播主要围绕选举活动展开，候选人、政党等政治行动者不断通过形象塑造、政治辩论、政治营销等方式增加自身对选民的吸引力，提出最受选民欢迎的政策。下文将聚焦西方竞选性的民主政治，具体探索视觉转向浪潮下西方政治传播的大体趋势。

（一）政治传播的专业化

政治传播专业化是指在西方竞选性的政治体制下，领导人或候选者的形象与思想被当作待销售的产品，选民被看作这些产品的消费者或观众。领导人或候选者为了吸引选民，获取选民的支持与信任，雇用专业化的政治化妆师和公关团队对自身形象进行整体性和系统化的设计、打造与营销，并围绕形象塑造展开民意调查、形象定位、广告设计和产品营销等系列政治传播活动的趋势。政治传播的专业化发展受到多种因素的推动。除民主化浪潮不断推进使人民主权和民主程序得以巩固，市场经济持续繁荣使商业思维和市场运作被引入政治竞选这两大前提基础外，政治传播的视觉转向也是助推政治传播专业化不可或缺的动力。

一方面，随着视觉图像在政治传播中数量和地位的双重提升，视觉图像在政治竞选和日常执政中越发关键，人们开始以图像的逻辑来理解和把握政治，从而引发出以形象塑造为核心的政治传播专业化的主观需求。在政治竞选中,自电视产生以后,"上相"逐渐成为各类候选人的必备素质和重要资本,形象的包装与维护是政治竞选中的重要环节和影响竞选结果的关键因素。1960 年约翰·F. 肯尼迪和理查德·尼克松之间展开的电视辩论便是这一论断最好的例证。在这场辩论中,肯尼迪西装革履,精神抖擞;尼克松却因为刚刚出院又拒绝化妆而看起来虚弱无力、萎靡不振。两人鲜明的形象差异直接影响了当年的选情,成为大选的关键转折点。最终,初出茅庐的肯尼迪战胜了拥有丰富选举经验的尼克松,成功当选为美国总统。① 除政治竞选外,在日常执政中,领导人、政党、政府和国家的视觉呈现同样至关重要,是其领导力或软实力的重要组成部分,直接影响着民众的政治认同和政治信任。在这种情况下,无论是政党、候选人还是在位的领导人都十分注重对自身形象的打造与维护,产生形象定位与塑造的主观需求。所谓"有需求就有供给",从事形象管理和关系协调,拥有信息咨询、形象策划和营销服务职能的公共团队和政治化妆师(spin doctor) 等职业就逐渐在政治市场中兴盛繁荣起来。继而,"有市场就有使用",在候选者和领导人不断雇用专业化的公关团队和政治化妆师进行形象策划与打造的过程中,逐渐形成了由专人负责,以形象塑造为核心的包括民意调查、形象定位、营销管理等在内的系统化的政治传播活动,实现了政治传播的专业化发展。

另一方面,在政治传播的视觉转向过程中,多样化的形象共存与激烈性的形象竞争为政治传播专业化发展提供了客观条件。随着政治传播的视觉转向,立场不一、观点各异的领导人形象、政治品牌标识、政治

---

① 参见 James N. Druckman,"The Power of Television Images:The First Kennedy-Nixon Debate Revisited", *The Journal of Politics*, Vol.65, No.2, 2012, pp.562 – 563。

广告充斥在政治市场中,令民众眼花缭乱,不同政党和候选人互相争夺着民众的注意力资源。不仅如此,除政治形象以外,随着电影、电视等媒介的发展,其他非政治、娱乐化的视觉图像也令民众应接不暇,时常分散民众的时间和精力。因此,对于民众而言,时间和注意力是有限的,但视觉图像却生产过剩;对于领导人或候选者而言,注意力市场竞争异常激烈,但个人形象塑造能力却有限。在这一客观环境和条件下,想要脱颖而出,最大化地吸引民众,就必须将商业思维和市场操作引入政治竞选和日常执政中,运用更加精准专业的方式和手段,包括前期通过民意调查评估选民需求和立场,然后结合候选者或领导人的个人特质对其形象进行定位,最后借助各种营销手段推出形象等流程。由此,政治传播逐渐朝专业化的方向发展。

(二)政治传播的个人化

政治传播个人化发展是指伴随现代化过程中政党、工会、教会以及类似的公共机构的总体性衰落。[①] 一方面,政治家个人尤其是顶级候选者或者领导人在政治传播活动中的可见性大大提升,包括各类政治传播活动重点围绕个人展开,新闻媒体多聚焦于候选者或领导人个人进行报道,同时减少对政党、组织和机构等抽象实体的关注等表现。另一方面,候选者或领导人剥离公共性后的个人特征、私人生活以及非正式行为受到新闻媒体和受众的广泛关注。政治传播个人化的发展是在政治现代化过程中,政治制度变革和媒介技术升级等多种因素综合作用的结果。其中,政治传播的视觉转向也发挥着至关重要的作用。

视觉图像的具象化特质使具体的个人而非抽象的集体或者观点成

---

① 参见丹尼尔·哈林、保罗·曼尼奇:《比较媒介体制:媒介与政治的三种模式》,陈娟、展江等译,中国人民大学出版社2011年版,第260—264页。

为政治传播的重点。图像与文字在呈现形象方面有显著区别。抽象、间接是文字符号的固有特征,通过文字勾勒出的形象需要读者在识别和理解语言文字意义的基础上,基于个人经验展开联想和想象才能再现出文字所描绘的图景。并且,每一位读者脑海中再现的形象并不会完全一致,即通过文字再现的形象和图景具有间接性与不确定性。与之相较,视觉图像是具体而确定的呈现,每一位观众都能够切实、直观地看到具体存在并且一模一样的实体形象。因此,通过视觉图像展开的政治传播往往聚焦于具体的对象。电视是一种以视觉图像呈现为主的媒介,具体性和个人性是电视所遵循的主要传播逻辑。电视辩论、政治广告或者脱口秀节目等都将政治领导人或者候选者置于镜头的最前沿,重点刻画他们的神态及行为。在电视出现以后,就有多位学者做出个性化是政治传播视觉转向的重要延伸发展这一判断。① 除电视以外,以图像分享与短视频推送为主的社交平台进一步推动了政治传播的个人化,使政治领导人能够剥离公共身份展示私人生活。这是由于这类平台将"自媒体"与"视觉"相结合,通过迎合人们"以我为主"的心理意识,同时增加个人的传播权力,激发出使用者公开展示自我形象和日常生活的欲望。因此,领导人和候选者在以个人名义注册的自媒体账号上更加倾向于发布自拍,或者借助其他展现自身日常生活的照片与影像来实现形象的自我建构。由此,便不断加强政治家个人以及他们的私人生活的曝光度和关注度。

视觉图像的具象化特质使领导人或候选者更容易与选民之间建立起个人联系,不再需要严重依赖政党或者其他中介展开政治竞选。从

---

① 参见 Paolo Mancini and David L. Swanson, *Politics, Media, and Modern Democracy: An International Study of Innovations in Electoral Campaigning and Their Consequences*, p. 94。

受众的角度看,如果传播内容是民众所熟悉的人物形象,而不是抽象的文件或机构时,民众更加容易将自身带入候选者的角色或者置于采访者的角色中,并因此能够更好地理解领导人或候选者的观点,与其建立起直接的个人联系。[①] 从传播主体的角度看,借助各类可视化媒介,领导人或候选者不仅可以展现他们的公共形象和专业素质,而且还能够以生动、直观的方式呈现个人的日常生活与家人宠物,从而建立起多维立体的形象——不仅仅是一位政策的制定者、公共行动的承担者,同时也是一位父亲或者母亲,一个热爱生活、喜欢动物的普通人,并以此来拉近自身与民众之间的距离。候选者与选民之间个人联系的加强反向助推竞选方式的转变,使政党等组织在竞选中的作用逐渐下降,候选者个人的地位显著提高,政治传播趋向围绕个人展开。

(三)政治传播的情感化

政治传播兼具感性和理性维度。情感一直以来都是政治传播的有力武器,通过作用于人们的感性思维,与理性论辩等一道发挥作用。政治传播情感性的加强是指政治传播感性维度,包括通过引发受众情绪波动、激发情感共鸣、进行情感联结以及满足受众情感需求等作用于受众感性思维的传播方式在政治传播中被运用的频率越来越高、占据的比重越来越大、发挥的作用越来越强。这一趋势的发展与传播者使用的传播方式和传播媒介密切相关。无疑,政治传播的视觉转向加剧了政治传播的感性趋势,削弱了政治传播的理性程度。

一方面,视觉图像内蕴的感性主义进一步加强政治传播的情感化。语言以线性、抽象性和思考性著称,推崇理性和客观的思维,同时鼓励

---

① 参见 Paolo Mancini and David L. Swanson, *Politics, Media, and Modern Democracy: An International Study of Innovations in Electoral Campaigning and Their Consequences*, p. 14。

严肃、有序且具有逻辑性的公众话语。① 图像则以感性、直观性、形象性见长,擅于光影、色彩和运动的综合运用,能够在观众的消极观看中激发观众的情感,给观众以精神上的快感。两相对比,可以发现视觉文化是脱离了以语言为中心的理性主义形态、日益转向以形象为中心,特别是以影像为中心的感性主义形态。② 因此,当将视觉图像运用于政治传播中时,它能够生动形象地刻画人物和描绘场景,同时还能充分地渲染气氛。在鲜活的人物、情景与氛围当中,政治传播主体便能够轻易地拨动受众的情绪,激发受众的共鸣,与受众建立起情绪联结,从而将情绪背后隐藏的观点自然地楔入人们的意识系统中。受众也更容易代入自我,或沉溺在光影与色彩的表象中,产生身临其境之感;或被戏剧化的故事情节吸引,与画面中的人物或者情节产生情感共振,发生情感联结,而不再积极调动理性思维去思考更深层次的问题。于是,政治传播的情感性得到强化。《黛西女孩》是1964年民主党人林登·约翰逊(Lyndon Johnson)反对共和党人巴里·戈德沃特(Barry Goldwater)所制作的一则广告。这则广告仅在电视上播出过一次,却引起了巨大反响。原因正是在于这则广告通过小女孩、雏菊花、核爆炸等形象的生动呈现,打造出光明与黑暗、和平安详与动荡不安两种视觉冲击力和对比性极强的场景,从而使受众代入其中,引发出他们对于核武器的恐惧情感,达到令其不寒而栗的传播效果。其创作者托尼·施瓦茨(Tony Schwartz)曾指出这则广告虽然没有提及共和党候选人戈德沃特,但是通过视觉冲击在"在许多人心中唤起了一种深刻的感觉,即戈德沃特实

---

① 参见尼尔·波兹曼:《娱乐至死》,章艳译,广西大学出版社2004年版,第68页。
② 参见孟建:《视觉文化传播:对一种文化形态和传播理念的诠释》,《现代传播(中国传媒大学学报)》2002年第3期,第2页。

际上可能会使用核武器"①。换言之,这则广告正是通过视觉画面,催发受众的情感波动,从而有效达到其传播目的。

另一方面,随着视觉媒介的发展,整个社会被解构为支离破碎的图片和影像组合,致使人们无法系统、全面而理性地传播、接收和解码信息。早在20世纪,尼尔·波兹曼就关注到电视画面的不连贯性,他认为这将导致观众难以掌握全面的信息,将上一段画面的思想或者情绪带到下一个时间段,从而无法长时期、全方位的考虑某一政治问题,培养理性思维能力。例如,前一个电视画面所营造出的美俄之间核战争无法避免的严肃感,可能会被后一个脱口秀节目中的笑话所轻易消解。② 电视尚且如此,何况是更加简短而富有个性的短视频。目前,政治传播深度视觉转向最突出的表现之一就是短视频在政治传播中的运用。相比电视节目,短视频的内容呈现更加零碎和随意,不仅时长更短,节奏更快,内容更紧凑,而且剪辑手法和表现形式也更为个性化,常以戏剧化的方式呈现出最精彩的部分。因此,受众在上下滑动中不断穿梭在各种政治新闻之中,不仅根本无法冷静下来,以理性的思维接收和分析信息;而且也不能系统、全面地获取信息。总之,在碎片化的图片和视频信息中,理性、客观地传播和接收信息变得异常艰难,政治传播的感性化趋势也迅速发酵。

(四)政治传播的操纵化

政治传播活动包括两类:一类是指政治信息在政治机构和行动者之间的客观流通;另一类是政治行动者为达到特定政治目的而进行的

---

① Tony Schwartz, *The Responsive Chord: How Radio and TV Manipulate You... Who You Vote for... What You Buy... and How You Think*, New York: Doubleday, 1974, p.93.
② 参见尼尔·波兹曼:《娱乐至死》,第123—137页。

政治劝服。后一类政治传播活动与前者最大的不同就在于它具有明确的政治目的,比如为了制造共识或灌输意识,可能会通过传递信息、操纵符号、策划事件、制造争论、议题管理等技术来形塑人们的认知、情感和行为。[①] 换言之,政治传播本就具有形塑认知和操纵人心这一政治劝服的面向与功能。在政治传播视觉转向过程中,这一面向和功能得到激发和提升。

第一,人们"眼见为实""有图有真相"的固有认知和偏好传统为政治传播劝服性的增强提供了便利。视觉是人类最直观、有效的感觉之一,也是人类感知世界最主要的方式,它能够通过形态、空间和运动知觉,为人们提供其他感官无法给予的生理快感。因此,相比口口相传与文字表述,人们更加相信自己亲眼所见。故而,当将视觉图像运用于政治传播中时,政治传播的劝服性便大大提升。正如学者所言:即使人们知道信息传播具有操纵的可能性,会在口头上表示怀疑,却仍然十分相信自己的眼睛。[②]

第二,图像信息内在结构的不确定性以及意涵的强阐释性有利于政治传播劝服性的增强。语言能够明确表达陈述对象之间的各种关系,帮助受众获得一致的理解;但视觉图像却具有结构的不确定性,其中所包含的各类关系均取决于受众自己的阐释,在此意义上,视觉结构和推论的含蓄性就成为视觉说服过程的一个优势。[③] 2015 年,德国总理安吉拉·默克尔(Angela Merkel)曾经在柏林斯潘道特区的一个难民接

[①] 参见爱德华·L. 伯内斯:《宣传》,胡百精、董晨宇译,中国传媒大学出版社 2014 年版,第 33 页。

[②] 参见 Jungseock Joo, Weixin Li, Francis F. Steen, Song-Chun Zhu, "Visual Persuasion: Inferring Communicative Intents of Images", *Proceedings of the IEEE Conference on Computer Vision and Pattern Recognition*, 2014, p.217。

[③] 参见保罗·梅萨里:《视觉说服:形象在广告中的作用》,第 14 页。

待中心与叙利亚难民进行自拍,以表明德国对移民的欢迎态度。但是,这些照片的其中一张却完全颠覆了制作最初的精神,被解读为默克尔与恐怖分子的合照,用于对默克尔难民政策的攻击。这张照片在网络中传播得十分迅速,掀起阵阵舆论风波。① 显然,这张照片的反向解读版之所以能够大肆传播并获取网民信任,就是在于视觉图像中关系的强阐释性。

第三,视觉技术赋予政治劝服更大的操作空间和能力。随着视觉编辑和呈现技术的迭代升级,政治传播主体能够基于自身目的,在各个环节剪辑和修改视觉图像,甚至脱离现实直接生成图片和视频;受众也能够拥有更加真实和强烈的视觉体验,增加政治参与的体验感。由此,政治传播中的实质与形象、事实与虚构、现实与表达、真相与假象之间原本存在的灰色地带被进一步扩大,修饰与欺骗、引导与操纵的边界变得不再明显,政治劝服的操作空间和说服能力大大增强。此外,随着各类视频平台的发展,随时随地进行直播成为可能。直播是一种极致压缩空间和时间的政治传播方式,人们借助传输设备能够有效延伸自然目光的限度,实时监测信息运动。但是,当直播随时随地都能展开时,信息的完整性便遭到切割,形成一段段被阉割的真相。直播的可信性与随意性之间的张力正是政治劝服发挥作用之地。

如此看来,在当代政治传播发生视觉转向的过程中,由于视觉图像的固有特质以及视觉技术的深度赋能,视觉政治得到了新发展,政治传播也随之延伸出诸多新特征和新趋势。这些新趋势凸显出形象与实力、差异与共识、感性与理性、说服与操纵等关系之间的张力。这些张

---

① 参见 Anastasia Veneti, Daniel Jackson and Darren G. Lilleker, *Visual Political Communication*, p. 20。

力需要在道德与制度的规约下保持动态平衡,否则可能会产生负面影响。

三、政治传播视觉转向引发西方民主政治困境

政治传播的视觉转向在解构政治传播的传统结构、框架与规则的同时,也催生了政治传播的新型样态、语境与动向,使当代政治传播呈现明显的视觉政治特征:对形象越发关注,甚至超越了对实力和观点的考察;对个性和差异的追逐愈加强烈,以致逐渐忽略了对共识的追求;对情感在传播中的使用更为倚重,不惜弱化理性思考与辩论;对政治劝服的操作更加熟练和高超,乃至整个舆论场真假信息杂糅,事实虚构交错,难以轻易辨别。这四种趋势内含民主隐忧,一旦突破道德和制度界限,打破上述各种关系间的传统格局和动态平衡,就可能引发严重的事实塌陷与民主困境。

(一)民主选举审美化:当关注形象超越仰仗实力

民主制度在于使每个公民都平等地拥有政治权利,并且能够参与所在共同体的政治实践中,影响关乎自身利益的政治决策的制定和实施。古希腊和古罗马城邦曾经出现公民直接介入政治决策和管理的直接民主制。但是,由于民族国家疆域的扩大、人口的增多,以及各类职业的专业化发展,多数国家都采取了以公开、公平和自由的竞选和投票为特征的代议民主制度。通过代议民主制,公民将选择一个有实力、有能力且有魅力的政治领袖来引领国家和社会的发展,制定合适的治理政策。在代议民主制度下,公民参与与精英引领将实现有效平衡,平等

原则与效率原则达到高度统一。但是,如果全社会都极度关注领导人或候选者的外在形象,甚至超越对其实力与观点的重视,政治竞选和日常执政发展至"成也形象,败也形象"之时,公民参与与精英引领的平衡就会被打破,平等和效率原则的高度统一也将不复存在。

一方面,过于注重视觉形象会影响领导人或候选者能力的正常发挥。对于已经在位的领导人而言,他们的精力与时间是有限的,如果将精力和时间更多甚至完全倾注于形象的打造与维护上,那么必然会分散和减少他们在其他政务处理上的能量,影响真正关系民众利益的事项的进程。当然,伴随政治传播的专业化发展,一般会有专业人士专职负责领导人形象的打造,但是具体实践仍要依靠领导人自身完成,尤其是当原生形象与目标形象并不相符时,领导人便需要在每一次出镜中竭力展现所设定的形象,这多少都会消耗领导人的时间和精力。对于竞选中的候选者而言,一是如果他并不具备原生形象的优势,同时又缺乏形象打造的能力,那么即使拥有丰富的执政经验和能力,也不一定会当选;二是在政治传播专业化发展的过程中,候选者对于形象的定位与塑造以选民偏好为指向。而实际上选民的意见往往多变、短视以及情绪化。因此,当候选人越来越以选民的偏好为中心,一味地追随选民且尤其关注摇摆选民的偏好时,政治精英本应发挥的信息综合和理念引领的作用便会丧失,从而影响公共政策的科学性和全面性。[①]

另一方面,当政治形象与政治实体相分离,公民更加关注领导人或候选者外在的政治形象,忽略其内在的实力与观点,并以此为标准展开投票与支持时,民主选举逐渐就堕落为政治选秀或者政治游戏。一是

[①] 参见 Jennifer Lees-Marshment, *Routledge Handbook of Political Marketing*, London: Routledge, 2012, p.374。

在形象至上的情景下,如果候选者或领导人原本实力不足或能力不强,那么他们便可以通过形象塑造暂时掩盖或者稀释自身弱点,从而成功当选。甚至还有一些候选者或领导人为赢取支持,极尽表演之能事,建构出与自身特质并不相符却广受欢迎的虚假形象。因此,只要候选人擅长营销造势,而不论是否有治国之才都可能成功上位。二是公民也随之转变为政治观众或消费者。伴随着身份的转换,公民所应具有的理性、独立和审慎选择等政治美德也会被消费者追求新颖、盲目从众等特质所取代。正如默多克所描述,消费者身份和公民身份之间存在根本性的区别:"一边站着人群,情绪激动,被戏剧性的画面诱惑,行动一致,通过暴动和示威进行谈判。另一边站着公民,理性,接受连续辩论,在投票亭的孤独中做出深思熟虑的个人选择,冷静地记录偏好。"[1]换言之,这些消费者看似是在践行民主实践,但是实际上却没有起到民主参与的效果;他们虽然做出了选择,但可能是违背自身利益的非理性判断。三是在对视觉形象的追捧中,新闻媒体或是与政治力量深度合谋,着力打造或抹黑领导人或候选者的形象;或是与商业资本亲密联姻,致力于挖掘领导人或候选者的私人隐秘甚至是丑闻,不断上演一场又一场形象塑造与抹黑的闹剧,从而导致自身公共性丧失殆尽,削弱政治信息所应具有的公共产品性质。因此,在上述候选者、公民和媒体的互动中,严肃的政治竞选就会变为喧嚣浮华的政治选秀。

(二) 政治认同个人化:当个人差异优于制度共识

在民主政治中,人们的认同和服从建基于法理型权威。民主社会的正常运转建立在信仰共识和程序共识的基础上,并积极促进政策共

---

[1] Paolo Mancini and David L. Swanson, *Politics, Media, and Modern Democracy: An International Study of Innovations in Electoral Campaigning and Their Consequences*, p.17.

识的形成。正是基于对价值信仰的尊重、对解决冲突的原则和规则的认可,人们才能凝聚在一起,承认和遵守由既定程序选择的领导人和制定的政策。在政治传播的视觉转向中,候选者和领导人在政治竞选和日常执政中的作用显著提升,不仅各种复杂的政治信息和政治机构运作常常被浓缩为顶级候选人/领导人的个人立场与看法,而且还使候选者和领导人极力展现个人魅力,甚至不惜通过发表极端言论,发展与选民的个人联系。当以上这些趋势愈演愈烈,便可能会动摇认同根基,为民主政治的健康发展埋下隐患。

首先,选民/公民与候选者/领导人之间直接联系的加强可能导致选民投票与民众支持的基础发生转变。这一转变会持续加强候选者或领导人的个人权力,不利于权力制衡和规约的实现,还有可能促使政治竞选动荡多变。在现代政治理论中,政党是代表、整合和平衡不同阶层和群体利益的重要机制,现代政治运作离不开政党制度,政党组织的各种集会是政治竞选的必备环节,选民的投票很大程度上取决于政党忠诚度。但是,随着政治传播个人化的发展,政党组织在选举中的作用遭到削弱,候选人只要会营销造势,就不需要依靠党内威望或者组织推荐,相反,政党还会做出策略性妥协,将那些能够对选民产生最大地域和社会吸引力的人提升到高位。① 同时,选民也愈发倾向基于候选者的个人魅力和形象建立起非理性的信赖与支持。除这种现象本身就是对于制度权威的一种侵蚀外,建基于个人形象和个性魅力基础上的政治支持还可能存在两种情况。一种是选民由于崇拜、喜爱等情感而对候选者或领导人产生非理性的信赖和忠诚。这种情感诚挚、热烈而深刻,

---

① 参见 Silke Adam and Michaela Maier,"Personalization of Politics a Critical Review and Agenda for Research", *Annals of the International Communication Association*, Vol. 34, No. 1, 2010, pp. 213 - 257。

不会轻易发生变化。长此以往,便可能发展至围绕特定候选者或领导人形成大批极度忠诚甚至疯狂的追随者。由此,该候选者/领导人便可能会在政治竞选和制定政策中具有更大的自主权,在社会动员中具有更大的号召力,从而不利于权力制衡与规约的实现。另一种是基于民意调查、选民区隔和形象打造等手段实现的,选民对候选者或领导人外在形象的支持。这种支持浅薄、短暂而脆弱,一旦打造出来的美好形象因为丑闻等问题遭到颠覆、领导人魅力丧失,或者是选民的新鲜感下降,其支持率就可能会发生巨大的变化。换言之,这种依赖个人形象和魅力的政治竞选动荡多变,不利于政治秩序的稳定。[1]

其次,政治传播个人化对于政党差异和个人特质的强调,可能会形成一种对立的拟态环境,从而加剧西方民主政治中的政治极化现象。目前,西方民主政治以选举、投票、公投等为核心的竞争性机制为主。在竞争性的政治体制下,不同的政党代表不同的阶层与利益群体,秉承不同的政治理念,其代理人也具有不同的特质。他们之间差异化的政治价值偏好、意识形态分歧与公共政策选择本是由制度所预设的,且应在合理范围之内。但是政治传播个人化和专业化却作为"放大镜"和"扩音器"将政党和政治精英之间的差别无限放大,进一步加剧了政治极化现象。

最后,在高度竞争化的选举市场中,为了最大化地展现个人魅力和占领选举市场份额,政党和候选者都必须要遵循差异化这一关键性的推销原则,竭力凸显自身特色与优势,展现出新颖而独特的价值。并且还通过打造独具特色的政治品牌标识,方便选民迅速识别和有效记忆。

---

[1] 参见 Paolo Mancini and David L. Swanson, *Politics, Media, and Modern Democracy: An International Study of Innovations in Electoral Campaigning and Their Consequences*, p. 272。

在这些操作下,即使政党或候选者之间没有本质性的区别,看起来却也差异十足、分歧巨大,由此便加剧了政治精英的极化。此外,有研究表明,在政府通过自媒体发布的大量信息中,那些包括极端观点的信息更容易被公众注意、传播与放大。① 基于此,为了迅速抓住选民的注意力,候选者和领导人还会给予极端声音更多的重视,做出旗帜鲜明、夸张荒诞的表态。如此,在政治精英们竭力展现自身特色之时,整个社会舆论场也随之充斥着夸张、极端和对立的形象和观点,从而催化集体偏见与群体分歧,引发大众极化。

(三)政治态度偏执化:当倚重感性战胜诉诸理性

情感在政治传播中一直以来都是一把利刃,但是由于它非理性的特点,需要在道德规制下与理性思考和公共辩论结合使用。在政治传播视觉转向的过程中,情感被传播主体运用得更加游刃有余。当情感性、娱乐性的信息充斥于政治传播,理性声音在公共话语空间中遭到排挤,整个舆论场域情感泛滥与无序时,民主危机同样可能发生。

首先,在政治传播中过度诉诸感性手段会进一步导致民众做出非理性选择,加剧民主悖论发生的可能性。在西方民主政治中,无论是选举民主,还是协商民主,都建立在选民能够基于个人和社会利益做出理性判断这一假设之上,选举民主强调选民的独立判断与理性投票,协商民主主张公民通过"自由和开放的对话而彼此交换他们的公共理性"②。但是,在现实生活中,选民并非完全理性,情感和意识形态能够对公众的判断产生强烈影响。这也是民主悖论——"民主政治常常出台愚蠢

---

① Sounman Hong and Sun Hyoung Kim, "Political Polarization on Twitter: Implications for the Use of Social Media in Digital Governments", *Government Information Quarterly*, Vol.33, No.4, 2016, p.778.
② 陈家刚主编:《协商与协商民主》,中央文献出版社 2015 年版,第 17 页。

的政策,选民常常做出违背自己利益的决定"产生的原因。① 在正常的民主政治中尚且如此,那么当候选者和领导人在政治传播中诉诸感性多于理性,促使选民多在消极的观看体验中使用感性思维做出决策,整个社会都趋于非理性的时候,民主悖论发生的概率便大大增加。

其次,当感性因素被越来越多运用于政治传播之中时,民众政治参与的方式会发生改变,从而导致对政治不感兴趣的民众和采取极端立场的民众数量增多。一方面,当政治传播中多使用感性化和娱乐化的表达方式时,本就不太了解政治或参与政治的选民可能会更加沉溺于具有冲击力的视觉表象、戏剧化的情节叙事或者具有娱乐性质的花边新闻中,进而使他们政治冷漠的程度进一步加深;另一方面,选民如果本来就是某个政党或者候选者坚定的支持者,那么通过情感渲染与渗透,他们可能会在理性选择的基础上与政党或候选者建立起更加亲密和稳固的情感联结,拥有更加强烈的忠诚感和信任度。选民会坚信自己选择的政党所提供的公共政策和产品是优越的,即使之后政党的理念和政策会发生转变,他们也将仍然忠于自己所选择的党派。② 正因为情感联结与理性选择不同,一旦真正建立起就十分稳固、偏执和长久,那些更多参与政治的选民就可能会越来越忠实于特定政党或领导人,将政策选择偏好与党派认同、领导人偏好结合在一起。那么,如果政治精英间发生极化现象,大众之间也会随之产生极化效应。③

最后,政治传播的感性化会加剧后真相政治的发展,导致政治精英

---

① 参见布赖恩·卡普兰:《理性选民的神话:为何民主制度选择不良政策》,刘艳红译,上海人民出版社 2016 年版,"绪论"第 2—3 页。

② 参见 Michael Karlberg,"Partisan Branding and Media Spectacle: Implications for Democratic Communication", *Democratic Communique*, Vol. 18, 2002, p. 13。

③ 参见 Nolan McCarty, *Polarization: What Everyone Needs to Know*, New York: Oxford University Press, 2019, pp. 50-51。

和民众对于事实与真相态度的转变,引发社会秩序的混乱。当传播主体倾向于从受众的情感需求入手,通过触动受众的感性神经,激发受众的情感共鸣来操控舆论和增强说服时;与之相应,受众偏向基于个人偏好和立场来识别和解码信息,只愿接收和相信符合自我认知的信息时,整个社会就进入了"后真相"的状态。在后真相时代,人们对于事实与真相的看法发生转变,"事实"开始朝向"后事实"的方向发展,它不再被人们置于神圣地位予以尊重,而是被看作一个为了目的可以被肆意涂抹、裁剪的工具。这种状态无论是对政治共识的建立,还是对政治信任的提升都具有不利的影响。当民众开始怀疑由原有政治秩序确定的真相,不再完全相信社会中的主导性原则时,社会共识就可能分化为不同小群体的集体偏执和个人的偏激认知。在这一状态下,"后真相政客"应势而生,这一类政客"具有认识论的缺陷而无法认识真相,他们不再相信证据,甚至是客观现实。而没有了事实,新的政治大师就会变成政治化妆师和政治技术专家"①,他们极力描红自己、抹黑对手。政治竞选就会变成彻头彻尾的政治欺骗与政治操控。

(四)民主运转病态化:当政治劝服逾越界限规制

政治传播本身就具有工具特质和劝服功能。随着深度造假、虚拟现实以及实时直播等视觉技术的深入发展,政治信息变得虚实相生、面貌多变,政治传播的工具特质和劝服功能也得到显著凸显和提升,劝服过程和方式更加自然、高明,能够在受众无所感知的情况下就达到劝服的目的。② 当政治传播的劝服功能得到视觉技术的加持,发展至能够为

---

① 参见胡泳:《后真相与政治的未来》,《新闻与传播研究》2017年第4期,第10页。
② 参见 Anastasia Veneti, Daniel Jackson and Darren G. Lilleker, *Visual Political Communication*, p.24。

了达到劝服目的而突破道德底线与制度规约,不断制造和使用虚假信息,"不诚实的、操纵性的和洗脑子的"①政治操纵便成为可能,这直接危害民主政治。

一方面,政治操纵与自主这一民主价值相悖,它破坏了民主存在的价值基础。在霍布斯的描述下,国家是一个拥有无穷权力、能够吞噬一切的利维坦。因此,公民想要获得生存和政治的权利就必须将权力关在牢笼里,在法治范围内保持自由、独立的意识与行动。换言之,自主是民主政治所预设的关键价值之一,每个人都应有独立自主的权利决定与自身生命、生活息息相关的事务,而不受任何人影响。如果一方想要另一方接纳自身观点,就应该通过公开辩论与理性探讨的方式来达到这一目的。政治劝服就是通过各种方式将政治传播主体的政治意识传递给受众,达到受众认同和支持的传播效果。这本无可厚非,在所有政治形态中都有所存在,而且也是政治生活稳定运转的必要条件之一。但是,当政治劝服不是基于事实说理、公开辩论,而是通过传播虚假信息、伪造虚拟形象作用于人们的心理结构,使其按照权力当局所需要的方向改变自身的意见和愿望,做出违背自身利益的决定时,政治劝服就变成了政治操纵,严重损害了公民的认知理性和行为自由,破坏了民主存在的价值基础。

另一方面,政治操纵影响了代议民主制度的正常运转和功能的有效发挥。当政治精英能够以潜移默化、自然而然的方式对民众实施操纵时,虽然他们是由民众通过民主程序选举出的"民众的代表",却可以反客为主转变为"民众的主宰",将公共利益弃置不顾,不断利用既有制

---

① E. M. 罗杰斯:《传播学史——一种传记式的方法》,殷晓蓉译,上海译文出版社2002年版,第219页。

度和程序谋求自身的特殊利益,影响代议民主制度的功能发挥。此外,被称为"第四权力"的新闻媒体也从权力的监督制衡者转变为权力规训和控制的工具,通过把关、议程设置、框架建构等方式筛选和传播有利于政治当局的信息,建构社会意识与行为的标准化版本。民众在其中也会发生转变,或者完全相信一切,或者彻底怀疑一切。前者由于丧失了批判思维,思考模式和行为方式都容易被操纵,完全听从于政治精英的指挥;后者则可能会丧失对政治当局的信任,甚至怀疑一切,认为整个世界充满了欺骗,开始只相信自己的判断,依赖于自身偏好和既有认知去选择和解码信息,对于不符合自身价值判断的信息采取选择性忽略或否定的态度,从而形成无节制的偏执,无法做出理性的选择和决策。这些现象均不利于代议民主制度的有效运转。

在西方民主政治中,以上所提及的"关注形象超越诉诸实力""个人差异优于制度共识""倚重感性战胜诉诸理性""政治劝服逾越界限规制"等现象有的已经发生并引发出民主危机,有的尚未出现但内蕴民主隐忧。并且,各种危机与隐忧也交错杂糅,相互作用,或者互相加剧或者彼此抵消。但无论处于何种状态,这些错综复杂的现象和趋势都值得关注和反思,做出风险预警和分析。

早在 20 世纪初期,一些学者就开始预言图像时代的到来。海德格尔一语道破视觉转向对于人们认知世界的意义:"世界图像并非意指一幅关于世界的图像,而是指整个世界被把握为图像。"[1]李普曼则从媒介的角度提出:"照片对于今天的想象力有着行使管辖权的性质,这种权力昨天还属于印刷文字、再早则属于口头语言。"[2]在整个世界逐渐被诠

---

[1] 海德格尔:《海德格尔选集》,孙周兴译,上海三联书店 1996 年版,第 899 页。
[2] 沃尔特·李普曼:《公众舆论》,阎克文、江红译,上海人民出版社 2002 年版,第 75 页。

释为图像之际,政治传播也发生了同样的视觉变革,并且转向趋势方兴未艾、日新月异,不断引发出更加复杂的视觉政治新图景和新症候。

除上述所提及的各种民主隐忧外,随着人工智能视觉、虚拟成像等视觉技术的日趋成熟,政治权力与视觉图像愈加紧密结合,政治传播主体可能会借助新兴的视觉技术逐步拓展形象塑造空间,打造个人虚拟形象,致力于建立现实-虚拟空间联动的政治认同和支持;还可能会利用视觉技术精准地跟踪、识别和判断民众的个人偏好、情绪变化和行为方式,对民众实现全面、动态的监管与标注等。

这些已经发生的、尚未发生但可能发生的新变化都会对现有民主秩序构成结构性的冲击和全方位的挑战,只有提前研判和预警,从文化、制度与实践等多维度、多环节入手,着力提升政治精英和公民的媒介素养,不断增强其民主意识和权利意识;同时注重制度安排的更新与引导,使制度更新与技术创新相匹配,及时、有效规范相关技术的运用方式和范围,才能将视觉转向内蕴的民主隐忧有效克制,将民主大挑战转变为发展新机遇。

第九章 政治传播与欧美政治极化的心理根源

　　社交媒体是当今社会政治活动的结构化要素,人类已经悄然进入一个全新的社交媒体时代。社交媒体独有的传播方式和传播秩序迎合了人类认知的吝啬规律,为偏狭的政治认知的形成提供了契机。行动者更倾向于在社交媒体中暴露或夸大自身感受,敏锐感知他人情绪,从而引发情绪共振与情感叠加。置身于社交媒体时代的现代人更容易形成偏执、怀疑、自负等以"偏激"为核心特征的后政治心理,并逐渐以其为行为准则。当偏狭的理性认知和偏执的感性情绪与党派归属、阶级身份、公共形象塑造、公共政策选择等迎头相遇,政治极化的形成和扩张便拥有了动力源和助燃剂。随着民众对特定领导人非理性的追捧或声讨,对党派阵营产生强烈的心理依附与行为追随,对政策制定与颁布采取极端态度,对异己群体愤恨和仇视,政治极化的强度、深度和幅度逐渐加剧。政治极化的愈演愈烈使群体内部同仇敌忾、群体间激烈冲突、社会舆论两极分化,进一步助长了后政治心理的升级和蔓延,使"绝对自负"与"怀疑一切","无限恐惧"与"毫无敬畏","政治狂热"与"政治冷漠"等情绪和态度弥漫于民主政治的各个角落。从当前情形来看,扭转以偏激为核心的后政治心理是缓解政治极化的可能路径,其中,校准接收和传播信息的心态和方式最为关键。

"政治极化"是晚近欧美政治生活的最新发展和显著特征。在政治极化的催动下,一系列民主乱象接踵而至:政党纷争不断,政府频繁关门,社会撕裂加剧,种族仇恨甚嚣尘上,身份政治愈演愈烈,公共政策难以执行。特朗普执政时期,政治极化渐呈加剧和蔓延之势。政治极化现象之所以在欧美国家兴起且持续升级,是多重社会政治因素彼此叠加、共同作用的结果。其中,社交媒体的兴起和社交时代的到来是其中一个重要变量。本章就尝试为社交媒体何以加剧政治极化提供一种更为细致的可能性解释。

一、社交媒体:当代政治的结构性要素

当今世界正经历百年未有之大变局,国际局势和各国发展的不稳定性和不确定性大大增强:全球化遭遇逆流;"脱钩"与"断链"屡见不鲜;"黑天鹅"事件、"灰犀牛"事件频频发生;反智主义、民粹主义、恐怖主义、霸权主义或是沉渣泛起,或是相互裹挟。在波诡云谲的时代场景下,国际社会中的不同国家,各国内部的不同党派、不同群体甚至是不同性别间基于自身利益考虑,围绕各种政治现象和问题的看法愈发割裂,甚至难以调和,学者将这一现象概括为"政治极化"。以美国为例,起初,政治极化主要是指政党和政治精英之间对立与分裂,发展至今,政治极化已然成为美国政治生活中的重要症候,无论是政党、国会,利益集团还是意识形态、公共政策都存在高度两极分化现象,并由此引发了一系列深刻的社会政治影响。

与此同时,当今世界各国的信息技术飞速发展,传播媒介和传播方

式不断更新,社交媒体不仅成为各国民众传播和获取信息、进行新闻消费的主要媒体,依托社交媒体的算法、深度造假等技术也深刻嵌入人们日常生活之中,对人们的行为和心理产生了广泛影响。根据《数字2022:全球概览报告》,2022年初全球互联网用户已攀升至49.5亿;截至2022年1月,全球已有46.2亿社交媒体用户,并且在过去十年中社交媒体用户的增长速度已经超过了互联网用户的增速。① 在使用时间上,2021年全球互联网用户平均每天在社交媒体上花费2小时27分钟。其中,新兴市场国家在社交媒体上花费的时间较多,尼日利亚以用户平均每天登录时间为4小时7分钟居于榜首,老龄化国家较少,但是也都在一个小时左右。② 从效能发挥的角度来看,社交媒体已然成为世界各国民众社会、政治生活中的重要组成部分。例如,根据皮尤中心2022年9月的调查,社交媒体在美国人的新闻消费中发挥着不可替代的作用,至少有一半的美国人会通过社交媒体获取新闻,其中的脸谱和优兔(YouTube)是美国人获取新闻的首选社交媒体。③

在此背景下,社交媒体与政治极化的关系问题被推至研究前台,逐渐成为国内外学界热切关注的话题。各国学者围绕社交媒体、算法技术等与政治极化的关系等问题展开了深入探讨。纵观既有的研究,关于社交媒体中是否存在极化现象以及社交媒体是否以及如何作用于政治极化等问题仍然众说纷纭、结果不一。总体而言,现有研究结果可以

---

① 参见 Simon Kemp,"Digital 2022: Global Overview Report", Jan. 26th, 2022, https://datareportal.com/reports/digital-2022-global-overview-report,2025年3月24日访问。

② 参见 Katharina Buchholz,"Where People Spend the Most & Least Time on Social Media", Apr. 26th, 2022, https://www.statista.com/chart/18983/time-spent-on-social-media/,2025年3月24日访问。

③ 参见 Pew Research Center,"Social Media and News Fact Sheet", Sep. 20th, 2022, https://www.pewresearch.org/journalism/fact-sheet/social-media-and-news-fact-sheet/,2025年3月24日访问。

分为两类。

第一类研究明确肯定社交媒体加剧了政治极化现象。多数研究认为,由于社交媒体中存在选择性曝光、算法推送、回音室、信息茧房等传播机制,因此极大加剧了政治极化。早在《网络共和国》一书中,桑斯坦就曾提及群体极化的现象:新科技包括网络让人们容易听到志同道合的言论,同时让自己更孤立,听不到相反的意见。这种缺乏竞争观点的信息暴露会埋下极端化的种子,对社会和民主构成潜在的危险。[①] 在后续研究中,学者们进一步聚焦于算法推送、选择性曝光等传播机制。戴蒙德的《剧变:人类社会与国家危机的转折点》将美国走向政治极化的部分原因归咎于新兴社交媒体。在他看来,社交媒体是美国民众信息定制的过滤器,加剧了美国社会在政治领域的极化态势。[②] 伊莱·帕里泽(Eli Pariser)等学者也都提及网络的"过滤气泡"(filter bubble)可能会加深受众对政治的固有看法,久而久之使其做出偏执的选择。[③] 国内学者也围绕社交媒体、智能推送和算法传播和政治极化的关系展开多方位的探讨,提出这些传播机制都在一定程度上加速了政治极化的进程。除此之外,也有少数研究反其道而行,虽然肯定了社交媒体加剧政治极化现象这一结论,但认为其中的关键是社交媒体使人们能够接收到多样化的信息,而非"过滤气泡"所致。[④]

---

① 参见凯斯·桑斯坦:《网络共和国:网络社会中的民主问题》,黄维明译,上海人民出版社 2003 年版,第 48—49 页。
② 参见贾雷德·戴蒙德:《剧变:人类社会与国家危机的转折点》,曾楚媛译,中信出版社 2020 年版,第 300 页。
③ 参见 E. Pariser, *The Filter Bubble: What the Internet is Hiding from You*, New York: The Penguin Press, 2011。
④ 参见 Lee de-Wit, Sander van der Linden and Cameron Brick, "Are Social Media Driving Political Polarization", *Greater Good Magazine*, Jan. 16th, 2019, https://greatergood.berkeley. edu/article/item/is_social_media_driving_political_polarization,2025 年 3 月 24 日访问。

第二类研究质疑社交媒体加剧政治极化现象这一论断。有研究针对回音室效应进行深入分析,从源头质疑社交媒体与政治极化之间的关系。学者提出回音室效应需要分情况论之,当社会网络结构表现为意见领袖具有绝对控制力的星形网络时,回音室效应极强;当社会网络结构表现为较长社会距离的线性结构时次之;但是,当社会网络结构用户间平均社会距离较低,且有较多中心和次中心节点存在的情况下,回音室效应的形成就会受到限制。故而,由于回音室效应本身就存在条件限制,回音室效应对政治极化的加剧效应也就有待进一步考证。① 此外,还有研究认为社交媒体有助于个体接触与其关系薄弱的人,为个体提供了新颖信息。这种弱关系联结减少了政治极端主义。② 有研究对互联网和社交媒体的使用人口群体进行分析,发现在最不可能使用互联网和社交媒体的人群中,两极分化现象增加得最多,由此倒推社交媒体在解释政治极化加剧方面作用有限。③ 甚至有研究提出非算法或算法生成的新闻都不会导致更高水平的党派两极分化,社交平台并非政治极化的源头。④

由此看来,当前学界针对社交媒体是否以及如何加剧政治极化这一议题仍存在较大争议。而之所以会产生如此众多相异的观点和相左的结论,其中一个重要的原因就在于学者们虽然注意到社交媒体的传

---

① 参见李卫东、彭静:《社交网络平台信息传播的回声室效应仿真实验分析》,《现代传播(中国传媒大学学报)》2019年第4期。

② 参见 Pablo Barberá, "How Social Media Reduces Mass Political Polarization: Evidence from Germany, Spain, and the US", APSA Conference, 2015, pp. 1 – 46。

③ 参见 Levi Boxell, Matthew Gentzkow and Jesse M. Shapiro, "Greater Internet Use is Not Associated with Faster Growth in Political Polarization Among US Demographic Groups", *Proceedings of the National Academy of Sciences*, Vol. 114, No. 40, 2017, pp. 10612 – 10617。

④ 参见 Jessica T. Feezell, John K. Wagner and Meredith Conroy, "Exploring the Effects of Algorithm-driven News Sources on Political Behavior and Polarization", *Computers in Human Behavior*, Vol. 116, 2021, pp. 1 – 48。

播特性和传播方式,探讨了其可能存在的潜在影响,但是却没有充分关切到由社交媒体特性到产生政治极化效果之间存在的其他诸多深层因素和步骤。而恰恰是这些因素与步骤直接影响着社交媒体传播效能的稳定发挥。换言之,虽然与其他媒介相比,社交媒体具有独特的传播特性,形成了特定的信息传播和接收机制,但是这些机制使行动者既能够选择同质化的信息,也能够接收多样化的信息。因此,社交媒体何以导向政治极化,其中还应有很多转化机制。目前,现有研究对于这些转化机制的探讨还有待深入。故而,本章就尝试聚焦于关键转化机制之一——社交媒体时代的政治心理,并以此为政治极化现象的产生和加剧提供一种可能性解释。

二、以偏为准:社交媒体时代的后政治心理

当人们步入社交媒体时代,社交媒体俨然不再只是一种中介工具,而是作为一种结构化要素,上至对宏大社会政治生活,下至对个体微观的政治行为都产生了深刻影响。当行动者使用社交媒体传播和获取信息时,其政治传播方式必然受到社交媒体传播逻辑的影响,这将直接决定个体行动者政治心理的个性特征;与此同时,社交媒体独特的传播逻辑会对宏观的政治传播环境产生结构性冲击,这也将间接影响个体行动者微观政治心理的发展变化。

媒介化是"媒介效果向宏观社会效应的一种延展"[①]。媒介化理论

---

① 周翔、李镓:《网络社会中的"媒介化"问题:理论、实践与展望》,《国际新闻界》2017 年第 4 期,第 140 页。

的奠基学者施蒂格·夏瓦(Stig Hjarvard)将媒介化置于高度现代性的历史进程中,"作为一个关于媒介在文化和社会日渐增强和变化的重要性理论的核心概念加以使用"①,用来解释媒介所具有的独特方式及其特质对社会制度与文化的长期、大范围的结构性影响。事实上,媒介化概念最初就是指政治媒介化,指涉媒介对政治生活的嵌入和影响。换言之,在政治生活中,媒介逻辑开始与政治逻辑相互交织、彼此嵌入,政治行动者越来越需要考虑媒介逻辑,将其作为实施与调整政治心理与行为的基础。学者杰西帕·斯特伦巴克从四个维度解剖了政治媒介化这一概念:一是信息来源,即相比个人切身经验,媒介在多大程度上构成了关于政治和社会的信息来源,为政治行动者提供相关信息;二是媒介自主性,即媒介在结构和功能上独立于政治机构和政治权力的程度,强调媒介变化对政治传播秩序的重塑;三是媒介内容的呈现,即相较政治逻辑,媒介内容的呈现方式受媒体逻辑支配的程度;四是政治行动者的行为方式及其所在的政治文化、政治制度受政治逻辑或媒体逻辑支配的程度。②

信息技术的升级换代和社交媒体的深入发展迅速改变了既有的媒介格局,社交媒体超越大众媒介成为人们实践和交往中最经常、广泛运用的媒介。根据政治媒介化四维度理论,在信息来源维度,社交媒体已经成为人们获取信息最便捷的渠道之一,为人们提供海量的信息;在媒介自主性维度,社交媒体重塑了政治传播秩序,改变了政治传播的规则,大大增强了普通用户的传播能力,使其能够自主生产内容和传播信

---

① 施蒂格·夏瓦:《文化与社会的媒介化》,刘君等译,复旦大学出版社 2018 年版,第 21 页。
② 参见 Jesper Strömbäck, "Four Phases of Mediatization: An Analysis of the Mediatization of Politics", *The International Journal of Press/Politics*, Vol. 13, No. 3, 2008, pp. 228–246。

息,同时也削弱了专业化传播机构的权力;在传播内容维度,由于社交媒体中存在海量的信息,并且信息传播和更新速度非常快,因此,内容及其表达形式既需要尽可能快速地把握受众的注意力,又需要与受众建立起长期的联结;在政治行动者的行为方式及其所处的政治文化、政治制度方面,政治行动者愈来愈需要考虑和利用适合社交媒体传播逻辑的叙事和话语进行表达,甚至从个体微观的政治心理到宏观的政治生活都时时刻刻充斥着由社交媒体构造的传播逻辑。凡此种种都表明:随着自主性和影响力的大大提升,社交媒体已然成为社会政治活动的一个结构化要素,人类正悄悄进入一个崭新的社交媒体时代。

约翰·舒勒曾在一份名为《网络空间的基本心理特征》的报告中指出,虚拟网络空间与人际真实世界大不一样,数字化的人、关系和群体扩展了人类互动的时间和方式,这些独特的心理特征塑造了人们在这个新的社会领域中的行为。[1] 舒勒的讨论针对的是互联网,当然也适用于社交媒体。在社交媒体场域中,行动者逐渐培养出与社交媒体相适应的、不同于现实政治生活中的政治心理。为了与现实生活中的政治心理相对应,可以称其为"后政治心理"。随着社交媒体时代的到来,这种心理不仅弥漫在网络空间,也逐渐延伸至现实生活,成为影响现代人的主导性心理,规约着人们的政治和社会行为。社交媒体是基于"六度分割关系"理论,以用户的社会关系为基础建立起来的信息场域,具有独特的传播逻辑和传播特质,为行动者提供了截然不同于传统大众媒体的政治传播方式,重构了以往人们所熟悉的政治传播秩序。因此,由于政治传播方式的转变、传播秩序的重塑、传播内容的引导、传播话语

---

[1] 参见 John R. Suler, "The Basic Psychological Features of Cyberspace", 1996, https://www.johnsuler.com/pdfs/psycyber.pdf,2025 年 3 月 24 日访问。

的刺激,久而久之,行动者的政治心理也随之改变,并逐渐形成了以"偏"为核心的后政治心理。

第一,社交媒体时代的行动者易于形成偏向性的政治认知。认知是人们政治心理的重要组成部分,对于理解人们如何处理信息和体认周围世界具有中心作用。[1] 按照微观心理和行为决策理论,每个人都是认知上的"守财奴"。面对纷繁复杂的社会环境和层出不穷的日常问题,人们的大脑乐于并且善于走捷径,不但选择最适合个体信念的信息,刻意忽略相反和不一致的信息,而且还常常以具有偏见的方式解码信息,从而减少人们内在的认知冲突及其带来的心理不适,实现认知的动态平衡。不过,经过专门学习和经验累积,人们的理性思维和意志力会使人们尽可能地规避认知吝啬,以理性、开放和谨慎的态度审视信息并做出抉择。然而,人们规避认知吝啬的努力需要社会与信息环境、媒介技术等基础条件作为前提保障。社交媒体的传播机制却恰恰迎合了人们固有的认知吝啬,放大了个体的认知偏见。

在社交媒体中,行动者的自主意识大大提升,这加强了行动者对自我政治认知的自信心和政治参与的满足感。在舒勒看来,行动者在网络场域中独特的心理体验之一就是平等的地位和均衡的状态。[2] 这意味着,在社交媒体中,人与人之间的传播体验和心理感受基本上是平等的,每个人都拥有平等的机会为自己发声。虽然有意见领袖的存在,但多数情况下,借助社交媒体,绝大部分行动者都能够随时随地发表对于政治事件和人物的看法,根据自我的理解解码相关信息,并在原始政治信息上添加饱含自我意识的评价,赋予政治信息以新的意义。也就是

---

[1] 参见马莎·L.科塔姆等:《政治心理学》,第57页。
[2] 参见 John R. Suler, "The Basic Psychological Features of Cyberspace"。

说，无论是信息的传播还是解码活动，行动者的主体性得到极大彰显，且相对自由平等。这在一定程度上助长了行动者的自主意识，增加了行动者对自我政治认知的自信程度，他们不仅确信自己能够相对自由地表达政治观点，而且愿意显露自己的政治立场，积极加入政治辩论之中。

在社交媒体中，行动者易于获得相似的观点和持相似观点的联结关系，这加强了行动者固有的政治认知。行动者在社交媒体上的信息接收和新闻消费呈现两大特征。首先，行动者接收信息的选择性更强且更多，能够自主地选择是否以及如何接收某类政治信息，并且，辅之以算法技术的针对性和个性化推荐，所谓的信息茧房效应和回音室效应得以形成。行动者更容易去选择或者获得自己认同的或者是能够让自己愉悦的政治信息，并在反复的选择和获得中形成具有一致认知的圈层。在社交媒体营造的信息生态中，看似是行动者在进行双向或者多向交流，实则是交流双方在相互加深既有认知中固步自封，甚至走向极端偏执。其次，通过社交媒体，行动者在客观上也能够接收到更为多元的政治信息。这也是部分学者做出社交媒体并不会加剧政治极化这一判断的理由之一。与其他媒介相比，借助社交媒体，弱关系能够建立起联结，并且社交媒体中信息数量更多，种类更丰富，更新速度也更快。社交媒体的这些特性使行动者容易接触更多角度的信息，轻松获取更大范围的知识，逐渐拥有更多消费的经验，也让他们更加确信自己获取和掌握了足够的信息，已经有能力做出正确的判断。这恰恰为形成具有偏向性的政治认知提供了契机。或者，在多如牛毛又眼花缭乱的政治信息中，由于缺乏专业或者权威信息源，行动者无法判断信息的真假，更无法甄别信息的优劣，因而只能转向自己熟悉的信息源，沉浸在信息茧房中，选择相信与自己原有政治认知和价值观相同或相近的观点。

可见，社交媒体中独有的信息接收与传播方式迎合和加剧了人们认知本身的吝啬规律，使其愿意进行政治表达，并且倾向于接收与其原有信念相一致的信息，成功抵抗非一致的信息，进而提升行动者对自我政治认知的自信度和偏执度，形成或是高度赞同某个观点和支持某个人物，或是怀疑一切，认为自己不再能够得到真相，只能愈加确信自我判断的认知。

第二，社交媒体时代的行动者易于形成偏激性的政治情绪。情绪是心理的重要组成要素，它扮演着双重角色，一是构成了一种倾向体系，影响我们对于正常的、熟悉的情境的反应；二是扮演着监督的角色，让我们对新奇的、可能危险的情境保持警惕。[①] 在社交媒体时代，行动者的情绪本就容易被激发并且趋于偏激，况且政治议题还是一种易于激发极端情绪的生活领域。[②]

社交媒体是一个公私交融的场域，行动者能够轻易展现情绪和敏锐感受情绪。社交媒体是基于用户的社交关系建立起的平台，除新闻消费、关系维系外，表达观点和分享日常也是社交媒体的重要功能。可以说社交媒体是一个公私交融的场域，行动者能够将私人信息公之于众，将个体情绪暴露在公共平台之上。一方面，行动者既能够便捷地传播信息，根据事态的变化表达自身观点和情绪，而且这些观点和情绪还可能会得到裂变式传播，形成巨大的影响力；另一方面，行动者也能够轻易地接收到海量的信息，敏锐地感受到个体、群体和社会情绪的变化。虽然个体情绪往往是暂时的、冲动的，但个体的情绪表达容易激发

[①] 参见马莎·L.科塔姆等：《政治心理学》，第75页。
[②] 参见马莎·L.科塔姆等：《政治心理学》，第12页。

个体间的共鸣或者对抗；群体情绪则具有感染性，能够裹挟个体情绪，使其导向更加偏执的程度。

社交媒体的传播风格较为简单直接，其中简单粗暴的文字、直击心灵的图片和戏剧化的视频都容易激发行动者的情感，调动行动者的情绪。社交媒体中的文字以简单明了为显著特征，寥寥数语就能够完成一次传播。并且，由于社交媒体的草根特质，直白甚至粗暴的话语在其中屡见不鲜。这种表达方式更容易触动人们的情绪，而非调动理性思维。此外，目前很多社交媒体以图片为主要传播媒介，有些是图文相结合的方式。相比文字，图片的传播力更强，阐释空间更大，吸引力亦更足。生动多彩的图片能够快速地抓住受众的注意力，直击受众心灵，产生视觉冲击，调动受众情绪。同时图片还容易被转换解读语境或者进行移花接木，以此来左右人们的情感。视频可以看作图片的升级版，内容呈现更加生动真实，引人入胜，使人们有身临其境之感，而且往往更具戏剧化色彩，因此更加容易引起人们的情感波动。

社交媒体中匿名制度的存在提升了行动者表达偏激情绪的可能。在一些社交媒体中，行动者可以在不暴露真实身份的情况下进行表达；退一步言之，即使不是匿名制，由于现实空间距离的限制，社交媒体中的冲突多表现为语言冲突，实质性报复并不多。正是由于匿名制度的存在，以及被制裁或者报复的可能性较小，行动者便能够更加敏感地意识到他人糟糕的行为，而且更加容易站在道德制高点审视他人，产生对不道德行为表达愤怒的高动机，以更加愤怒、偏执的情绪来指摘他人。①进而，在个体行动者激动地情绪表达过程中，情绪与情绪不断交汇、叠

---

① 参见 Jordan Carpenter et al.,"Political Polarization and Moral Outrage on Social Media", *Connecticut Law Review*, Vol. 52, No. 3, 2021, pp. 1107 - 1120。

加,逐渐引发公共讨论热潮,升级为群体愤怒或者集体质疑;继而当个体情绪在群体中获得共鸣,又会进一步扩大和强化,愈演愈烈。

第三,社交媒体时代的行动者易于形成偏执性的政治人格。态度通常被认为是由一些思想单元所组成,每一思想单元由某一认知成分和一种对于它的情绪反应组成。① 相比认知和情绪,作为认知和情绪整合的态度更具有稳定性。在社交媒体时代,无论是信息茧房和回音室效应,还是多元信息接收和传播,都在不同程度上增加了行动者对自己所掌握的信息的信心,这就为偏狭的政治认知的形成提供了契机;同时,置身于社交媒体场域的行动者容易暴露或者夸大自身情绪,并且易于感知他人情绪进而引发情绪共振与叠加。久而久之,当民众形成了偏颇的思维方式或者常常处于偏激的情绪中时,就容易针对某人或某物生成偏爱的政治态度和偏执的价值取向。并且,这种偏向态度还会在其他因素的刺激下变本加厉,进而形成极端而偏执的政治人格。

三、由偏致极:后政治心理如何加剧政治极化

政治极化是近些年出现的具有代表性的宏观政治现象,也是当代西方国家民主困境和治理危机的症结所在。② 政治极化之所以在西方民主国家凸显,原因是多方面的:经济与社会不平等的凸显、竞选制度设计的内在缺陷、后现代文化的兴起与蔓延、社交媒体和智能算法对政

---

① 参见马莎·L.科塔姆等:《政治心理学》,第12页。
② 参见庞金友:《国家极化与当代欧美民主政治危机》。

治传播秩序的改变等都是其中重要的推动力量。不过,当剥去上述各类原因的刚性和显性维度,隐藏在后面的微观政治心理便显现而出——政治极化的形成和蔓延都离不开个体政治心理的隐微变化与相互感染。进而言之,以偏激为核心的后政治心理作为一种柔性机制,恰好充当了政治极化现象产生和演化的动力源和助燃剂,心理上的偏狭、偏激和偏执不断加剧政治上的分化、裂化和极化。当偏狭的理性认知、偏激的感性情绪、偏执的政治人格与党派利益、阶级身份、公共形象塑造、公共政策选择等不期而遇时,就会演化为疯狂的个人追捧、极端的政党认同、激进的意识形态和强硬的政策取向,从而为政治极化的升级和加剧推波助澜。

后政治心理驱动民众对特定领导人非理性的追捧或声讨。在如今的网络时代,事实上人们能够接触的世界只是一个由媒介塑造出来的拟态环境,而非全然真实的现实世界,所谓的形象和真相一般来说具有较多塑造和建构成分。对于大人物而言更是如此,他们往往拥有公共的和私人的、英雄的与凡人的两类自我,并且通过一种虚拟的个性而广为人知。① 换言之,自古以来,任何公共人物都会借助媒介刻意塑造公共形象,打造出极具个性的人设。尤其是在社交媒体时代,随着公私界域的融通,公共人物能够与普通民众直接展开交往,形象塑造更为便捷,效果亦更加真实。以特朗普为例,他的每一条推特、每一次出镜和每一篇演讲都在竭力打造一个深沉的爱国者、坚定的经济发展者、国家重建的领路人形象。这种个性鲜明的形象塑造容易吸引到本就对此感兴趣的民众,或者暂时抓取到其他民众的注意力。当然,这种暂时的关注和短时的头脑发热只是政治极化的开端。想要真正形成无脑追捧与

---

① 参见沃尔特·李普曼:《公众舆论》,第6页。

非理性认同,还需要后政治心理的迎合与作用。

在民众被后政治心理裹挟,容易形成具有偏向的政治认知和偏激的政治情感的心理状态下,暂时的好奇或者是瞬间的吸引会被引燃,引发舆论场中不同观点的激烈交锋与碰撞,产生强烈的情感对抗或情绪渲染。由此,在群体内协同和群体间对抗中,短暂的偏好或厌恶会分别得到强化,形成长期的、忠诚的认同与偏好,作为"路人"或"路人粉"的民众会逐渐演变成特定领导人的忠诚的甚至疯狂的"死忠粉"或"黑粉"。当该领导人发表言论或者制定政策时,就会在舆论场中呈现出两股极端的政治态度,围绕特定领导人而非具体的事件或者政策理念展开博弈:一方表现为只要是该领导人提出的观点或制定的政策都无条件支持;另一方则截然相反,不论事实的对与错都会极力反对。此时双方的关系已经不再是孰优孰劣的竞争关系,而是你死我活的敌我关系,事态的发展也到了"只对人不对事"和"为了反对而反对"的非理性境地。线上的舆论之争甚至还可能演变为线下的暴力行动。在美国近两次的特朗普与希拉里、特朗普与拜登的竞选期间,网络舆论就明显地分为两个派别,从政见、性别、身份等各个方面全方位支持或反对某位特定的领导人。不仅于此,2021年1月6日,时任美国总统特朗普的支持者曾聚集华盛顿特区向正在进行的国会联席会议施压,后又暴力闯入国会山,这一行为正是对特定领导人追捧的极端表现。

后政治心理触发民众对党派强烈的心理依附与行为遵循。当前欧美国家政党层面的两极或者多极分化已然十分明显,尤其在竞选捐款、国会唱名投票、立法提案等方面最为显著。这种分化格局开始影响其他精英甚至社会大众,并有逐渐向社会生活方方面面渗透之势。以美国为例,20世纪70年代中后期,美国国会中的两极分化就开始显现,几乎每一届新的共和党议员的投票记录都比该党的老党员更加保守,民主党中由于黑人和拉裔代表人数增加,立场左倾趋势也日趋明显。[1] 除此之外,各类媒体亦不断展现和烘托党派极化的趋势。他们运用"左派"与"右派"、"自由派"与"保守派"、"民主党"与"共和党"等二元标签和对抗框架进行报道,借助党派间辩论、党派观点和党派选举呈现出党派的显著区别,强化和放大党派极化立场。

面对日益分化的党派,已然形成后政治心理的党派成员和选民就像异名磁极一般紧紧地吸附在党派之上。这首先表现在他们基于原有意识形态形成的党派认同的韧度和程度都大大提高。一方面,民众形成了党派偏爱,不会再针对特定事件、人物或政策进行具体思考与判断进而发生党派认同的流转,而只是坚定地遵循政党意见,即使之后政党的理念和政策会发生转变,他们将仍然忠于自己所选择的党派[2];另一方面,更加坚定认为他们的政党所提供的公共政策和产品是最为优越的,将其自身能力、立场甚至命运都与政党紧紧捆绑在一起。其次体现为他们对本党派形成了强烈的忠诚感、信任感和依赖感,并且更加敏感于我群体和他群体之间的限界与区别。一旦本党派与其他党派间出现不同的观点认知,民众极容易对他群体展现出明显的敌意。换言之,党派分化与后政治心理的结合会激发出选民高度的认同、信任与忠诚,将过去理性的、流动性的政党认同转变为感性的、持久的党派心理依附和行为遵循。

后政治心理诱发民众对政策的极端选择和对异己群体的仇视行

---

[1] 参见 Nolan McCarty, *Polarization: What Everyone Needs to Know*, New York: Oxford University Press, 2019, p. 3。

[2] 参见 Michael Karlberg, "Partisan Branding and Media Spectacle: Implications for Democratic Communication", *Democratic Communique*, Vol. 18, 2002, pp. 1 – 18。

为。面对堕胎、移民等公共政策,民众通常会有三种态度倾向:一是堕胎/移民在所有情况下都是非法的,不受任何限制;二是堕胎/移民在大多数情况下是合法的,但是在另外一些情况下受到限制;三是堕胎/移民在所有情况下都是非法的。① 在后政治心理的驱使下,民众更加倾向于选择第一和第三种趋于极端观点,放弃温和的观点。这是因为当面对不同的公共政策选择时,不同立场和身份的民众必然会围绕政策进行辩论,形成对立的双方或者多方。辩论的结果之一是各自妥协,形成高度一致或底线共识;结果之二是各方固执己见,均不愿意让步,由此理性的辩论会逐渐演变为对抗的情绪,这种情绪在传播过程中不断叠加和升级,最终形成群体非理性。

显然,结果之二就会在后政治心理的加持下而实现。在偏激情绪的激使下,为了满足一时的胜负欲或者其他的情绪诉求,狂热的支持与极端的仇恨将占据上风,导致民众做出情绪化的抉择。另外,由于偏向心理的作用,人们常常基于性别、阶层、党派归属等不同的社会身份形成强烈的情感偏向、心理依赖和社会认同,并以此为依据将多维度、多因素和多面向的公共政策选择简化为非此即彼的身份与立场抉择。如前所述,对于某一议题或者政策,选民也许并没有强烈的看法,却会根据党派的观点直接进行选择。有学者曾围绕美国民众对堕胎的态度进行分析,发现民众尤其是男性会自觉或不自觉地接受本党政治人士关于堕胎问题的道德建议。② 因此,一旦政党出现极化,民众的政策选择也必然是趋向极端的。除政策选择外,偏执的政治心理还极易诱发一

---

① 参见 Nolan McCarty, *Polarization: What Everyone Needs to Know*, p. 9。
② 参见 Christopher H. Achen and Larry M. Bartels, *Democracy for Realists: Why Elections Do Not Produce Responsive Government*, Princeton: Princeton University Press, 2017, p. 266。

些民众对异己群体产生暴力行为。2023年1月12日,美国印第安纳州的一名56岁美国女子用折叠刀刺伤与其同乘一辆公交车的亚裔女孩,其原因并非利益纠葛或者人情纠纷,只是因为二者的种族身份和国别之分。① 无独有偶,在外来移民较多的美国、法国,类似事件时有发生,很多都是因为当地居民具有偏执的认知和情绪,只看到了异己群体带来的负面影响,认定外来移民抢夺了他们的资源与利益、冲击了国家的价值与信仰。

总之,原本偏执、怀疑、自负等以"偏"为核心特征的"后政治心理"在社交媒体时代就极易形成,甚而,当外驱力与内驱力相结合——民众又受到外界的政治指引与劝服时,这种偏狭的政治态度和政治人格就会逐渐加强、趋于极端,甚至做出非理性的极端行为,进而推动或者加剧政治极化格局和趋势。

四、依极促偏:政治极化对后政治心理的反向加强

萨托利认为:"人类作为社会动物,只能按照'我们—他们'(us-them)的方式结合在一起。这种'我们—他们'的划分,未必像施密特所说,一定是互相敌视和好战的,而可以同时意味着不断的分分合合。换言之,这意味着边界的划分,因为不受'他们'所划定的界线限制的这个'我们',会在无形中消失。"② 换言之,在政治与社会生活中,行动者虽

---

① 参见中国新闻网:《美国再现种族歧视事件 18 岁女孩因是"亚洲人"被连刺多刀》,2023 年 1 月 16 日, https://www.chinanews.com.cn/gj/shipin/cns-d/2023/01-16/news948667.shtml,2025 年 3 月 24 日访问。
② 萨托利:《民主:多元与宽容》,载刘军宁等编:《直接民主与间接民主》,生活·读书·新知三联书店 1998 年版,第 65 页。

然有依赖群体和获得认同的内在需要,但是隶属群体的变动和既有观点的转化却应是常态化现象。并且,在群体或观点的动态转化过程中,极端与温和态度并存,冲突与共识现象同在,忠诚与背叛都可能随时发生。与之相反,当政治生活中出现极化现象时,不仅行动者的态度会发生两极分化,社会中缺乏温和、中立的观点,而且行动者的群体归属亦极度忠诚,呈现出固态凝结的态势,政治社会生活在整体上常常出现群体内部凝滞与群体间激烈冲突的状态。这种现象进一步助长了以"偏"为核心的政治心理的深入发展,使"绝对自负"与"怀疑一切"、"无限恐惧"与"毫无敬畏"、"政治狂热"与"政治冷漠"的政治心理同时且广泛存在于民主政治中。

政治极化滋生"绝对自负"与"怀疑一切"的政治心理。在政治极化的情景中,领导人个性突出,政党立场明确,社会舆论对抗,由此,以感性思维为主导的情感联结、信任与认同开始在行动者的选择中发挥着至关重要的作用。民众的选择由以前深思熟虑的理性考量转变为以自身偏好为基准的、非此即彼的抉择,价值为先、立场先行和情绪做主等心理状态成为主导。进而,在持续的感性选择体验中,民众眼中的真相由事实性真相转变为主观性真相,客观事实演变为主观事实,人们愈来愈相信自己这一方永远且绝对是正确的。由此,现代性内涵的理性价值和科学传统持续塌陷,民众越发关注自我的接纳感和归属感等情感体验。除民众主观上的心理演变外,具有极化倾向的政治精英同样会影响到民众的政治心理。他们为了获取民众更集中的关注,赢得更忠诚的支持,往往使用对立性、极端性和简单化的政治话语竭力鼓吹自身观点,有意引导大众"自我—他者"的二元想象。由此,在极化精英的引导和渲染下,本就以价值、立场或情绪为首要依据进行选择的民众,会深陷于"同一"情绪和观点的螺旋增强中,以道德高尚方自居,对自我或者所属群体的观点深信不疑,即使该观点只是制造出来的事实或者片面的真相。特朗普就深谙此道,借助浅白、粗暴甚至略显偏执的话语,特朗普成功地激发了中下层白人群体心底潜藏已久的怀疑、愤怒和恐惧,使他们越来越相信:必须坚决抵制全球化、外来移民和穆斯林的扩张。①

正是政治上的"绝对自负"令事实和真相发生了"贬值",变得不再重要或者常常被加以涂抹利用,民众才会逐渐"怀疑一切"。在具有极化倾向的民众眼中,"怀疑和敌视对立方"是一种常态;当政治精英和政治当局不是他的选择时,任何由其所做出的政治决策和执政行为都会被天然地、生理性地怀疑、屏蔽和反对;当新闻报道不符合人们的既有认知和个人体验时,人们往往容易忽略、怀疑并快速遗忘这些信息;当他人观点与自身看法相左时,两人便可能会怀疑对方的动机,变得剑拔弩张,针锋相对。久而久之,怀疑"除本群体以外的一切"的政治心理就成为大势所趋,整个社会弥漫着政治的不信任感。况且,随着社交媒体的普及,每个行动者都可能成为亦真亦假、时真时假信息的制造者和传播者,他们为了获取认同或者增加流量,也会故意使用夸张修辞甚至编造虚假信息。在这一政治信息生态下,每个人都切身参与到虚假信息制造的实践中,这些行为经验反作用于民众心理,不断引发民众对各类信息真实性的怀疑和否定。如此一来,在个体与群体的互动、感知与行为的映射中,行动者"绝对自负"和"怀疑一切"的政治心理循环往复,不断加强。

政治极化激发出"无限恐惧"与"毫无敬畏"的政治心理。在人类漫长的现代化过程中,自然、空间等资源不断被开发使用,变得越发紧

---

① 参见庞金友:《国家极化与当代欧美民主政治危机》,第53—54页。

俏甚至稀缺。进入21世纪,面对百年未有之大变局,各种"黑天鹅"事件、"灰犀牛"事件频发,世界的不确定性大大增加。为了在不确定性中最大化地获取确定性,部分民众不仅改变原有全球化能够带来更多资源和自由的想法,而且开始认为抢夺各类资源,维护个体权利和特定价值观具有极强的必要性和重要性。政治极化现象是这一发展趋势的可能性结果之一,同样也迎合和加剧了人们的这种心理。

在政治极化场域下,政治精英、媒体或者普通个体都倾向于以极端的态度和夸张的话语进行表达,所采取的决策与行为也具有极端偏向性。这类言行凸显了群体之间的对立性,增强了行动者维护自身权益的强烈意愿,也强化了个体利益被损害却又无法得到弥补而产生不满与怨恨感。由此,民众对异己群体损害自身利益的焦虑和恐惧心理不断得到激发和扩大,甚至引发出对未来是否能够保持正常生活的恐慌心理,例如对外来移民的恐惧,对就业形势的担心,对不同价值观和宗教发展的抗拒,对全球化带来的资源再分配的担忧,等等。民粹主义的盛行正是"无限恐惧"政治心理的一种直接体现。它具有平民对抗精英和本国居民对抗外来移民两种内涵,前者恐惧作为政治资源分配和规则制定的政治精英的压制和盘剥,后者是对全球化日益侵蚀民族国家主权边界的应激反应,惧怕他们抢走本国民众的工作机会、破坏社区关系、生活方式和文化传承,从而威胁到本国民众的主导性、正统性和纯粹性。[①]

与"无限恐惧"政治心理相对应的是对民主制度、司法独立和新闻自由"毫无敬畏"的政治心理。在政治极化中,民众会狂热崇拜特定领

[①] 参见林红:《西方民粹主义的话语政治及其面临的批判》,《政治学研究》2018年第4期。

导人或者极度依赖某个政党,形成特定的情感偏向和联结。由此,在选举等各类政治活动中,领导人的个人魅力、学识、形象变得越发重要,领导人专断的可能性日益加大,政党的意见亦成为选择的关键因素,反之,选举制度、代议制度、政党制度和协商制度等各种成熟制度的效用大大降低,甚至无法通过有秩序投票、平等协商等行为形成共识。换言之,在社会政治生活中,人们对制度和程序的敬畏之心遭到削弱。众所周知,民主与法治是民主政治运行的重要环节,通过民主制度与程序选出的领导人和制定出的政策均具有合法性。1787年美国制宪会议制定《美利坚合众国宪法》,规定了总统选举的各类情形,确立了选举的合法性。并且,在美国历届总统选举中,竞选失败的一方通常会进行败选演说,以表达对胜利者的支持和对选举程序与结果的尊重。2008年,麦凯恩输给奥巴马后就曾进行了败选演讲,表达合作与支持的意向,提出将与新任总统一起创造一个更加伟大的国家。但到2020年,同样是败选,特朗普却表现出无所畏惧的姿态,在推特上发表不承认选举结果的言论,鼓励其支持者向国会大厦聚集发起"停止偷取选举结果"大游行,引发出后来令世界震惊的占领国会山运动。这场暴力冲突正是特朗普支持者们无视法律与程序、毫无敬畏之心的明证。之后,这些行为被新闻媒体加以报道和渲染,为更多的民众提供了无视规则与程序的先例。无独有偶,2023年1月8日,前巴西总统博索纳罗的支持者同样以选举结果被窃为理由无视选举程序和结果,强行闯入国会、总统府和联邦最高法院,并与军警发生冲突。

政治极化助长"政治狂热"和"政治冷漠"的政治心理。顾名思义,政治极化的特征之一就是个体或者群体在政治方面的极端化和绝对化,具体体现为情感极化、意识形态极化和行为极化等多个维度。也就是说,政治极化加剧了政治精英和大众的政治心理中的极端和狂热基因。在过去,竞争中的党派和候选人之间是对立但不敌对的竞争状态,充其量只是持有不同的政治见解,对"这个国家怎么了""我们应该向何处去"这样的问题有不同的答案而已。他们既不会绝对自负,相信自己一方就是永远和绝对正确的,也不会将其他阵营及其支持者看作真正意义上的"敌人",并且站在代表人民的制高点上断言不同意自己的另一方就是"与人民作对",甚至应该被彻底打倒的激进观点。① 但是,当候选人、政党具有极化趋势,他们不仅会使用对立性、极端化的话语表达观点,而且往往声称自己是代表人民、代表国家的一方,激进狂妄之感呼之欲出。

并且,借助极化的政治传播,选民、候选人与党派之间会形成紧密的情感绑定,联系也变得更加密切。因此,如果政治精英不断鼓动民众参与政治,那么部分民众会对参与政治、采取行动报以极大热情和激情,这是民众狂热政治心理的表现之一。其外在体现为民众参与政治活动的频率会大大增加,频繁地出现在各类政治行动中,小至在社交媒体上情绪化地发声,大至参与线下的示威甚至暴力等各类政治活动。此外,具有极化倾向的党派、候选人也会深刻影响到民众的政治态度,使其变得愈发偏执和狂热。随着群体归属感和认同感的提升,民众会越发以群体的荣耀为荣,以群体的耻辱为耻,表现出极强的内聚性和对抗性。例如,凡是所属党派或者阵营提出和赞同的,党派成员和选民都会无条件支持;凡是特定领导人或候选者的言论,支持者都会予以绝对信任与拥护;凡是关乎特定社会群体利益的决策,民众不再会多方位权衡,而是会直接根据自身的社会身份或者感性偏爱进行选择。总之,这种非理性的政治支持与信任会产生一种感性的屏幕,通过这个屏幕,个

---

① 参见段德敏:《英美极化政治中的民主与民粹》。

人倾向于看到对他的党派、群体和支持者有利的东西。党派关系和个人联结越牢固,选择和感知扭曲的过程就越夸张。① 久而久之,当这种状态愈演愈烈,就会形成以非理性忠诚为首要特征的政治狂热。

当部分民众处于狂热和偏执的状态之时,另一部分民众则会主动或者被动地选择保持政治沉默。宽容是现代民主国家的社会心理基础,其本质是在求同的过程中存异,在包容异见中形成共识,有助于缓冲社会冲突,形成底线共识,维护社会秩序的有序运转。因此,在民主社会中,任何言论和观点本应都具备存在的合理性,且应鼓励多种观点之间的辩论,即使是不符合大众审美和主流观点的言论也能够自由表达。随着政治极化的日甚一日,整个社会都趋于思维僵化和情感对立,只允许与自身相同或者相似的观点存在,但凡与本群体观点相异的言论都会遭到强烈的抨击。尤其是在社交媒体上,观点上的反对否定会转化为人身攻击,甚至会引发出"人肉搜索"等非理性行为。因此,部分表达异见的民众会遭受到强烈的抨击、谩骂甚至恐吓,进而被打压至不敢发声,远离社会政治生活;部分民众则会因为这种舆论氛围而对现实政治产生失望,主动选择保持沉默,不再愿意参与政治讨论。并且,在非理性的意见碰撞和争执之后,有效的共识并不能如期形成,反而会导致群体间、党派间更加深刻的排斥心理。

当代欧美各国政治极化的产生和发展具有一定的政治心理根源,突出表现在以"偏"为主基调的后政治心理。在新技术革命的加持下,社交媒体时代中传统的传播方式和传播内容发生了结构性变革,以极端、激进和不妥协为表征的后政治心理逐渐酝酿、形成,不断刺激并加

---

① 参见 Angus Campbell et al., *The American Voter*, Chicago: University of Chicago Press, 1960, p.133。

剧政治极化的层级和烈度。与此同时,后政治心理在政治极化的格局和态势中寻找到了进一步滋生和蔓延的土壤,从而异化衍生出更多不宽容、不妥协、不团结、不合作和不理性的心理症候。从这个角度来说,后政治心理与政治极化两者之间已经形成了互补互济、彼此构成的关系模式。帕特南的研究成果显示,社会资本的存量如信任、规范和网络等,往往具有自我增强性和可累积性;与此相反,缺乏这些品质的非公开精神共同体,孤立、猜疑、逃避和利用同样也相互强化着。[1] 由此可见,扭转以偏激为核心的后政治心理是缓解政治极化现象的可能路径。其中,校准接收和传播信息的心态和方式,尽可能以谦逊、温和的心态阅览多元化的信息,对各种言论和人物保持理性,挖掘繁华表象背后的深层意义最为关键。

---

[1] 参见罗伯特·D.帕特南:《使民主运转起来——现代意大利的公民传统》,王列、赖海榕译,江西人民出版社 2001 年版,第 208 页。

第十章　政治传播与欧美数字巨头的权力崛起

当下数字巨头成为影响欧美国家内政外交的重要变量。借助强大而独特的规模经济、品牌效应、人才战略、用户锁定和机器学习,欧美数字巨头的行为逻辑呈现显著的逐利性、合规性、排他性、隐蔽性和赋权性。在新技术革命的推动下,数字巨头迅速崛起,对传统权力形成挑战。随着政治话语权由大众化转向集中化和平台化,数字巨头逐渐掌握议程设置的主动权。通过动员选民投票、革新信息推送、控制个人情绪、智能精准投放和锁定微目标,欧美数字巨头具备了操纵民意、左右选举的能力。在社交平台领域,数字巨头默许甚至鼓励病毒式传播、过滤气泡扩散和蜂群思维泛滥,致使反智思维和民粹情绪蔓延。

人类正在大踏步走进一个全新的数字时代。那些垄断海量数据、规制智能算法、掌控社交平台的数字巨头如何理解自身角色与功能?如何界定其与政府、社会和公民的多重关系?如何谋划加诸公共领域、大众政治和公民个体的影响策略?如何维持企业谋利、价值实现与政治介入之间的微妙平衡?这些问题是理解当代欧美数字巨头内在特质和行为逻辑的关键节点。

一、欧美数字巨头的数据垄断

数据是这个时代最重要的资源之一。拥有更多用户，控制更多数据，制造和使用更多智能学习机器的超级公司在数字时代渐占主导乃至统治地位。数据垄断下的数字巨无霸、数字巨头和数字帝国慢慢登上历史舞台。

美国的微软（Microsoft）、谷歌（Google）、苹果（Apple）、脸谱和亚马逊（Amazon）是当前欧美社会的五大数字巨头。从规模上看，截至2022年5月20日，苹果市值为2.22万亿美元，微软为1.89万亿美元，谷歌为1.43万亿美元，亚马逊为1.10万亿美元，脸谱为0.52万亿美元，五大巨头并到一起的市值超过7万亿美元。① 除富可敌国以外，数字巨头们真正的优势在于掌握着全球主要的信息流和海量用户的使用习惯、兴趣偏好、购物社交和搜索取向等信息，垄断着全球数字经济和互联网及衍生市场。全球经济低迷击垮了许多跨国公司的业务，甚至一些主权国家的公共财政也开始捉襟见肘，但这些数字巨头们的业绩几乎未受影响，有些甚至不降反升。

数字巨头何以能在竞争惨烈的数字时代独占鳌头呢？一是无与伦比的规模经济。这些数字巨头在各自擅长的领域占据着绝大部分市场份额，拥有海量的用户。这种规模效应让他们有实力也有可能以最小的成本提供最大的优惠和便利，让其他中小型竞争者根本没有竞争的机会。二是强大的品牌效应和使用惯性。数字巨头施以重金倾力打造

---

① 数据来源参见百度股市通全球即时数据 https://gushitong.baidu.com/。

独特的企业文化和品牌战略,用户至上的营销策略再加上以人为本的人机交互理念,让用户们对其产品产生强烈的品牌忠诚度,长期依赖、欲罢不能。三是对高端人才的吸引。巨型企业不计代价地吸引数字领域的高端人才和技术精英,甚至提供远超市场平均水平的工资和待遇。四是高昂的转换成本和独特的用户锁定。无论是操作系统,还是搜索引擎,抑或是社交平台,用户一旦注册成功并开始使用,用户的资料与信息便与后台服务器和平台网站建立起紧密联系。用户更换系统或平台的成本很高,而且即使用户离开,系统和平台依然拥有用户已上传数据和资料的使用权。五是先进的大数据和机器学习。例如,早在2011年,谷歌就公布了一个名曰"谷歌大脑"的内部项目,该项目已建立起一个包含1000台机器(16,000个处理器)的神经网络,谷歌团队从优兔上精选出1000万张图片供它学习。[1] 技术优势为数字巨头提供了强大竞争力。

  在垄断状态下,数字巨头显现出怎样的行为逻辑呢?第一,逐利性。一般来说,数据处理本身只是一种技术手段,而技术本质上是中性的。但这种看法忽视了一个残酷的现实:没有哪个互联网企业不是逐利的,没有哪个数字巨头不受资本驱动,没有哪个社交平台将追求公益作为终极目标。第二,合规性。数字巨头的竞争优势并不在于它们能够超然于法律之上或左右司法,相反,它们真正的优势恰恰在于,可以在现有法律的框架下,依法合规地获取大量用户的准确数据。这些数据有助于它们更好地了解用户,并不断改进自身的产品和服务,即使将五大数字巨头分拆开来,它们利用技术和数据积累,也能够迅速做大,

---

[1] 参见 Mark Tyson, "Google's 16,000 CPU neural network can identify a cat", https://hexus.net/tech/news/software/41537-googles-16000-cpu-neural-network-can-identify-cat/, 2025年3月24日访问。

形成新的垄断。第三,排他性。数字巨头一直奉行垄断性、霸权性与反竞争性理念。巨头们普遍遵循这样的潜规则:我们可以提供便捷、廉价甚至免费的产品和服务,但用户必须放弃一部分权利以对接我们的服务,保障我们的运行。对于用户来说,这是一个避无可避的霸王条款。第四,隐蔽性。算法是不能明示的规则。对于这只在数字时代引导一切的"看不见的手"①,人们能感受到它的存在,却看不清它在哪里,更不知它如何借助数据和信息去组织、规划和推动人们行动。数字巨头们深知隐蔽算法的紧要性,动辄豪掷数十亿美元去量身定制特定的算法模型,并竭尽所能隐藏这种模型运算的结果,甚至否认算法模型的存在,美其名曰"商业机密"和"知识产权"。② 第五,赋权性。数据正在成为一种实实在在的新型权力,而且是现代人主动和自愿让渡的权力。无论是政府、组织、企业还是个人,只要控制足量数据,就意味着其抓住了数字权柄。

二、欧美数字巨头的权力崛起

数字的赋权性加剧了新技术革命对传统社会、经济和政治的结构性冲击和颠覆性挑战。在欧美社会,这种新型的数字权力使传统权力结构发生重大改组。一方面,政府越来越依赖以数据治理国家和社会,数字威权和技术专制的趋势日渐成熟;另一方面,巨型数字公司通过掌

---

① 富兰克林·福尔:《没有思想的世界:科技巨头对独立思考的威胁》,舍其译,中信出版社2019年版,第95页。
② 参见凯西·奥尼尔:《算法霸权:数学杀伤性武器的威胁》,马青玲译,中信出版社2018年版,第19页。

控数据、垄断技术建立起相对独立于政府权力的"科技帝国"。

第一,超级权力迅速崛起。数字时代需要长期的技术积累、巨量的资金投入和优秀的人才储备,这些条件只有少数确有实力的科技巨头公司才能满足。"资本的逐利性和技术对资金的依赖性导致了在这一波热潮中,既有的科技公司对人工智能有了明显增加的资金投入,而独角兽公司的快速成长也与海量的资金投入密切相关。"①这些科技巨头凭借雄厚的人力、物力和财力迅速形成技术垄断,逐步占领科技市场,从而形成无所不在的强大影响力。在此基础上,科技巨头还积极寻求与公共权力的合作,以提供技术支撑、公共服务和公益产品等形式慢慢渗入政府体制,进而影响公共权力的运行。于是,一个外在于传统体制的超级权力迅速崛起。

第二,国家权威遭遇挑战。相比财力雄厚、职能单一、目标明确的数字巨头,政府在数据采集、算法研发、人才储备、资金投入、技术应用等方面往往相对滞后。随着数据治理在国家治理体系中的广泛普及,国家治理体系的完善将越来越依赖大数据、新型算法以及掌握和操纵这些技术的巨型科技公司。这一局面可能造成三个直接后果:一是数据治理越普及,政府对数据以及掌握数据的数字巨头的依赖性越强;二是政府的依赖性越强,授予数字巨头的数字权力越大,数字巨头的行动能力越强;三是数字巨头的能力越强,获取数据的规模越大,处理数据的速度越快,给政府提供的服务越多,效率越高,政府的依赖性就越强。② 这一闭合循环内含权力和依赖的此消彼长,终将改变政府与科技巨头的力量对比和权力结构。表面上看,现代政府仍居于权力结构的

---

① 张军平:《人工智能"超级权力"的利与弊》,《国家治理》2019 年第 1 期,第 25 页。
② 参见庞金友:《人工智能与未来政治的可能样态》,《探索》2020 年第 6 期。

中心，但获得超级权力的数字巨头已悄悄建构出一个又一个力量强大、边界模糊的权力旋涡，进而形成多中心、去中心甚至无中心的权力格局。

第三，国际秩序面临重塑。现如今，数字巨头的角色和地位不断攀升。它们不仅在民族国家内大展身手，还在世界政治舞台上动作频频。凭借资本、信息和技术上的绝对优势，数字巨头在资源获取、商品开发、社会动员、规则制定等领域拥有越来越大的影响力和话语权，有时甚至可以左右一些贫弱国家的政局。它们不断将触角延伸到世界更多的角落，共同参与全球治理，共同建构国际秩序。2021年2月18日，澳大利亚政府要求脸谱为新闻内容付费，脸谱公司旋即重拳回击，屏蔽了澳方新闻媒体在该平台的全部信息。此举使澳方内外交困，不得不于5天后妥协。数字巨头令主权国家放下身段屈服，这让全世界看清了一个事实：脸谱不再只是一个跨国数字企业，它俨然已成为一个强大的政治行为体，具备了与主权国家讨价还价的资格和实力。未来还会有更多的数字巨头成为国际体系的参与者，加速国际关系主体的多元化趋势。

三、欧美数字巨头的话语权争夺

2021年1月，推特、脸谱、优兔、即时电报（Instagram）等社交媒体巨头，先后撤销了时任美国总统特朗普的社交账号。拥有8000多万粉丝的"推特总统"突然间被"噤声"，看得全世界人民瞠目结舌。人们不禁开始思考：数字时代的话语权究竟应掌握在政府、民众还是社交平台手中？谁应拥有言论自由的最终裁决权？

近代以来，政治话语权的重心与结构一直处于发展变动之中。启蒙与革命时代，政治精英登高一呼，从者如云，借助报纸、杂志、广播等传统媒体，精英阶层牢牢把控话语权，大众群体只扮演从属和追随的角色。19世纪末至20世纪初，大众民主取代精英民主，尤其是随着电视时代的到来，传统媒体掌控话语权的格局有所松动。20世纪中后期，随着互联网的出现和迅速普及，话语权开始由整体向个体偏移。进入21世纪之后，自媒体时代大幕拉开，虚拟的广场政治成为现实，广大民众迅速成为话语权的主力，进军政治话语的中心地带。经过短暂的自媒体狂欢，互联网平台内含的聚集效应使话语权由分散化、碎片化逐渐向集约化、平台化发展。在超级社交平台扩张、收购和兼并的大潮下，普及率高、受众范围广、影响力大的数字平台巨头最终形成。[1] 如此一来，政治话语权历经精英化—分散化—集中化—平台化—垄断化的发展历程，数字巨头也由经济垄断逐渐向话语权垄断扩张。

究竟是什么因素在影响甚至左右着数字时代社会大众关注点的聚焦、转移与消散呢？这就涉及议程设置问题。20世纪70年代，美国学者麦库姆斯和肖通过研究发现：但凡被媒体视为重要并频繁报道的事情，公众也会认为是重要的；媒体对特定人物、事件或问题的报道次数越多，公众对此的重视程度越高。这表明，大众传播扮演着制定议程的角色。[2] 今天，数字巨头们争相扮演"互联网前门"的角色，实质上就是在抢夺议程设置权。

---

[1] 参见张志安、曾子瑾：《从"媒体平台"到"平台媒体"：海外互联网巨头的新闻创新及启示》，《新闻记者》2016年第1期。

[2] 参见麦克斯韦尔·麦考姆斯：《议程设置理论概览：过去，现在与未来》，郭镇之、邓理峰译，《新闻大学》2007年第3期。

在现实生活中,要想真正掌握议程设置权,必须具备三大基本条件:一是掌握网络基础设施,二是拥有浏览器的默认权,三是拥有操作系统的垄断权。比如,谷歌是美国绝大多数桌面浏览器和移动设备的默认搜索引擎。在这些个人计算机上,各种信息的点击和浏览,各类咨询的排名和查询,无不源自谷歌的算法。如果再加上苹果的浏览器和搜索引擎,几乎可以囊括所有用户。当然,这些只是议程设置的基本配置,真正对大众产生影响的其实是来自社交平台巨头的算法操作。"平台巨头通过强制采集用户信息,进而实现对用户数据的监控,通过对用户数据的分析,进行信息的分发及定向发送。在看似方便用户的投其所好操作下,实则侵犯了用户的信息选择权。"①由于数字巨头掌握着信息发布和屏蔽的选择权,用户看到的只是社交平台想让你看到的,而平台不想让你看到的,用户很难看得到。

数字巨头们一直在努力改变人们的阅读方式和内容,越来越多的读者不是从报纸和书籍的首页读起,而是通过谷歌、脸谱、推特和苹果等网页和平台阅读文章。②"谷歌通过对信息提供某种分级制度,帮助我们对网页排序;脸书利用自己的算法和对我们社交圈的复杂理解,推送给我们看到的新闻;亚马逊利用在图书市场上的压倒性优势支配着图书出版领域。"③社交平台通过控制信息通道、审查信息内容、引导信息流向,影响甚至控制着大众情感和社会认知。貌似自由、多元、多样化的网络,实际上信息在源头处就已经被平台巨头筛选、过滤了。

---

① 杨云霞、陈鑫:《霸权国家互联网平台巨头话语权垄断及我国应对》,《世界社会主义研究》2021年第11期,第86页。
② 参见侯丽:《社会媒体对新闻的控制权过大》,《中国社会科学报》2019年10月14日,第3版。
③ 富兰克林·福尔:《没有思想的世界:科技巨头对独立思考的威胁》,"前言"第4页。

四、欧美数字巨头的政治操纵

370多年前,英国政治学家霍布斯为后人描画了一只残暴邪恶的恐怖海怪——利维坦,用以指代强大无比的现代国家和至高无上的专制君权。而今天,更为强大的,不仅能够参透人心、洞察一切,更能精准锁定、智能操控的数字巨头正在强势崛起,成为现代人心头挥之不去的阴影。

第一,动员选民投票。在2010年美国中期选举中,脸谱设计了"选民扩音器"工具,让用户以"我已投票"为标签推送信息,鼓励人们和他人分享投票经历。这种推送投票信息的方式,引发了好友间的投票压力,鼓动了6100多万美国人上街投票。脸谱可以在几小时之内收集数千万条甚至更多的数据,用以测量每一个人对其投票行为的描述用语和互相分享过的链接带来的影响,再利用所得结论进一步影响人们的投票行为。不仅脸谱如此,谷歌、苹果、微软、亚马逊等数字巨头都掌握着大量关于用户行为的数据,从而具备了引导人们做出特定选择的有效手段。数字巨头虽然首先是公司和企业,但它们的利润与政府政策息息相关,政府政策对它们而言无疑是最关键的变量。一旦掌握了充分的数据、足够的资金和有效的手段可以调整选民对特定候选人的政治态度,它们又怎会无动于衷?

第二,筛选推送信息。2012年美国总统大选中,脸谱悄悄更改了大量政界人士的脸谱主页,便于他们接收更多的重要新闻。如果他们的朋友分享了某条新闻报告,这条新闻很快会被推送到这些政要主页的优先位置。显然,从朋友处收到的信息更能影响甚至改变一个人的政治选择和投票行为。再后来,推送到政要主页上的新闻报告实际上已经不再来自朋友的主动分享,而是脸谱在后台的"随机"推送。从表面上看,这些信息来自中立的智能机器人,被推送者有望得到更多样的信息,但事实上,是脸谱决定着推送什么,或者不推送什么。

第三,控制个人情绪。已有实验表明,人们的情绪很容易受到他人的感染。2012 年,脸谱再次尝试对 68 万脸谱用户进行试验:使用语言识别软件将积极信息和消极信息进行分类,然后有选择地增强或减少发送给特定用户的信息类型和数量,从而实现对用户情绪的控制。试验结果表明:依脸谱算法推送的信息确确实实影响了用户的情绪状态。① 换句话说,在神不知鬼不觉的情况下,脸谱的算法能够有效影响数十万人的个体感受。数字巨头中,不只脸谱具备这样的能力。有研究认为,谷歌借助人们对其搜索引擎的信任,通过设定搜索结果的呈现方式,至少可以影响 20% 选民的投票选择。② 当然,这只是一个理论推断。谷歌不会承认,人们也无从证实其真伪。

第四,智能精准投放。在当前欧美的选举政治中,政治候选人往往被作为一件商品进行营销。最初的做法是:竞选团队将选民按一定特征进行分类,候选人在竞选活动中会针对不同地区、不同类别的群体进行内容不同的说服和鼓动。后来,更精确的营销方式出现:政治营销人员借鉴信用卡的策略,创立了关于潜在选民的庞大数据库,根据选民的价值观和群体特征归入不同的小组,候选人制定针对性较强的政治诱导策略,这就是直邮竞选宣传。再后来,通过大数据和市场营销的有机融合,竞选团队准确定位每一个微型群体,精准锁定每一位潜在的投票

---

① 参见凯西·奥尼尔:《算法霸权:数学杀伤性武器的威胁》,第 216 页。
② 参见凯西·奥尼尔:《算法霸权:数学杀伤性武器的威胁》,第 217 页。

选民,用极具个性化的宣传信息吸引他们的注意,争取他们的选票和赞助,而这些信息是任何其他群体都看不到的。每条信息都可以让候选人悄无声息地展现他们的多面性,当然,谁也说不准他们在正式当选后会展现其中的哪一面。

第五,锁定微目标。为了总统大选,竞选小组创建了美国选民档案。档案里包括若干项评分,不仅用来衡量他们作为一个潜在的选民、志愿者和投资人的价值,也用来评估他们对不同议题的关心程度和立场。这些政治档案与脸谱、亚马逊等数字巨头为管理数以千万计的用户而创建的个人档案非常类似。2015年,政治数据挖掘公司聘请英国学者制作美国选民的脸谱档案,档案中包含所有人口统计学信息甚至每个用户的"点赞"记录。利用这些信息,他们分析了超过4000万选民的心理状态,并按照开放性、严谨性、外向性、宜人性和神经质等五大人格特征进行分组。随着微目标锁定技术的发展,竞选小组的关注焦点从大地区转移到了小群体,由小群体转移到了微个人。每个政客都为选民设计了一个他想呈现给后者的自己;于是,"每个选民看到的都是政客专为自己打造的那一面"①。

随着微目标锁定技术的发展和运用,当前欧美民主政治的选举审美化、认同个人化和选择情绪化的态势愈加明显,进而引发了一系列的民主困境。首先,虚假政治泛滥。这种技术的影响范围广、不透明且不用负责任。在技术的掩护下,政客们可以更方便地在不同的人面前展示不同的自己。其次,选举权利虚化。选民评分系统让极少数选民变得极为重要,而其余的选民则沦为配角,甚至可以忽略不计。如果说数字不平等伤害了大多数贫困阶层的利益,那么微目标锁定技术创建的

---

① 凯西·奥尼尔:《算法霸权:数学杀伤性武器的威胁》,第227页。

选举模型损害的则是所有阶层的利益。不管穷人还是富人,都被剥夺了事实的选举权。最后,政治理想幻灭。不被重视的选民自然逐渐丧失对国家政治和民主发展的信心。胜利者了解游戏规则,深知个中内幕,更不会形成对制度的尊重、对民众的敬畏和对共同体的归属。①

五、欧美数字巨头的隐性控制

2022年4月25日,特斯拉首席执行官埃隆·马斯克宣布,将以440亿美元收购推特。马斯克声称,推特应该将自己的推荐算法公开,不应该存在人为的幕后操纵。他承诺将陆续公开审核算法源代码,放松内容管制,减少对广告收入的依赖,等等。马斯克对言论自由的支持,赢得了保守派的支持,但也激起更多人的担忧和质疑。人们担心如果过于强调言论自由,会导致暴力、骚扰、仇恨言论、虚假新闻等话题在平台上泛滥。目前,马斯克的收购计划已被暂时搁置。人们不禁要问:在数字巨头大行其道的欧美社会,个人的言论自由与独立思想将遭遇何种命运呢?

第一,信息茧房的束缚。自由化表达,多样性呈现,畅所欲言,这是言论自由的表现,也是思想自由的实质。这就要求平台设置、渠道管控和信息治理倡行宽容、多元、协商原则。而这些,对于数字巨头来说,既不在义务之内,也不在情理之中。一旦选择平台的产品和服务,平台巨头就可以合理利用规则,对用户的信息和隐私进行提取、收集和应用,

---

① 参见罗宾·汉森:《机器时代:机器人统治地球后的工作、爱情和生活》,刘雁译,机械工业出版社2018年版,第260—261页。

同时,过滤和屏蔽某些特定信息和合法链接。结果就是,"平台巨头肆意侵害用户的隐私权和全面信息知悉权,剥夺用户的信息自由选择权,信息被精准推送、话语权被封杀、观点被引导等成为常态,对用户形成信息茧房、信息孤岛"[1]。当下的情形是,社交平台正在逐渐取代国家和政府的部分传统功能,成为影响大众思想的重要力量。通过数据积累,数字巨头可以描绘出大众的思想,并在无形中引导大众的行为,借以增加它们的经济利益。

第二,病毒式的传播。社交平台一直在探索如何通过社交网络传播,让信息快速接触大量受众,就好像病毒蔓延那样迅猛。社交平台想追求的是:人们甚至在没有完全意识到自己为什么被那些文章所吸引的情况下依然飞速地点击。人们往往会被认知偏见、非理性力量和半清醒状态下的决定所动摇,要诱惑读者点击,有时需要操纵一下,有时需要不易察觉地说服。最典型的做法就是像某些网站那样,它们并不生产原创内容,而只是从网络中抓取视频和照片,然后起一个对广大读者具有诱惑力的醒目标题,赋予其魔性的传播元素,从而实现"病毒式"传播。

第三,新闻业的"后真相"趋势。欧美社会正在大踏步迈入后真相时代。在新闻事件的报道中,事实与真相,远没有情感、观点和立场更吸引人,更能带来流量,而为了流量,真相是可以被牺牲的。如今,流量和数据让新闻变成了商品,变成了需要市场营销、检验和精确估量的东西。一旦有个故事引起注意,媒体就会不管不顾地关注。他们带着痴迷和狂热一遍遍书写、复制和模仿同一个话题,直到榨取完最后一丝流量。无下限追求利益,无底线迎合大众,成为当前新闻业的一种可怕

---

[1] 杨云霞、陈鑫:《霸权国家互联网平台巨头话语权垄断及我国应对》,第87页。

趋势。

传统上,欧美社会一直对天才和精英尊崇有加,将原创和新颖的知识奉若神明。伴随民粹主义情绪高涨,反精英和反智主义流行,事情开始发生变化。数字巨头要做的就是颠覆传统观念,它告诉人们,不必迷恋天才,广大民众也可以进行创造性产出;原创是被大大高估的理想,甚至是有害的理想。它们的目标是,让知识贬值,让写作变成廉价、一次性的商品。

第四,过滤气泡的幻觉。数字巨头的智能算法提供给读者的,其实是读者自己渴望阅读并愿意分享的内容。换句话说,在算法规则的精准推送下,人们只会不断强化自己早已深陷其中的信念和偏见;智能算法成功屏蔽了那些可能激怒读者的对立信息和观点。从表面看,人们能够上网搜索很多信息,然而,人们的智慧却没有随着信息量的增加而提升,甚至有越来越愚蠢的倾向。[①] 脸谱、推特小心翼翼地守护着人们的思想领地,试图让人们避免遭受持异议者的冒犯或冲击。殊不知,若无这些庇佑,人们可能会见识更多精彩纷呈的意见,可能领略宽容他人、理解异见的独特魅力。

第五,蜂群思维的虚构。数字巨头的话语争夺与议程控制,最终导致蜂群思维流行,从而一步步将思想领域推向或混乱或专断的两大极端状态。"在经济学中,网络的危险是垄断——一个竞争激烈的市场变成了被各个大公司左右的市场。在文化上,网络的危险则是墨守成规——市场上思想之间的交锋不再那么激烈,重点则转向达成共识。"[②] 蜂群思维的神奇之处在于,看似没有任何一只蜜蜂被控制,但有一只看

[①] 参见托马斯·M. 尼科尔斯:《专家之死:反智主义的盛行及其影响》,舒琦译,中信出版社2019年版,第131—133页。

[②] 富兰克林·福尔:《没有思想的世界:科技巨头对独立思考的威胁》,第157页。

不见的手,控制着整个蜂群。实际上,脸谱、推特等社交平台正在形成一个个不同的"蜂巢"——每个蜂巢里都有一只蜂后,蜂后掌控着蜂巢的生态系统,团结大众,排除异己。这种蜂群思维让人丧失区分事实和虚假的能力,人们只会在虚构的认同中不自觉地党同伐异。[①] 从这个意义来说,脸谱上貌似达成的共识,却是一种虚构的共识。这种共识没有让这个世界融为一体,反而更加四分五裂,进而引发马克·里拉所批判的"伪政治"。[②]

究其本质,这些数字巨头不过是一批以技术见长、谋利为先的企业而已。政治介入既不是它们期望的原始初衷,也不是它们发展的必要途径,至多只能算作一种谋生手段或衍生后果。但当垄断格局形成,被大数据、云计算、人工智能和学习机器武装到牙齿的数字巨头横空出世,介入与否就不再是能不能的问题,而是想不想的问题了。在主权国家内部,数字巨头争夺话语权,影响议程设置,精准锁定公民个体并有效影响其政治行为;在国际政治领域,数字巨头与强大的主权国家平等协商、讨价还价,在贫弱国家和落后地区搅动风云、左右政坛。置身数字时代的人们,目睹了科技巨头的迅速崛起,领略了它们的强悍实力和进取雄心,自然也对它们的未来充满期待,当然,还有挥之不去的担忧和焦虑。一切尚在发展和变化之中。人类既然有能力开创这个全新的时代,也应该做好应对各种时代危机和困境的准备。

[①] 詹姆斯·亨德勒、爱丽丝·穆维西尔:《社会机器》,第211—212页。
[②] 参见马克·里拉:《分裂的美国》,马华灵、顾霄容译,上海人民出版社2022年版,第90—100页。

第十一章　政治传播与美国反智主义的当代勃兴

　　反智主义(anti-intellectualism)代表着美国政治发展的重要面向,是理解美国文化冲突的又一视角,也是剖析美国民主困境的全新维度。虽然从本质上来说,它并非严格意义上的政治思潮,更多的只是表现为一种态度、立场、行为或文化,但它反感思想、排斥知识、怀疑知识分子、反精英、反体制,具有显著的多面性、矛盾性、复杂性、异化性和后现代性特征。美国反智主义的形成和发展不是偶然的,既受历史传统影响,也有时代因素推动,是多重因素共同作用的结果。其中,反理性主义对精神世界的占据、反精英主义对知识分子的排斥、实用主义对智识作用的怀疑、大众教育对平等主义的推动、大众传媒对反智氛围的营造是当代美国反智主义崛起的重要根源。在百年未有的大变局时代背景下,反智主义的流行引发了一系列困境和危机,诸如政府信任危机、身份政治分裂、后真相政治氛围、政治极化趋势、民粹主义情绪等。

　　反智主义作为一种历史文化传统,最早可上溯至美国建国之初,但其真正引起学界的广泛关注则是在麦卡锡主义之后。从此,人们便将反智主义视为反思麦卡锡主义的重要概念。在现有的研究成果中,霍夫施塔特(Richard Hofstadter)的《美国的反智传统》最具代表性。在霍夫施塔特看来,根植于美国历史传统且源远流长的反智文化,是宗教、政治、文化和教育四大因素共同影响的结果。丹尼尔·里格尼(Daniel Rigney)在此基础上进一步将美国反智主义划分为宗教反智主义、民粹反智主义和工具反智主义三大流派。此后学者的研究均未能超越这一基本框架和核心问题。那么,究竟何为反智主义,它有哪些本质和特征,其形成发展与当代勃兴受哪些历史条件、文化观念和时代诱因的影响,对民主政治构成了何种冲击和挑战,对后发现代化国家有哪些借鉴和启示?这些议题构成了本章试图重点分析和深度挖掘的问题意识。

一、美国反智主义的内涵与特征

从本质上讲,反智主义代表着一种对思想的蔑视、对知识的排斥、对知识分子(intellectuals)的不信任。它并不是真正意义上的"主义",更多只是态度、立场、行为或文化:反感、怀疑甚至仇恨知识和知识分子,拒绝独立思考,不遗余力地嘲讽、贬低知性生活的意义和价值。

20世纪60年代,霍夫施塔特对自殖民地时期以来美国社会中的反智现象,尤其是20世纪50年代以来美国的反智浪潮进行了深度剖解。自此,"反智主义"成为一个学术术语并被广泛流传和使用。霍夫施塔特并未对反智主义进行规范性界定,只是将其大致描述为广大民众对智识的不信任和对知识分子的不喜欢。整体来看,当代美国反智主义并未形成完整的思想体系和系统的理论主张。它首先是一种主观的态度和非理性的情感,对智识的批判、对知识分子的敌意往往基于个人情感和主观判断,充满片面性、主观性和选择性。然后它才是一种看待世界的眼光,解决问题的办法和争取权利的诉求。

霍夫施塔特对智力（intelligence）和智识（intellect）进行了区分。他认为，智力是一种可以改变、操纵和调整的能力，它始终是一种实用的并为大众所欣赏的品质，拥有智力可以帮助人们实现清楚有限的目标。智识则是指头脑中的批判、创造及思索的能力。如果说智力集中在行动上，那么智识则是一种思想的力量。美国的实用主义传统使人们对智力的重要性少有怀疑，而对智识的作用则一直心存疑虑。智识重在对现实社会进行反思、质疑和批判，注定不可能是温和与安全的，而是具有颠覆性甚至带有"危险性"的。智识的这种"杀伤性"无疑将加剧追求稳定和秩序的大众群体对智识的惧怕和怀疑。

智力和智识的载体是专家和知识分子，两者关系密切却又有所区别。某一领域的专业人士包括教师、工程师、医生、律师等，一定拥有过人的智力，却不一定拥有智识。而知识分子群体本身带有道德色彩，不仅追求知识，思考知识的意义，而且追求真理，富有使命感，捍卫正义与秩序的价值。一般来说，社会很难理解和接受知识分子的这些品质。而随着专家的兴起，大众对专家的智力和能力望之兴叹又心存担忧，因此就将对专家的憎恶转移到知识分子身上。"在一种对一无所知不以为耻的氛围中，知识分子便成为让人出气的替罪羊。尤其是知识分子以先知角色与公共角色交替发挥作用的时候，他们就更容易成为人们说三道四的对象。"①

随着现代化进程的推进，科技日新月异，全球化不断发展，社会与生活更加复杂，普通人掌握生活所必需的技能越来越困难，无法理解的现象越来越常见，只凭借自身的知识已经难以应付日益复杂的生活。

---

① 任剑涛：《反智的炼成》，载理查德·霍夫施塔特：《美国的反智传统》，陈思贤译，中译出版社2021年版，"序言"第iv页。

因此,现代社会对专家和知识分子的需要实际上大大增加了。然而,令人难以理解的是,这并没有使专家和知识分子更受欢迎,反而使他们更受非议和苛责。"之前我们对知识分子做一些玩笑式的嘲弄,那是因为我们不需要他们;现在我们憎恶他们,反而是因为太需要他们了。知识分子现在已经变得太实用、太有用了。……他们受到攻击……是因为他们的成就、影响力、舒适的以及人们想象中的奢华生活,还有整个社会都依靠他们的能力。现在,智识已经变成受大家憎恶的一种特权或是力量了。"①反智主义发展到现在,反对的东西已经涵盖了专家和知识分子:专家让大众觉得自己始终被人操纵,知识分子则是引起大众对现代生活颠覆性恐惧的源头。

反智主义内涵广泛,表现形式也丰富多样,在不同领域有着不同的面向。在政治领域,它往往表现为普通民众对政治精英的不信任以及对错误决策的嘲弄和反对,大众对政治精英早已形成思维定式,认为他们为了私人利益不择手段,玩弄权势,损害大众利益。在文化领域,集中表现为对知识和知识分子的轻视与反感,让文化生活被大量垃圾思想和娱乐文化充斥,公共生活中愚蠢的标准不断降低。在教育领域,更多表现为怀疑高等教育,忽视通识教育,重视实用教育,甚至鼓吹"知识无用论"。在思维方式层面,突出表现为标新立异的自我中心主义和极端的个人主义,盲目反对一切常识,闭目塞听,用情绪代替思考,拒绝交流与沟通。②

反智主义与民粹主义有诸多相似之处。两者都是对现实世界问题的反应,中心概念都具有模糊性,都反精英、反建制,充斥着反理性的感

---

① 理查德·霍夫施塔特:《美国的反智传统》,第34—35页。
② 参见刘恩东:《反智主义的本质及社会根基分析——基于美国社会的问题审视》,《人民论坛》2020年第23期,第128—131页。

情宣泄。反智主义反对的"智"和民粹主义支持的"民"都难以精确界定。反智主义反对的对象是智识和知识分子,"民粹主义的中心概念是道德高尚、团结一致的人们"①。"知识分子"和"人们"都是缺乏精确界定的模糊概念。也正是因为这种模糊性,反智主义和民粹主义往往容易被利用,成为谋取支持的工具。两者都具有浓郁的身份政治色彩,强调身份的排他性,宣称站在"人民"这一边。民粹主义警惕中央集权,怀疑精英群体,这一立场与反智主义的主张异曲同工。民粹主义对普通人智慧的推崇容易得出反知识分子的结论。在民粹主义者看来,普通人的智慧是实用的、朴实的、良善的,知识分子虽然聪明却非常傲慢,在涉及专业知识和专业领域时,他们对大众的指导让后者感受到一种类似命令的强烈不适感。在民粹主义者的眼中,知识分子是变革和未来的代名词,但民粹主义者认为解决现实问题的最好办法不是进入未来而是回到过去,维持一种正当、可靠、合法的秩序。② 这样一来,主张变革的知识分子就成为这种秩序的破坏者。因此,反对知识分子也就成了民粹主义和反智主义的共同主张。尽管反智主义和民粹主义都具有非理性的因素,但在某种程度上也是对自由主义理论和实践中出现的问题的回应和弥补,源自对激烈变迁的危机意识,是具有防御性、保守性的思潮,最终有助于改进现实政治。③ 反智主义和民粹主义都代表着一种潜在的对精英疏远大众这一现实问题的反思和矫正,大众的声音希望重新被人们重视,精英觉察到代表性不足的危险,开始思考如何弥合精英与大众之间的巨大沟壑。反智主义与保守主义也较为相近。第

---

① 保罗·塔格特:《民粹主义》,袁明旭译,吉林人民出版社2005年版,第129页。
② 参见 Mark D. Brewer, "Populism in American Politics", *The Forum*, Vol. 14, No. 3, 2016, pp. 249–264。
③ 参见扬-维尔纳·米勒:《什么是民粹主义?》,钱静远译,译林出版社2020年版,第10页。

二次世界大战后,随着左翼政治浪潮的汹涌澎湃,美国公共知识分子对罗斯福新政、大政府模式、福利制度的认可程度不断上升。20世纪70年代之后,保守主义浪潮迅速崛起,在批判进步主义改革方案的同时,开始质疑自由主义的干预理念。正如有学者所言:"反智主义的反理性内涵与战后美国保守主义的思想主张正相契合。相较于自由主义,保守主义思想中存在着更多的反智元素。"[1]从这个意义上来说,保守阵营中麦卡锡、华莱士、小布什、特朗普先后推出的反共主义、反全球化、单边主义、美国主义等政策,都是这种保守主义思潮的落实方案。他们对左派知识分子敌意满满,对进步主义阵营恨意绵绵,对被左翼激进自由主义占据的校园文化深感不安。反智主义猛烈批判知识分子,美国大学中的教授群体自然首当其冲,成为反智主义处处针对的靶子。自20世纪60年代以来,美国大学校园左倾化趋势不断加剧。由于大学中左派立场的学者居多,从表面上看反智主义就是在批判左翼立场的知识分子。而这一批判恰与保守主义的立场不谋而合。

反智主义是当代欧美社会文化的一种"富贵病",具有典型的后现代主义色彩。"美国社会的反智主义传统,是一个'充分的民主社会'的必然产物。"[2]这意味着,反智主义的泥沼往往出现在一般意义上的发达和文明地带。换句话说,表面上看越发达、越文明的国家或地区,越有可能出现质疑知识和掌握知识的人群。当代反智主义传统具有两张面孔:一方面,它可以挑战精英阶层的权威,制衡精英主义的高傲,突破知识阶层长期把控的文化霸权,保持一个健康社会应有的活力和创造性;另一方面,它也会助长无知者的自信,煽动对知识和文化的绵绵敌意,

---

[1] 田肖红、郭秋锐:《大众媒体与二战以来美国政治中的反智主义》,《聊城大学学报(社会科学版)》2021年第6期,第86页。

[2] 薛涌:《直话直说的政治》,广西师范大学出版社2004年版,第67页。

撩拨野蛮压制文明、落后遮蔽先进的狂妄冲动。① 受其蛊惑,人们就在启蒙时代远逝百年的今天目睹着一个滑稽而荒诞的场景:知识分子头上的光环不断暗淡,目不识丁者的声音却越来越高亢。这无疑将对当代美国民主政治生活构成威胁和挑战。整体来看,美国反智主义具有以下基本特征。

第一,多面性。反智主义是历史悠久的思想传统,又是当前具体的政治现实。它既充分肯定智力的重要性,又对智识深怀质疑和恨意。它既有温和、良性、无害的一面,也有暴烈、恶性、有害的一面。它既泛指一切针对知识本身、掌握知识的人以及传播知识的机构和场所的"反智思潮",又专指与知识为敌、与知识分子作对的"反智者",也意指推崇和倡导草根精神、个人奋斗、福音拯救、大众政治等"反智文化"。反智主义表现在社会生活的各个领域,诸如政治、社会、教育、哲学、宗教、生活方式、价值观念等。

第二,矛盾性。反智主义并非全然否定知识和知识分子的重要性,而是怀抱爱恨交织、纠葛矛盾的心理,对知识和知识分子的反思和批判往往建立在对知识的依赖、敬畏以及对知识精英文化垄断的反思和批判之上。反智主义正在迅速成为右翼阵营声讨左翼势力的有力武器,与此同时,它也使左翼阵营滑向激进立场的步伐变得越来越坚定而有力。

第三,复杂性。反智主义的复杂性源自知识分子群体本身的复杂性。一方面,知识分子具有较强的自我意识,倡导自我反思,强调自我批评,甚至时常陷入自我怀疑;另一方面,知识分子又具有天然的批判

---

① 参见 Daniel Rigney, "Three Kinds of Anti-intellectualism: Rethinking Hofstadter", *Sociological Inquiry*, Vol. 61, No. 4, 1991, pp. 434 – 451。

意识,喜欢各自为营、相互攻击、彼此讨伐。因此,美国知识分子历史上从未形成一个稳固的、独立的、可清楚识别的群体,也从未创造出一以贯之、前后传承的思想体系,更从未建构起强大的、统一的共同体身份。知识分子的角色和面孔不是固定不变的。每当遭遇启蒙或变革,知识分子往往甘当时代先锋,率先吹响斗争号角;而一旦任务完成或夭折,知识分子则要么被搁置一旁,要么沦为牺牲品或替罪羊。知识分子始终面临身份上的双重矛盾:他们一方面以社会共同体成员的身份自居,希望能承担更多、更具知识分子色彩的角色和职责,另一方面又无法遏制与生俱来的批判冲动和反思本能,无法容忍自己与蒙昧、粗俗和混乱相伴相随。

第四,异化性。从理论逻辑上看,反智主义表达了对知识和知识分子的轻视,对专家和精英的怀疑,但在现实生活中,一些反智主义的言论和立场往往只是打着反专家、反精英的旗号,实际上只是为了迎合或维护特定阶层、群体乃至个人的利益,有时甚至只是出于集团竞争和意识形态斗争的需要。这就使反智主义内部真伪难辨,迷雾重重。此时的反智主义并非真的在"反智",而是在"反人"。在美国历史上,普通民众一直是反智主义的主体。然而,进入21世纪,面对波诡云谲的国际形势,一些政党领袖和政治精英摇身成为反智主义的代言人。其反智言行越来越受政党政治的绑架,越来越受意识形态的左右,越来越受竞争政治的裹挟,异化的痕迹愈加明显,此时的"反智"更像是在"反政党""反意识形态",已经与反理性、反知识和反精英主张相距甚远。"一些政客为了赢得选举或满足利益集团需要,或一味迎合选民的认知诉求,或通过政治炒作博取更多选民的关注和支持,或故意制造一些类似于'政治正确'的社会舆论。这些笼络选民的无良炒作和低俗的投其所好助涨了反智主义在美国的泛滥,无形中扩大了反智主义的影响。"①

第五,后现代性。民主化程度越高,平等观念越流行,越容易产生"知识面前人人平等"的误判;多元化程度越高,宽容观念越普及,越容易诱发"民众与专家一般无二"的错觉。反智主义在一定程度上模糊了无知与有知、感性与理性、民众与专家的清晰界限,相当于变相拉低了知识、理性和专家的地位与影响,实质上起到了解构传统社会观念、冲击现有政治结构的作用。这与自启蒙时代以来崇尚理性、推崇精英的观念和传统显然背道而驰。如此一来,反智主义就为现代人描画了这样一幅吊诡的画面:发达的国家和地区,社会文明程度高,民众受教育水平较高,反智主义却十分活跃;反之,落后的国家或地区,民众受教育水平低下,却对理性、知识和精英充满依赖和敬重。

二、当代美国反智主义兴起的多重根源

作为解读美国政治文化的新视角,透视美国民主乱局的深层维度,反智主义的形成和发展不是偶然的,既有历史传统影响,也有时代因素冲击,是多重因素共同作用的结果。其中,极具美国特色的宗教信仰、政治传统、文化观念、教育理念和传媒革命是推动美国反智主义沿革与变迁的重要根源。

第一,反理性主义对精神世界的占据。美国的反智主义传统与历史悠久的宗教发展紧密相关。当第一批清教移民从欧洲抵达北美大

---

① 刘恩东:《反智主义的本质及社会根基分析——基于美国社会的问题审视》,第131页。

陆,反智倾向就已经初步显露。"美国精神是由近代早期新教教义塑造的。宗教是美国智识生活的第一个赛场。"①相比于富裕阶层,中下阶层的宗教信仰更偏向感性而非理性,他们普遍反感繁杂的宗教仪式和上层牧师的枯燥训诫,更加重视自己内心世界对宗教的感悟。宗教中理性与感性因素最开始还比较平衡,但在18世纪大觉醒运动中,以福音派为基础的奋兴派牧师逐渐取代了传统的智识派教士,为宗教上的反智带来了第一场胜利。传统的智识派清教徒沉浸在古典学术之中,传教内容枯燥抽象,充满着理性的深奥和智力的冷酷,根本无法满足大众的心灵需求,而新潮的福音派牧师则富有灵性的热情,利用感性色彩丰富的布道方式吸引被传统教会排斥在外的信众,激情的感性最终战胜了纯粹的理性。进入19世纪,美国的宗教已经呈现出明显的多元化和自由化特征,教徒们拥有了更多的信仰自由,可以从不同的宗教派系中自由选择适合自己的教派。为了赢得更多的信众,牧师们的传教方式更加通俗,个人做派更加感性,更加注重利用个人感性的魅力扩大宗教的影响力。于是乎,早期宗教中理性的智识魅力逐渐失去作用,直至最终彻底退出历史舞台。

20世纪以来,随着现代化的发展,美国社会的世俗观念和科学发展不断冲击着宗教,达尔文进化论更是直接从本源之处瓦解了宗教根基,再加上崭新的城市生活方式、迅速普及的大众教育,这些都激发了宗教基要主义反对现代化的激情,并进而引发了一系列抵制现代化的激进运动。这是感性战胜理性的第二场胜利,理性通过质疑绝对真理从而带来了相对主义,而这一切又源于对知识分子话语危及信仰根基的恐

---

① 理查德·霍夫施塔特:《美国的反智传统》,第51页。

惧。① 宗教基要主义为了捍卫信仰的绝对真理性，变得越来越极端、好斗和不妥协，同时由于对无神论的共产主义的共同敌视，宗教基要主义又与极右政治势力联合起来，猛烈反对自由主义知识分子及专业化趋势，利用大众对新政的厌恶、日益高涨的民族情绪等情感，最终促成了美国大众和知识分子之间长期对抗的反智思维。

美国的政教分离特色也助推了反智主义的潜滋暗长。每个宗教教派都在为争夺和抢占公民的心灵而自由竞争。如果现有宗教无法满足人们的心理需求，就会有新的教派应运而生，如此就难有理性主义的栖身之地。而在政教不分离的欧洲，理性主义则容易成为不信任政府又不信任宗教之人的选择，政治与宗教联手打造的压抑与沉闷，反而使理性主义愈加繁荣。但是美国宗教却可以一直满足人们的心理需求，一直压抑理性主义的发展。"日常生活环境越是严酷，诸如奋斗、罪孽、忏悔、宽恕、救赎之类朴素而又普遍的情感话题就越有影响力，而这些正是福音派基要主义宗教的核心。"②只要美国社会陷入令人愁闷的历史时期，或动乱，或经济危机，或发生恐怖袭击等大事件，宗教就愈发为人们所渴望和需要，结果是智识只能不断让路，一退再退。纵观美国历史，宗教一直稳稳充当着反智主义的情感底色，在不同历史时期都发挥着不可替代的作用。

第二，反精英主义对知识分子的排斥。美国建国之初，领导人多数是知识分子，知识分子精英在国家治理中大展拳脚，使早期美国政治呈现明显的"绅士政治"色彩。但是这种情况持续时间不长。在华盛顿时代，便出现了反智主义的现象。在两党制下，为了获得更多支持，反智

---

① 参见 Daniel Rigney, "Three Kinds of Anti-intellectualism: Rethinking Hofstadter"。
② 苏珊·雅各比：《反智时代：谎言中的美国文化》，曹聿非译，新星出版社 2018 年版，第 44 页。

主义成了一种政治策略,用以建立起对抗关系来打击政敌。民主政治发展的进程中,在党派政治的框架下,不同党派之间的利益难以调和,观点相悖,派别分裂,精英阶层内部争吵不休。为了获得支持,精英们放下道德标准,开始玩弄政治,通过破坏反对派领袖的声誉来攻击对手。杰斐逊是第一个受到典型的反智主义抨击的政治领袖,他被对立派贬斥为胆小、固执、闭门造车、优柔寡断的哲学家形象,并不具备治理国家的能力和资格。这种基于政治斗争需要而采取的反精英路线,为美国政治传统奠定了一种不寻常的反智论调:知识分子的性格形象与政治家的性格形象分化对立;性格特质而不是智识成为政治真正需要的东西。随着政党政治的进一步发展,狂飙时代的大众政治逐渐取代美国建国初期的精英政治,平等主义压制了精英主义,也助长了大众群体对精英阶层的不信任。与此同时,政党政治暗含着迎合人数占优势的大众群体的趋势,正所谓大众进则精英退,慢慢地,知识分子精英就被逐出了权力的核心地带。

　　内战结束之后,美国的南北矛盾、民主重建、种族歧视等问题仍然没有得到根本解决,改革者的热情丝毫未减。这些改革者怀抱知识分子的道德理性和政治理想,就公职制度这一中心话题与职业政客展开了激烈较量。但是因为缺乏盟友,群众基础薄弱,同时又背离了大众认可的平等观念,远离财富和权力中心,终难有所作为,后逐渐被政客们压制。这种情况到进步时代和罗斯福新政时期有所改善。进步时代的人们对智识的认识已经与改革者不同,"智识恢复了地位,不是因为人们认为它有着保守的影响,而是因为它能够帮助与引导改变"[①]。改革者仅仅从绅士出身和社会阶层出发认为智识应该得到更多的尊重,而

[①] 理查德·霍夫施塔特:《美国的反智传统》,第184页。

在进步时代,智识已经开始为社会变革、行政体制变革做出重要贡献。这些新变化使人们对知识分子的刻板印象有所改善,接受精英教育不再是候选人担任高级职务的阻碍因素。遗憾的是,由于第一次世界大战期间大多数知识分子积极支持战争,战争结束后社会普遍的反战情绪逐渐转化成为对知识分子的批判和谴责。

知识分子再获重视是在罗斯福新政时期。这时的知识分子构成发生了改变,从知识分子精英变成了受过专门训练的专家。工业化和现代国家管理的复杂性使政府需要拥有专业知识的专家的帮助,因此新政重用知识分子,知识分子作为智囊团得以进入内阁。这一时期知识与权力紧密结合的局面可以用"智囊团政治"一词来形容。但知识分子对政府权力的参与又引起了反智主义的敌对情绪,新一轮反智主义再度兴起,新政的反对者通过抨击知识分子间接攻击新政。保守派将知识分子描画为现实失败的替罪羊,不惜夸大知识分子的作用和对当权者产生的影响,知识分子被视为只会搅局的外行人。如此一来,平等扩张、民主崇拜与反智主义这三股力量奇迹般地汇合在一起。后来史蒂文森在选举中败给艾森豪威尔、肯尼迪战胜尼克松都是反智主义反弹的表现。

第三,实用主义对智识作用的怀疑。与欧洲各国相比,美国建国时间短,传统积淀少,缺乏历史的厚重感,因此美国人并不推崇历史、传统和文化,而是极为注重活力、创新以及现实的繁荣。美国建国之初是农业社会,崇尚勤劳、务实、质朴,实用主义盛行,人们普遍相信民间智慧最为可靠和伟大,对知识分子的认可度不高。这片人烟稀少的广袤大陆里蕴藏着丰富的资源和财富,美国人带着冒险和坚韧不拔的精神开垦、耕耘、改造,实现财富积累。这种美式的荣誉观推崇冒险、坚忍和劳动,有力地推动了工商业的发展和社会的进步。①后来美国启动工业革命,迅速进入工商业社会。大部分商人白手起家,依靠自身努力发展创业,取得成功,自然看不惯知识分子的论调。商人与知识分子两大群体之间彼此贬低、互不相让。19世纪知识分子与商人的冲突主要发生在继承了财富的有教养的知识阶级和新兴商业阶级之间,后者手握巨额财富,公开蔑视知识的重要性。事实胜于所有雄辩。当商人成为社会财富创造的主力,他们赞助科技发展、文化教育、人文艺术,甚至从事公益、服务社会,地位不断上升。而被他们抨击为"空想家"的知识分子的地位却不断下降,甚至不得不向商人捐助的财富低头。两相对比之下,商业的重要地位使实用主义稳稳成为大众文化的核心。商业思维也深刻影响了知识分子在不同领域的地位,比如知识分子在美国的劳工运动开始时担任着发起者和领导者的角色,但是随着劳工运动不断发展壮大,知识分子逐渐被劳工运动排斥在外,因为他们既不是劳动者,也不是无产阶级,更不属于被压迫的一方,只能被划归为中产阶级,被嘲笑为软弱和缺乏男子气概。

阴谋论的蔓延为反智主义提供了文化土壤。"个人在陷入悲伤和困顿的时候,即使没有原因,也还是想要找寻原因,整个社会也是如此,当社会集体遭受了可怕的经历,就会偏向一些稀奇古怪的理论。"②在历经自然灾害、经济危机、战争动乱、恐怖袭击的各个时期,都往往伴随阴谋论抬头的趋势。阴谋论暗含强大的复杂性、欺骗性和煽动性,难有证据证明,也难有证据推翻。大众完全可以依据自己的愿望和情绪,从阴谋论中获取所需的心理安慰和情绪宣泄。"如果没有一个条分缕析的

---

① 参见托克维尔:《论美国的民主》(下),董果良译,商务印书馆2017年版,第145—210页。
② 托马斯·尼科尔斯:《专家之死:反智主义的盛行及其影响》,第65页。

解释,他们就不得不接受这些都是随机事件,是冷漠宇宙或高深莫测的神伸出的残忍之手。这是痛苦的选择,即使只是想到这些,也可能会诱发出某种生存绝望。"①大众越来越习惯这样的思维方式,每当困境出现,摆脱困境最有效的方法就是将所有问题都归咎于精英阶层和权贵阶级:他们本有能力避免这些悲剧,而未有所行动;这些悲剧不是偶发事件,一切源自精英阶层和政府的不轨行为。这也从另一个侧面表明,一旦知识与权力相互勾连,知识以及掌握知识的人就可能沦为被批判和被针对的对象。

第四,大众教育对平等主义的推动。美国建国初始,曾围绕联邦政府应当在推动大众和精英教育中扮演何种角色这一问题争论不休,结果是认为政府什么都不需要做的人占了优势。华盛顿曾留下一笔遗产希望国会建立一所国立大学,但是国会议员们担心建立国立大学会被视为对宗教机构建立的高校的冲击,因此这一计划被无限期搁置。这在一开始就预示着美国大众教育未来的艰难。在美国的政治生态下,州主权与联邦主权并行并立,教育权作为州主权的核心内容,一直为各州坚决捍卫。然而,地方政府控制下的学校,教育质量良莠不齐。那些落后和贫困地区的孩子只能上设备差、师资弱的学校。联邦政府因无权干预地方政府的政策,就不可能在联邦层面实行有效的教育管理和改革。大众教育在缺乏根本保障的情况下,逐渐走向商业化。然而,教育的商业化使教育走向了另外一面。私立学校的运行和维系需要资金支持,学校教育中的学生变成了消费者,学校的宗旨也从教书育人转向让客户满意。高等教育不断普及,上大学不再是稀奇事,学生来到大学的目的不是学习知识、培养能力,而是为了获得一种大学体验,学校的

---

① 托马斯·尼科尔斯:《专家之死:反智主义的盛行及其影响》,第65页。

功能也变成了让他们的大学之旅足够令其满意。如果学生成绩差,那不是因为学生学得不好,而是因为老师教得太差,这就极大压制了教师对学生评价的自主性。再加上教师的工资低、待遇差、社会地位低、职业不受尊重,优秀师资力量不断流失,教育队伍水平持续降低,进一步让人看低这个行业,这就形成高等教育的恶性循环。

进入20世纪,美国掀起教育改革运动,大力推行新式教育,"将政治上的平等思想、宗教上的福音主义与商业上的实用主义应用到了教育领域"①。新式教育以民主和平等为价值核心,以杜威的教育哲学为理论根基,"正如美国建国者中的很多人所强调的,民主健康与否取决于全体公民的教育,但也有很多美国人认为,掌握太多知识会让个别公民比其他人地位更高,从而对教育本应培养的民主理想造成破坏。普通美国人最欣赏的那种教育意在为亟须解决的现实任务训练人才,而不是把他们变成思想着的人"②。美国人不是不重视教育,而是更加重视平民教育和实用教育:只教学生生活中实用的专业技能,不鼓励纯粹的理论工作;认为教育的目的是走向社会,而不是连接更深层次的学习、追随学生的兴趣,减少通识教育,增加职业教育;排斥精英教育,贬低学习的内在意义,轻视对学生心智的训练和培养。推崇民主教育的结果,其实就是在放宽教育的标准;不提倡对优秀人才的精英教育,其实就是在过度追求平等。所有这些最终都导致了美国教育的平庸化。

第五,大众传媒对反智氛围的营造。里格尼认为霍夫施塔特对大众传播在塑造美国文化生活和影响人们对知识的态度方面的力量重视不够。③ 实际上,这是对霍夫施塔特的误解。霍夫施塔特非常重视大众

---

① 理查德·霍夫施塔特:《美国的反智传统》,第328页。
② 苏珊·雅各比:《反智时代:谎言中的美国文化》,第36页。
③ 参见Daniel Rigney, "Three Kinds of Anti-intellectualism: Rethinking Hofstadter"。

传媒对反智主义形成和发展的作用,认为广告、广播、杂志等的普及激化了美国宗教中的老式心态与新思想之间的冲突,使宗教基要主义采取了更加坚决的反智主义立场①,只不过传媒因素并未被霍夫施塔特视为一个独立的影响因素而已。

现代传媒经历了从纸质向电子化的发展,知识传播的途径愈加丰富多样。书籍、电视、广播、互联网都成了知识的载体,大众传媒的这一变化对反智主义发挥着不可忽视的作用。新的传播媒体的发展,视频、游戏、图像分散了儿童的注意力,改变了他们的认知方式,也削弱了他们的阅读能力和思考能力,这些都推动着无知的蔓延。"如果在今天的美国文化中存在第四种反智主义,那么它可以被称为不反思的享乐主义,一种对反思性思维的艰苦而痛苦的工作的逃避。"②电子媒体创造了几乎无限的娱乐和消遣的欲望,流行的娱乐形式促使整个社会变得缺乏深度,新闻媒体为了获取更多的流量又会迎合这种娱乐文化,放松对报道信息的即时性、正确性和严肃性的审查。反智主义与大众传媒相互影响、相互作用。大众传媒中大量存在且重复出现的对高等教育、教授、专家等的负面报道和恶意刻画,都在无形中加深了大众的刻板印象,营造着反智主义的社会氛围。

强大的搜索引擎和无处不在的移动网络极大方便了人们对于知识的获取,世界范围内的信息与资讯唾手可得,俯拾皆是。有了网络的支持,所有问题都可能找到答案,所有人都可能成为专家。网络上的知识看似准确无误,实际上却是漏洞百出,大数据、智能算法、精准投送都可以人为控制,野心家、利益集团、科技巨头都可能暗箱操作,掌握数据技

---

① 参见理查德·霍夫施塔特:《美国的反智传统》,第 115 页。
② Daniel Rigney, "Three Kinds of Anti-intellectualism: Rethinking Hofstadter", p. 448.

术的个人或公司可以轻而易举地控制人们的认知,左右人们的判断,影响人们的行为。"除了助推虚假信息的洪流,互联网还削弱了普通人和学者进行基础研究的能力,这种技巧本来能够帮助每个人在杂草丛生的信息荒野里去芜存菁。"①有了更加便捷的途径,系统的知识体系被碎片化的信息取代,掌握知识、分辨真假、投入思考成了无用功。信息与知识的泛滥反而让人失去了学习和思考的能力。

  同时,由于现代传媒的交互性增强,每个人都可以在网络上发言和讨论,更容易找到和自己观点相同的"同盟",大众认为集体的智慧一定高于个人智慧,多数人的意见在分量和合法性上压倒了真知灼见,所以哪怕自己的观点与知识分子和专家的观点相悖,甚至是与科学知识相悖,只要在网上获得了更多人的认可,他们就可以坚定不移地相信自己是对的,专家和知识分子错了,或者坚信这根本就是精英的哄骗或阴谋。现代网络大数据还会根据用户兴趣推送信息,智能检索会自动推荐重复内容给大众,在庞大繁杂的信息流中形成信息茧房,使大众只能看到感兴趣的事件,听到自己赞同的意见,接触稳定固化的信息,逐渐闭目塞听,逐渐自我封闭。互联网使大众变得越来越刻薄和浮躁,囿于自己的小圈子,无法有效开展对彼此有益的讨论,而这种以自我为中心的狭隘主义从来都与反智主义密不可分。一直以反智主义者自居的特朗普公开宣称说他热爱教育程度低的人,对书籍和知识进行轻蔑的嘲讽,将攻击自己的文章都称为假新闻,否认全球气候变化等客观现象。这些反智言论不仅没有削弱他的影响力,反而通过社交媒体的传播不断扩大影响,在某种程度上甚至还助力了他的当选。反智化与娱乐化相结合成为特朗普获得支持的重要手段。

---

 ① 托马斯·尼科尔斯:《专家之死:反智主义的盛行》,第 119 页。

进入21世纪,随着全球化进程的加速和移民浪潮的汹涌,世界的流动性迅猛增强。残酷的竞争法则,来自异域的风土文化,无时无刻不在提醒着外来移民和本地居民:你的身边有太多与你并不相同的人,这种挤压感、陌生感和焦虑感,一方面会强化人群对自我身份的认同,另一方面也为排斥他人埋下了伏笔。一旦有了打破平衡的因素或事件出现,人们内心的理性、宽容就会瞬间瓦解,怀疑、愤怒会成为常态。这些情绪和情感,都成为随时引爆反智主义的时代诱因,外表平静如水,底下却暗流涌动,危机四伏。

三、当代美国反智主义引发的民主困境

反智主义以极端个人主义为出发点,将平等主义推向一种非理性的极致,一厢情愿地主张观点和意见应该像权利和机会一样,人人都应该平等地享有,拒绝专业性、远离反思性、憎恨知识和知识分子,这就回避了来自心灵的力量,使平等沦落为平常甚至平庸。这种情绪和情感在政治领域必然产生政治后果,引发一系列难以预想的民主困境和危机。

第一,引发政府信任危机。反智主义将当前的困境与愤懑不加思考地归咎于精英阶层和现有体制,将精英与理性、知识、专家不加区分地置于大众群体的对立面,久而久之,必然积累起人们对现有制度机制和规则体系的质疑和不满。当前美国社会处处弥漫着不信任的氛围,陷入信任危机的不只有行政机关、国会和法院,一些传统组织和机构如银行、公司、工会、律所、医院、大学、公立学校以及大众媒体等也深陷其中。反智主义成功煽动起普通大众对于知识分子精英的不满和怨恨,

知识分子精英任职较多的组织和机构自然首当其冲。最初对知识分子精英的不信任，正在逐渐转移升级为对政府机构和政府决策的不信任。从心理学角度来看，这种政府信任危机除反智主义因素外，还有民众对知识分子精英渐感心理疏远的缘故。在他们看来，知识分子精英们高高在上，与民众距离越来越远，他们不倾听民众的声音，不了解民众的疾苦，自然也就不能做好民众的代表，维护好民众的利益。一旦这种精英角色固化下来，不信任的氛围一时很难缓解。到后来，民众已经不需要去了解足够的事实就不由分说地质疑政府，在可信任和可不信任的两可之间会下意识地选择不相信政府。这些都表明当前民众对政府的不信任已经脱离合理的怀疑主义范畴，成为一种实实在在的政府信任危机。

　　一般来说，民众对政府的满意度受两个因素影响，一是对政府绩效的现实感知，二是对政府作为的心理预期。① 对政府绩效的感知，首先源自政府真实的绩效作为，但也会有所偏差，现实生活中能够影响民众对政府绩效的感知的因素较多。在反智主义的氛围下，民众怀抱证实性偏见，只相信自己相信的东西，无法与知识分子精英有效沟通，一旦知识分子精英出错，民众就会曲解甚至放大这些错误，认为知识分子精英没有做对一件事情。其实，民众对知识分子精英的偏见，忽略了一个最基本的事实：他们也是人，也会犯错。公民预期是指公民认为政府应该有所作为，应该承担责任。大萧条和罗斯福新政之后，受"大政府"观念和凯恩斯主义的影响，民众对政府的期待值不断增长。而在反智主义之下，公众憎恶知识分子精英的原因之一恰恰不是因为他们没有用，反而是因为他们太有用了。也就是说，

---

① 参见小约瑟夫·奈等编：《人们为什么不信任政府》，第60—65页。

在现代化导致生活越来越复杂的今天,公众对于知识分子精英和政府的预期是持续上扬的。如此一来,一方面是对政府绩效的感知越来越低,另一方面是对政府作为的预期却越来越高,这两种张力共同作用最终导致民众对政府的满意度越来越下降,政府信任危机自然也就在所难免了。

第二,扩大身份政治分裂。自启蒙时代以来,平等一直是民主政治所追求的核心目标。最初这种平等仅限于政治和权利的平等,人人都有选举权和被选举权,法律面前人人平等。随着社会的发展和进步,现如今的美国人已经不再满足于这种政治和权利意义上的平等,更倾向于将平等理解为一种基于现实又超越现实的主观感受:无论是在经济领域还是在文化领域,无论是性别还是身份,我不管法律的条文如何,制度的规定怎样,我必须感受到平等;如果我感受不到平等,或我感受的只是不平等,那就是一种实质的不平等。进入21世纪以后,美国经济不平等现象不断恶化,中产阶级的生存环境每况愈下,阶级固化愈演愈烈,"你穷是因为你穷"的"贫困陷阱"逐渐显现,普罗大众对日常生活中不平等的感知和体认越来越明显,越来越敏感。年轻一代群体目睹着贫富差距的不断加大,感受着周边人群对于不平等的怨恨和不满,不仅不自我反思寻找原因,而且反其道而行之,一方面不断凝聚对自我身份的需求和认同,另一方面出于维护自尊、自我保全的需要开始嫉妒和怨恨那些生活优越、高出大众的知识分子和精英群体。在他们看来,既然不能与你为伍,那就把你拉下云端;这种对"我们一样好"的狭隘追求,自然不能带来人人满意的社会进步,只能招致身份的分裂和认同的危机。反智主义原本只是对知识分子精英群体情绪上的不满和怨恨,一旦与身份政治纠葛结合,势必将加剧大众与精英、高知与低知群体的分裂、冲突与碰撞,不同身份群体之间若想继续维持宽容、妥协和温和的关系与氛围恐将难上加难。①

反智主义进一步拉大了美国知识分子和广大人民之间早已裂痕斑驳的身份鸿沟。阴谋论一直是反智主义的强大武器，霍夫施塔特曾从"神话—地位政治"的角度深入论证阴谋论的内在逻辑。② 在他看来，反智源自一种土地神话，自耕农原本自给自足，生活简单而幸福，只要尊重自然规律，人民的生活足以富足安乐，而一旦出现经济困难或潦倒破产，必然是那些掌权者为了满足自己的贪婪，密谋伤害了平民的利益。这种本质上二元对立的阴谋逻辑催化了身份政治危机。从这一逻辑出发，现实生活中出现的所有问题都是小部分掌权者和知识精英暗箱操作的结果。这样一来，生活的困顿与愁闷就有了实实在在的罪魁祸首。不管是高官显贵，还是权威精英，他们拥有的多于普通人的资源和财富都是以普通人受损为代价的，他们不再是民众的代表，而是民众的敌人，这种零和博弈的思维方式，终将导致身份分裂且难以弥合。

第三，营造后真相政治氛围。反智主义贬低知识与事实的作用，在全社会范围内宣扬和美化无知，大大推动了后真相政治的甚嚣尘上。事实让位于情绪，立场优先于真相，一些明显激进离谱的言论却能获得意想不到的掌声，这种现象出现的最直接原因正是社会层面的无知。一些美国人的常识十分薄弱，如果被问及地理、历史、科学知识方面的问题，很容易给出错误的回答。这就不难解释为什么特朗普公开发表全球气候变暖是个谎言、真正的男人可以裸眼观看日食等言论后，仍然可以获得大众的欢呼，因为大众并不认为这些观点是错的，反而认为这

---

① 参见 Malcolm J. Sherman, "Anti-intellectualism and Civil Rights", *Change*, Vol. 8, No. 11, 1976, pp. 34 – 40。
② 参见付强:《析美国阴谋论的两种研究范式》,《重庆交通大学学报(社会科学版)》2016 年第 3 期。

是一种乐观情绪和英雄气概的表现。

　　后真相政治中不仅有操弄事实的谎言,更有随处可见的竞争性真相。竞争性真相包括片面真相、主观真相、人造真相和未知真相,通过只讲述部分的真相、运用放大和缩小数字、讲述屈辱历史、更改故事背景等方式,使大众走进认知陷阱。美国的许多社会性议题,包括防疫、气候变化、转基因食品等,原本与日常生活息息相关,无关政治分歧,但现在也都变成了政治交锋的战场。事实与真相被掩盖在不以现实为依据,仅以党同伐异为目标的政党说辞之下,变得越来越扑朔迷离、真伪难辨。当今时代,流行文化成分复杂,良莠不齐,娱乐色彩过浓,垃圾思想遍地,平庸和愚蠢的标准不断刷低。辨识能力低、无所适从的大众群体容易被别有用心的人鼓动和利用,要么满怀激情和信仰去反对事实和真相,要么只相信自己相信的,不加选择地拒绝或抨击不符合自己立场的观点和看法。这就是反智主义的必然后果。"随着愚蠢和聪明标准的降低——在知识分子和非知识分子群体中同样发生着——人们更容易信服极端立场。政治光谱两极的政策往往以事实错误(而不是意见的不同)为基础,要理解那些事实错误,不但需要基本的知识,还需要批判性思维的能力。"[1]无知也许不是现代社会的最大敌人,但对无知无动于衷甚至默许、欣赏,那必然后患无穷。没有丰富的知识,又拒绝冷静思考的社会注定只会剩下激情和愤怒,只会盲目地相互攻击,既没有耐心听取专家意见,也没有能力辨别事物真假,这种"后真相"的政治氛围,必将侵蚀民主的认知基础,干扰政治的理性选择。[2]

　　第四,加剧政治极化趋势。美国左翼知识分子大多怀抱朴素的自

---

[1] 苏珊·雅各比:《反智时代:谎言中的美国文化》,第309页。
[2] 参见刘颜俊、周礼为:《美国政治中的反智主义:表现、成因与后果》,《美国研究》2022年第1期,第40—71页。

由主义立场,秉持同情的心态与社会责任感,从左派所熟悉的经济领域的主观感受向外延伸,关注社会公平正义,呼吁保护社会弱势群体。20世纪初,他们先是支持进步主义与新自由主义(new liberalism),接着支持罗斯福新政和凯恩斯主义。随着知识分子对政治议题参与程度加深,自然不可避免地卷入政治论争的旋涡,保守主义在反思和批判激进自由主义路线的同时,也开始转向对知识分子的讨伐与批评。由于保守主义一向缺乏稳定的理论体系与明确的行动指南,反智主义遂成为凝聚支持和团结力量的利器。再加上智识活动的快速增长以及影响力的迅猛蔓延,早已引起大众群体的关注和怀疑,不安全感和威胁感恰是保守主义针对这一变化而祭出的强大武器。煽动大众全线针对知识分子,强调知识会产生特权以及可能发生对大众的压迫,宣扬反对知识分子等同于反对权势集团,借助这些操作,保守主义将批判矛头直指自由主义思想和左派政党。与此同时,知识分子在遭受保守主义的攻击后左翼倾向愈加明显,不断偏离原来相对中立的态度,这也在实质上加剧了政治极化的态势。

从当代美国政治光谱来看,民主党的意识形态和政策倾向对知识分子的吸引力远远大于保守党,大多数大学教授纷纷投票支持民主党候选人,作为回应,共和党更加频繁地运用民粹主义与反智主义,营造知识分子与大众的对立,这些不平衡态度进一步引发了民主党与共和党的极化趋势。[①] 明确倡导"民主社会主义"政策取向的桑德斯获得总统提名,公开宣扬知识无用论、倡导"白人至上"的特朗普当选,都表明民主党愈加左转,共和党愈加右转,美国政治极化的鸿沟愈加难以跨

---

① 参见任剑涛:《周期性与终结性:美国政治极化的两种论断》,《人民论坛·学术前沿》2022年第6期。

越,民主政治运行所需要的理性交流空间也因为政治极化而被严重挤压。

第五,激化民粹主义情绪。美国左翼民粹主义将精英以及精英主导建立的规则体系视为社会公平发展的破坏力量,仇官仇富,反体制反规则,右翼民粹主义虽没有左翼这样激进,却将经济不平等的原因归结为全球化进程和移民浪潮,因此不遗余力地鼓吹反全球化、反移民情绪,煽动对迅速崛起的发展中国家的敌意和仇视。反智主义以激进情绪和非理性情感为基调的行为方式,无差别地轻视知识分子和精英群体的价值立场,将知识分子视为当代不公正根源的刻板印象,不仅不会缓解左右民粹主义的激进趋势,反而为民粹主义的泛滥提供了认知前提和情感基础。

随着互联网的普及和自媒体时代的到来,民粹情绪与反智倾向逐渐合流,获得了前所未有的发展。民粹主义原本就包含着大众阶层对激进平民主义的倡导,借助虚拟世界和社交平台提供的全新的政治传播模式,对传统精英主义进行反抗。一方面,大众阶层拥有了更广泛的表达空间、更便捷的发声渠道,可以自由平等地发表观点,方便快速地传播信息,无所忌惮地积聚非理性情绪;另一方面,大众阶层获得了空前的舆论氛围和情感支撑,开始争夺与传统政治权威分庭抗礼的网络话语权。在反智主义的氛围下,网络世界中弥漫着高度的同质性和非理性,相似的观点不断汇集,狂热的情绪肆意宣泄,高涨的热情彼此感染,极端的言论此起彼伏。这种情绪和氛围为随意性、戏谑性、调侃性、偏激性的网络话语营造了空间和环境,为怀疑、批判、反对和怨恨的舆论导向奠定了根基和条件。反智主义引发的大众狂欢和网络热潮,无疑将大大助长民粹主义的气焰。

当代美国反智主义暗含反思与批判的意味。第一,一些知识是在特定的历史时期、现实条件下形成并传播的,并不具备超越时空的意义和适用性,因此,保持对知识的质疑可以使人们建立起对知识的正确态度:不轻信,不盲从,有选择地接受,有限度地相信,有保留地应用。第二,对打着知识旗号的权力或裹着知识外衣的利益,反智主义是照妖镜,是解毒剂。知识精英日渐增长的自负,刺激着公众反智情绪的蔓延;知识分子无底线地靠拢权力或利益,也削弱着公众对知识分子原本并不深厚的信任。第三,社会稳定,国泰民安,需要知识分子的温和与睿智,而社会动荡,内忧外患,则需要反智主义的冲击和破坏。换言之,乱世必反智,治世则倡智。第四,反智主义的后果不同。发达而成熟的社会,文明程度高,教育水平高,反智主义一方面可以确保对政府政策、政治精英的约束和牵制,另一方面也不会过多妨碍人们接受教育;而在落后而贫弱的社会,反智主义却可能促使"读书无用论""无知即美德"等偏见的泛滥,甚至引发群体无意识,恶化民众与精英之间的矛盾,催化社会分裂的速度、强度和深度。

雅各比在《反智时代:谎言中的美国文化》的序言中写道:"无知在这一进程中既是原因,也是结果。"① 无知与政治的结合可以解释为什么像特朗普这种持偏激立场的政客可以上台,为什么一些明显错误的话语不会被揭穿。当无知嘲弄智识,当偏见蔑视专家,放弃包容与兼听,拒绝反思与进步,狭隘主义就会油然而生。这种狭隘主义本身就是当代反智主义形成与发展的温床。在选举民主框架下,为了赢得支持、获取选票,政治不断向平庸低头,对无知让步,政治的理性光环和严肃面孔正在变得暗淡而油腻。但殊不知,这一结果既不是民主的最终归宿,也不是平等该有的样子。健康而成熟的民主社会,公民不仅拥有权利,

---

① 苏珊·雅各比:《反智时代:谎言中的美国文化》,"序言"第 xvii 页。

还要履行义务,用理性、美德和知识武装自己同样也是一种责任,因为"为了掌握知识和信息努力学习,这是每个公民的义务"①。

当代美国的反智主义源自多重因素的影响,且与崇智始终相伴相随。从历史上看,它一直没有表现得多么激进,但现如今,它逐渐冲破温和的藩篱不断滑向偏见与激进的远端。那么,究竟该如何应对这一趋势,如何缓解反智主义带来的冲击和挑战呢?对此学者们众说纷纭。不过,人们普遍相信,当前趋势若得不到有效约束和实质遏制,后果必将不可收拾。至少,当反智主义与"后真相"、身份政治、民粹主义愈加纠葛缠绕、彼此强化,甚至早已跨越思想论争、沦为政治倾轧的工具时,确实应该引起人们的高度重视了。

---

① 苏珊·雅各比:《反智时代:谎言中的美国文化》,第309页。

第十二章　政治传播与数据治理的多重迷思

当今时代,数据治理乃大势所趋。人类正在大跨步迈进一个以"互联网+"、大数据、人工智能、云计算为表征的数字狂飙时代。随着数字技术在现代政治和公共管理领域开发和应用的速度、广度和深度不断攀升,"基于数据的治理"渐成大势。这一结构性变革的好处显而易见:高效、便捷、透明、公正、绿色、环保……但值得注意的是,它也在冲击、挑战甚至瓦解传统的社会制度和大众文化,激发、催生并型构出新兴的政治样态和治理结构。当前的数据治理仍存在诸多薄弱环节,面临一系列困境。数据应用的普及与深化,带来了数据安全、隐私安全、数据垄断等数字安全问题。数字技术不对等和不均衡发展导致的数字鸿沟现象形成了全新的数字不平等,引发了更深层次的经济不平等和社会不平等。数字的赋权性一方面导致传统政治权威遭遇挑战,另一方面催动新兴超级权力强势崛起,使技术专制和"数字利维坦"成为可能。算法规则的内在矛盾性使数据治理陷入逐私利还是谋公利、倚偏好还是重平等、技术至上还是人类为本的两难选择,算法歧视、病毒式传播、过滤气泡、蜂群思维等现象悄然泛滥。人工智能对社会生活尤其是政治领域的持续渗透和介入,势必牵动治理体系的变革、权力结构的重组、民主形式的更迭以及统治秩序的重构，让人们不得不重视人工智能治理的潜在风险，防范机器统治的灰色未来。在这样的背景下，在充分肯定数据治理的重要性、合理性和正当性的同时，人们也需要认真思考：数据治理是 21 世纪的万能钥匙吗？它真的可以无往而不利、轻松破解所有治理困境与难题吗？换言之，在数据治理日显其重、高歌猛进的新时代，究竟又该如何冷静分析数据治理的内在缺陷，客观评价数据治理的当前困境，全面预判数据治理的可能风险呢？

一、当数据无处不在：数字安全的现实困境

数据是数据治理的基石。当今时代，"得数据者得天下"。每一个现代人的各类数据正在被全天候、无间隙、不间断地记录着：衣食住行、言谈举止、悲欢恶喜、所思所想……数据既是对被记录者的立体解析，也是其内心活动的数字素描；数据既可以真实记录已经发生的，也可能预测将要发生的。①

既然数据如此重要，那么人们自然会担心：这些关乎每个人的数据究竟掌握在谁的手中，它是否被合法依规使用，是否被别有用心者用作他途，身处数字虚拟化了的现实世界个体又应该如何保护自己的隐私和秘密？这就涉及数字安全的问题。"无论是数据的获取与整合，数据

---

① 参见艾伯特-拉斯洛·巴拉巴西：《爆发：大数据时代预见未来的新思维》，马慧译，北京联合出版公司 2017 年版，第 255—256 页。

的隔离与存储,数据的分析与解释,安全问题都贯穿于数据治理的始终。"①一个国家或地区,数字技术越发达,面临的数字安全困境越严重。

第一,数据安全问题。随着政府、企业和社会组织的运行和决策越来越依赖大规模的数据收集、分析、整理和使用,人们所熟悉的传统社会变得越来越透明化、赤裸化和公开化。对于掌握数字技术的个人和机构来说,数据面前人人平等,只要数据足够,整个网络世界中的个人和机构完全呈现一种裸奔状态。此时所谓的数据安全,像极了"皇帝新衣"般的童话。在日常生活的各个领域,人们越来越依赖智能数字产品,如机动车的自动导航和自动驾驶、手机的语音助手、地图导航、免密支付功能等。在服务与被服务、辅助与被辅助关系模式的表象之下,是海量的个人信息和数据的流通和交互。如果用户的信息发生流失或泄露,或者被他人窃取、盗买、篡改和利用,就会引发数据安全危机。

无论是数据的收集环节,还是保存环节,抑或使用环节,都存在风险。2016 年 9 月 22 日,全球互联网巨头雅虎证实至少 5 亿用户账户信息遭人窃取。2016 年 12 月,雅虎再次发表声明,宣布在 2013 年 8 月未经授权的第三方窃取了超过 10 亿用户的账户信息,包括用户姓名、电子邮箱、电话号码、出生时期和部分登录密码。出于自身利益和高额利润的考虑,一些商家片面强调新兴智能产品的性能、优点,却对这些新设备和新技术对个人数据的动态获取避而不谈。当前一些手机应用软件在为人们提供免费、便利生活服务的同时,也会自动记录、收集个人的数据信息,从而给下一步的精准推送和智能营销提供素材。这些都对数据安全构成了潜在的威胁。

---

① 熊文景:《重大疫情防控视野下的数据治理:主要价值、现实困境与优化路径》,《山西档案》2020 年第 3 期,第 56 页。

第二,隐私安全问题。大数据的收集与整理必然需要个人生活、工作和交往的细节和信息,也势必会形成对个人隐私的威胁。正如艾瑞斯所说,"隐私问题部分来说不是大数据分析的问题,它是数字化过程的阴暗面"①,确保信息数据和个人隐私的安全,这直接影响每个公民的合法权益,间接影响公众对政府的信任和认可。日趋数字化的时代,大规模的智能机器在互联网上没日没夜、一刻不停地搜集、整理着包括姓名、性别、电话、邮箱、住址、位置等个人数据。这些海量信息的全面追踪,经过简单的分析、归纳,不仅可以勾勒出个人的个性特点、脾气秉性、饮食习惯、购物倾向、颜色偏好等普遍特征,甚至可以挖掘各种个人癖好、行踪轨迹、交往范围、性取向等私密信息。换句话说,在大数据面前,个人很难保护个人的隐私。

第三,数据垄断问题。当前数字安全的最大威胁来自数字巨头。数据是数字时代取之不尽的资源,是人人渴望的财富。有资源就有争夺,有争夺就可能形成垄断。拥有更多用户、控制更多数据、制造和使用更多智能学习机器的超级公司在数字时代渐占主导乃至统治地位。这些超级数字巨头掌控无穷无尽的数据,占据无以匹敌的优势,拥有"上帝般的力量"②。于是,拥有无与伦比的规模经济、强大的品牌效应和使用惯性、对高端人才的吸引、高昂的转换成本和独特的用户锁定、先进的大数据和机器学习等优势和特色的数字巨无霸、数字巨头和数字帝国慢慢登上历史舞台。

由此看来,数据治理的深化与普及,必须以数字安全为基础。甚至

---

① 伊恩·艾瑞斯:《大数据:思维与决策》,宫相真译,人民邮电出版社 2017 年版,第 174 页。
② 马丁·摩尔、达米安·坦比尼:《巨头:失控的互联网企业》,魏瑞莉、倪金丹译,浙江大学出版社 2020 年版,第 120—127 页。

可以说,如何捍卫数据安全、保护个人隐私、防范数据垄断,比如何推进数据治理更为紧要和迫切。

二、当数据遭遇鸿沟:数字不平等的多重陷阱

数据治理的前提条件是拥有真实、有效、全面的数据。如果数据是虚假、无效、部分的,就会造成数据的不足与缺失;而基于缺失数据的治理,必然导致决策的失灵与治理的无效。在一些贫困和欠发达地区,网络无法覆盖,数据很难收集和整理。此时所谓的数据往往只是部分样本,而不是全样本,更不是"大数据"。依此数据做出的决策,既不能照顾到那些边缘群体的偏好和需求,更不能确保决策的科学性、规范性和有效性,这就容易造成社会不公。正如有学者提到的:"大数据大大地威胁到了我们的隐私和自由,这都是大数据带来的新威胁。但是与此同时,它也加剧了一个旧威胁:过于依赖数据,而数据远远没有我们所想的那么可靠。"①

这就涉及数字鸿沟问题。所谓"数字鸿沟"是指在数字化进程中,不同国家、地区、行业、企业、社区之间,由于对信息、网络技术的拥有程度、应用程度以及创新能力的差别而造成的信息落差及贫富进一步分化的趋势。一般来说,评估数字鸿沟的核心指标是:互联网的普及程度;数字技能与信息素养的发展水平;获取与生产知识的方式。以中国的互联网普及程度来看,近些年中国的数字化进程迅猛发展,但即便如

---

① 维克托·迈尔-舍恩伯格、肯尼思·库克耶:《大数据时代:生活、工作与思维的大变革》,第208页。

此,按 2022 年 2 月 28 日国家统计局公布的《中华人民共和国 2021 年国民经济和社会发展统计公报》数据显示,互联网上网人数 10.32 亿人,其中手机上网人数 10.29 亿人;互联网普及率为 73.0%,其中农村地区互联网普及率仅为 57.6%。① 这就意味着仍有将近 4 亿人不能上网,还有 27% 的人口未能普及互联网,我们的数字化进程任务仍很艰巨。

  数字鸿沟正在不可避免地形成一种数字不平等,并进而引发更深层次的社会不平等。这种新型不平等的逻辑表现在以下几方面。

  首先,数据不均衡导致数字鸿沟。受各种条件和环境的影响,不同地区、不同群体、不同领域间数据的生产、传播和应用的程度与水平存在较大的不对等和不均衡,有时甚至是天壤之别。其次,数字鸿沟引发数字不平等。虽然在法律和权利面前,人与人之间是平等的,但在信息技术面前,数字平等一时还无法实现:并不是所有人都能享受移动网络,轻松惬意地用计算机开会、炒股,用手机订餐、约车。一些人在繁华的都市里不知不觉成了"数字难民",面对眼花缭乱的智能产品手足无措;而在那些网络覆盖不到、连智能手机都未普及的地区,又何谈数字技术的使用? 再次,数字不平等加剧经济不平等。很显然,数字技能强、信息素养高的个人、群体和地区将拥有更高效的生产能力、更强大的竞争能力和更直接的盈利能力。最后,经济不平等恶化社会不平等。经济不平等会制造一大批富有的家庭,他们占据别人没有的资本,拥有更强的市场竞争能力和创业潜力;与此同时,经济不平等也会制造一大批贫困的家庭,他们无法接受教育,无法获得就业机会,甚至无法获得诸如医疗保健等重要的公共服务。更令人担忧的是,"有钱且高知的公

---

① 国家统计局:《中华人民共和国 2021 年国民经济和社会发展统计公报》,https://www.gov.cn/xinwen/2022－02/28/content_5676015.htm,2025 年 3 月 24 日访问。

民，比起他们那些贫穷且受教育程度低的同胞公民，总是更积极地参与公共事务，也有更丰富的政治知识和公民技艺，同时也更多地参与到几乎各种形式的政治和公民活动"[1]。而社会不平等反过来又会进一步加剧数字不平等和经济不平等。

新技术革命尤其是信息沟通技术与社会不平等的彼此强化、共生互构，正在引起越来越多人们的关注。数字技术通过拓展信息获取渠道、革新互动模式、重塑身份认同，从根本上彻底改变了当前的社会关系和社会结构；被改变的社会关系和社会结构反过来又加强了数字技术开发和应用的不对等性和不均衡性。具体表现为以下几方面。首先，数字不平等使社会分层由线下向网络空间延伸。若将数字不平等作为因变量考虑，会发现现有社会阶层差异会延伸和再现于数字空间中，互联网并没有像乐观者设想的那样消弭差异，而是在一定程度上以数字参与的形式复制了现存各个群体的差异。其次，数字不平等使技术资本对线下不平等不断强化。若将技术资本作为自变量，会发现它以马太效应的方式加强了线下不平等，数字弱势群体往往在现实中也难获利。最后，数字不平等使技术资本对线下不平等持续重塑。在特定条件下，弱势人群反而能够通过使用互联网来增强线下社会资本，重构社会不平等结构。

由此看来，无论是研究者还是决策者，无论何时何地，只要涉及"基于数据的治理"的相关事务，都应该首先想一想：此时的数据是否覆盖全部地区、全部层级和全部群体？此时的决策是否会对数字技术发达地区或落后地区有所偏向？此时的福利是否会导致部分群体因数字技能欠缺而无法享受……

---

[1] 罗伯特·帕特南：《我们的孩子》，田雷、宋昕译，中国政法大学出版社2017年版，第263页。

三、当数据反对数据:算法规则的内在矛盾

算法规则本身具有内在的矛盾性。一是逐私利还是谋公利。算法研发首先是一种企业行为,追求资本的最大化为其内在冲动,但算法一旦作用于公共领域,关涉公共事务,就应具有公共性和正当性。二是倚偏好还是重平等。在算法技术出现之前,互联网中的信息对于每个人都是公平、对等的;算法出现后,数字世界的规则发生变化,呈现在每个人面前的信息会依据性别、年龄、民族、喜好、信用、薪酬等筛选甄别,而每个普通的信息接收者对此要么一无所知,要么无能为力。三是技术至上还是人类中心。究其本质,算法只是一种技术形式,终极目标是服务人类主体。但在算法所赋予的权力框架内,人的存在由数据赋值,人的意义由数据来界定,作为数字系统中被提取、评估、计算、预测的客体,人已沦为算法操纵、控制的对象,其主体地位岌岌可危。而另一方面,"对科技公司来说,代码就是力量"[①]。算法规则的这种内在矛盾性决定了其可能的风险性。算法权力逐私利、重偏好、追求技术至上,往往容易形成以数据信息为中心的新型权力,一旦脱离监管或无法合理控制,势必损害平等价值、公共利益和基本道德,引发诸多社会后果,"在看似没有恶意的程序设计中,却带着设计者或开发人员的偏见,或者采用的数据是带有偏见的,会酿成各种社会问题"[②]。

[①] 杰米·萨斯坎德:《算法的力量:人类如何共同生存?》,李大白译,北京日报出版社2022年版,第117页。
[②] 郑荣坤、汪伟全:《人工智能政治风险的意蕴与生成》,《江西社会科学》2020年第5期,第217—225页。

算法规则在"本质上是解决问题的一系列指令,是用系统的方法处理问题的一种策略机制"[1],究其本质就是依据人工给定的规则,只不过由智能机器自动操作完成而已。这些人工制定、授权的规则往往存在性别、种族、职业、收入等方面的倾向性,一些弱势群体、边缘群体和少数族群群体往往被排斥在规则范围之外。这种算法歧视更为隐蔽、更不易为人们察觉,具有较强的误导性和破坏性。某种程度上,歧视是算法规则无法避免的,"歧视在很多情况下都是算法的副产品,是算法的一个难以预料的、无意识的属性,而非编程人员有意识的选择,更增加了识别问题根源或者解释问题的难度"[2]。一旦某个算法模型产生了歧视,这种歧视完全可能会被不断巩固、强化和放大。因为算法决策会形成一个"歧视性反馈循环",一旦启用不准确、有偏见的数据去设计算法,然后再用这种算法得出的运行结果来反馈,原有的偏见会再度扩大、加强。按这个逻辑,算法完全可以基于偏见而创造一个充满歧视的现实。

自由化表达和多样性呈现要求平台设置、渠道管控和信息治理倡行宽容、多元、协商原则。而一旦选择平台的产品和服务,基于智能算法的社交平台就可以合理利用规则,对用户的信息和隐私进行提取、收集和应用,对某些特定的正常信息、某些特定的合法链接进行过滤和屏蔽。索罗斯在达沃斯论坛上告诫世人:数字巨头正在劝诱人们放弃自主权,而一旦放弃,就要费很大劲才能坚持和捍卫密尔所说的"心灵自由"。一旦失去,成长于数字时代的人们可能将再难重获它。

当代欧美各国的政治现实表明,传统政治对媒体的批判主要集中

---

[1] 张爱军、李圆:《人工智能时代的算法权力:逻辑、风险及规制》,《河海大学学报(哲学社会科学版)》2019年第6期,第18页。

[2] 腾讯研究院:《人工智能:国家人工智能战略行动抓手》,第243页。

在国家试图通过控制媒体来影响意识形态,但当下的情形是,社交平台正在逐渐取代国家和政府的部分传统功能,成为影响和控制意识形态的中坚力量。科技公司正在削弱独立思考的可能,这原本是人类独有的无价之宝。通过数据积累,数字巨头描绘出我们的思想,并在无形中引导大众行为,借以增加它们的经济利益。于是乎,"手机是我们记忆的延伸;我们把基本的心智功能外包给了算法;我们把自己的秘密拱手交给服务器,任凭计算机前去挖掘"①。自动化、智能化是数据治理未来发展的方向。无论是利益的提取和综合,还是权力的操纵与运作,抑或决策的酝酿与输出,所有政治行为都在互联网、大数据和智能算法的加持下以数字形式即时呈现并精准表达。随着人工智能不断渗透和介入政治领域,势必引发治理体系的变革、权力结构的重组、民主形式的更迭以及统治秩序的重构,这些新发展和新变化我们将其称为"人工智能政治"。可以说,当数据开始拥有智慧,当治理变成越来越智能,数据治理也就升级进入人工智能治理的新时代了。

由此可见,技术永远是一把双刃剑。它能带来和平,也能引发战争;它能推动进步,也能导向困顿。作为数字时代的技术变革,"基于数据的治理"自然是好的,其优势与特色毋庸置疑。但无论是数据治理的当前现状,还是数据治理的未来趋势,都不是完美无瑕、无懈可击的。

当代政治与公共管理越是"言必称数据",就越要对建基于数据之上的数字秩序怀抱质疑与戒备之心。当数据无所不在后,一边是数据垄断与数字巨头的甚嚣尘上,一边却是信息荒岛与数字难民的触目惊心;当数据成为新型权力后,一边是传统政治权威的逐渐式微,一边却是新兴超级权力的强势崛起;当数据拥有智慧后,一边是算法规则的威

---

① 富兰克林·福尔:《没有思想的世界:科技巨头对独立思考的威胁》,第7页。

力渐显与明争暗斗,一边却是人工智能的悄然勃兴与迅猛发展。数字技术为人类打开了一扇门。人们在享受数据治理巨大红利的同时,也不得不遭遇并解决一系列诸如数字安全、数字不平等、数字威权、算法矛盾、人工智能等新矛盾和新问题。

  这些问题如果解决得好,未来自然一片坦途,繁华无限;倘若处理不当,就可能误入歧途,灾难无穷。总而言之,对于数字时代的治理秩序,无论是审慎的乐观,还是冷静的反思,都不是盲目排斥,更不是刻意拒绝。只有了解当下,才能放眼未来;只有预知风险,才能持续发展。

参考文献

中文著作及译作

《党的二十大报告辅导读本》编写组:《党的二十大报告辅导读本》,人民出版社 2022 年版。

阿尔蒙德,加布里埃尔·A. 等:《发展中地区的政治》,任晓晋等译,上海人民出版社 2012 年版。

阿特,罗伯特·J.;杰维斯,罗伯特:《政治的细节》,陈积敏等译,世界图书出版公司 2014 年版。

阿西莫格鲁,德隆;罗宾逊,詹姆斯:《国家为什么会失败》,李增刚译,湖南科学技术出版社 2015 年版。

埃德尔曼,彼得:《贫富之惑:美国如何才能消除贫困》,苏丽文译,生活·读书·新知三联书店 2019 年版。

艾瑞斯,伊恩:《大数据:思维与决策》,宫相真译,人民邮电出版社 2017 年版。

奥本海默,安德烈斯:《改变未来的机器:人工智能时代的生存之道》,徐延才等译,机械工业出版社 2020 年版。

奥尼尔,凯西:《算法霸权:数学杀伤性武器的威胁》,马青玲译,中信出版社 2018 年版。

巴拉巴西,艾伯特-拉斯洛:《爆发:大数据时代预见未来的新思维》,马慧译,北京联合出版公司 2017 年版。

巴拉兹,贝拉:《电影美学》,何力译,中国电影出版社 1982 年版。

波朗查斯,尼科斯:《政治权力与社会阶级》,叶林、王宏周、马清文译,中国社会科学出版社1982年版。

波兹曼,尼尔:《娱乐至死》,章艳译,广西大学出版社2004年版。

伯内斯,爱德华·L.:《宣传》,胡百精、董晨宇译,中国传媒大学出版社2014年版。

博曼,詹姆斯;雷吉,威廉主编:《协商民主:论理性与政治》,陈家刚等译,中央编译出版社2006年版。

布拉德尔,泰德:《政治广告》,乔木译,中国人民大学出版社2013年版。

陈家刚主编:《协商与协商民主》,中央文献出版社2015年版。

戴蒙德,贾雷德:《剧变:人类社会与国家危机的转折点》,曾楚媛译,中信出版社2020年版。

邓正来主编:《布莱克维尔政治学百科全书》,中国政法大学出版社版1992年版。

蒂瓦纳,A.:《知识管理十步走:整合信息技术、策略与知识平台》,董小英等译,电子工业出版社2004年版。

费斯勒,詹姆斯·W.;凯特尔,唐纳德·F.:《公共行政学新论》,陈振明、朱芳芳等译,中国人民大学出版社2012年版。

弗洛里迪,卢西亚诺:《第四次革命:人工智能如何重塑人类现实》,王文革译,浙江人民出版社2016年版。

福尔,富兰克林:《没有思想的世界:科技巨头对独立思考的威胁》,舍其译,中信出版社2019年版。

福尔特纳,芭芭拉编:《哈贝马斯:关键概念》,赵超译,重庆大学出版社2016年版。

福山,弗朗西斯:《国家构建:21世纪的国家治理与世界秩序》,郭华译,上海三联书店2020年版。

格林斯坦,弗雷德·I.:《总统风格:从罗斯福到奥巴马》,李永成译,中国人民大学出版社2013年版。

哈贝马斯,尤尔根:《作为"意识形态"的技术和科学》,李黎、郭官译,学林出版社

1999年版。

哈克,雅各布·S.;皮尔森,保罗:《赢者通吃的政治:华盛顿如何使富人更富,对中产阶级却置之不理》,陈方仁译,上海人民出版社2015年版。

哈林,丹尼尔;曼尼奇,保罗:《比较媒介体制:媒介与政治的三种模式》,陈娟、展江等译,中国人民大学出版社2011年版。

海德格尔:《海德格尔选集》,孙周兴译,上海三联书店1996年版。

汉森,罗宾:《机器时代:机器人统治地球后的工作、爱情和生活》,刘雁译,机械工业出版社2018年版。

亨德勒,詹姆斯;穆维西尔,爱丽丝:《社会机器:即将到来的人工智能、社会网络与人类的碰撞》,王晓等译,机械工业出版社2018年版。

亨廷顿,塞缪尔:《变化社会中的政治秩序》,王冠华等译,上海人民出版社2008年版。

侯康超:《直面数字鸿沟:电子政务与数字现代化》,中共中央党校出版社2020年版。

霍布斯:《利维坦》,黎思复、黎廷弼译,商务印书馆1985年版。

霍夫施塔特,理查德:《美国的反智传统》,陈思贤译,中译出版社2021年版。

吉登斯,安东尼:《民族-国家与暴力》,胡宗泽、赵力涛译,生活·读书·新知三联书店1998年版。

金太军、张劲松、沈承诚:《政治文明建设与权力监督机制研究》,人民出版社2010年版。

荆学民:《政治传播活动论》,中国社会科学出版社2014年版。

卡普兰,布赖恩:《理性选民的神话:为何民主制度选择不良政策》,刘艳红译,上海人民出版社2016年版。

科塔姆,马莎·L.:《政治心理学》,胡勇、陈刚译,中国人民大学出版社2013年版。

莱斯特,保罗·M.:《视觉传播:形象载动信息》,霍文利等译,北京广播学院出版社2003年版。

李光明、寇学军:《权力监督与廉政制度建设研究》,经济日报出版社2009年版。

李普曼,沃尔特:《公众舆论》,阎克文、江红译,上海人民出版社2002年版。

里拉,马克:《分裂的美国》,马华灵、顾霄容译,上海人民出版社2022年版。

利文,阿纳托尔:《美国的正确与错误:民族主义视角》,孙晓坤译,中信出版社 2017年版。

卢斯,爱德华:《西方自由主义的衰落》,张舒译,山西人民出版社2019年版。

罗杰斯,E. M.:《传播学史——一种传记体的方法》,殷晓蓉译,上海译文出版社 2002年版。

罗斯金,迈克尔·G.:《政治学与生活》,林震等译,中国人民大学出版社2014 年版。

迈尔-舍恩伯格,维克托;库克耶,肯尼思:《大数据时代:生活、工作与思维的大变革》,盛杨燕、周涛译,浙江人民出版社2013年版。

麦克卢汉,马歇尔:《理解媒介:论人的延伸》,何道宽译,译林出版社2011年版。

麦克唐纳,赫克托:《后真相时代》,刘清山译,民主与建设出版社2019年版。

芒福德,刘易斯:《机器神话:权力五边形》,宋俊岭译,上海三联书店2017年版。

梅萨里,保罗:《视觉说服:形象在广告中的作用》,王波译,新华出版社2004 年版。

米尔斯海默,约翰:《大幻想:自由主义之梦与国际现实》,李泽译,上海人民出版社2019年版。

米尔佐夫,尼古拉斯:《视觉文化导论》,倪伟译,江苏人民出版社2006年版。

米勒,扬-维尔纳:《什么是民粹主义?》,钱静远译,译林出版社2020年版。

摩尔,马丁;坦比尼,达米安:《巨头:失控的互联网企业》,魏瑞莉、倪金丹译,浙江大学出版社2020年版。

默顿,罗伯特·K.:《社会理论和社会结构》,唐少杰、齐心等译,译林出版社2008 年版。

奈,小约瑟夫等编:《人们为什么不信任政府》,朱芳芳译,商务印书馆2015 年版。

奈,约瑟夫:《美国世纪结束了吗?》,邵杜罔译,北京联合出版公司2016年版。

尼葛洛庞蒂,尼古拉:《数字化生存》,胡泳、范海燕译,电子工业出版社2017

年版。

尼科尔斯,托马斯·M.:《专家之死:反智主义的盛行及其影响》,舒琦译,中信出版社 2019 年版。

帕特南,罗伯特:《使民主运转起来——现代意大利的公民传统》,王列、赖海榕译,江西人民出版社 2001 年版。

帕特南,罗伯特:《我们的孩子》,田雷、宋昕译,中国政法大学出版社 2017 年版。

佩恩,马克;法恩曼,梅勒迪斯:《小趋势 2:复杂世界中的微变量》,曲磊译,中信出版社 2019 年版。

热内维,雷米等:《减少不平等:可持续发展的挑战》,潘革平译,社会科学文献出版社 2014 年版。

萨斯坎德,杰米:《算法的力量:人类如何共同生存?》,李大白译,北京日报出版社 2022 年版。

萨托利,乔万尼:《民主新论:当代论争》,冯克利、阎克文译,上海人民出版社 2015 年版。

桑斯坦,凯斯:《网络共和国:网络社会中的民主问题》,黄维明译,上海人民出版社 2003 年版。

施爱东:《中国龙的发明:16—20 世纪的龙政治与中国形象》,生活·读书·新知三联书店 2014 年版。

施瓦布,克劳斯:《第四次工业革命:转型的力量》,李菁译,中信出版社 2016 年版。

斯蒂格利茨,约瑟夫:《巨大的鸿沟》,蔡笑译,机械工业出版社 2017 年版。

斯蒂格利茨,约瑟夫:《不平等的代价》,张子源译,机械工业出版社 2020 年版。

塔格特,保罗:《民粹主义》,袁明旭译,吉林人民出版社 2005 年版。

泰特洛克,菲利普·E.:《狐狸与刺猬:专家的政治判断》,季乃礼等译,中国人民大学出版社 2013 年版。

汤普森,约翰·B.:《意识形态与现代文化》,高铦等译,译林出版社 2005 年版。

腾讯研究院:《人工智能:国家人工智能战略行动抓手》,中国人民大学出版社

2017年版。

托克维尔:《论美国的民主》,董果良译,商务印书馆2017年版。

王贵秀、石泰峰、侯少文:《政治体制改革和民主法制建设》,经济科学出版社1998年版。

王洪树主编:《社会协商对话》,中央文献出版社2015年版。

王明珂:《华夏边缘》,社会科学文献出版社2006年版。

王万华:《知情权与政府信息公开制度研究》,中国政法大学出版社2013年版。

韦伯,马克斯:《经济与社会》,林荣远译,商务印书馆1997年版。

韦斯腾,德鲁:《政治头脑》,杨毅译,中国人民大学出版社2013年版。

维纳,N.:《控制论:或关于在动物和机器中控制和通信的科学》,郝季仁译,北京大学出版社2007年版。

维特,本杰明;布鲁姆,加布里埃:《未来的暴力与国家治理:面对机器人、病毒、骇客与无人机的新威胁》,万岩、潘煜译,中国发展出版社2019年版。

温克勒,海因里希:《西方的困局》,童欣译,中信出版社2019年版。

温纳,兰登:《自主性技术:作为政治思想主体的失控技术》,杨海燕译,北京大学出版社2014年版。

夏瓦,施蒂格:《文化与社会的媒介化》,刘君等译,复旦大学出版社2018年版。

辛德曼,马修:《数字民主的迷思》,唐杰译,中国政法大学出版社2016年版。

薛涌:《直话直说的政治》,广西师范大学出版社2004年版。

雅各比,苏珊:《反智时代:谎言中的美国文化》,曹聿非译,新星出版社2018年版。

亚里士多德:《政治学》,吴寿彭译,商务印书馆2011年版。

扬,凯伦;洛奇,马丁:《驯服算法:数字歧视与算法规制》,林少伟、唐林垚译,上海人民出版社2020年版。

伊尼斯,哈罗德:《传播的偏向》,何道宽译,中国人民大学出版社2003年版。

尤班克斯,弗吉尼亚:《自动不平等:高科技如何锁定、管制和惩罚穷人》,李明倩译,商务印书馆2021年版。

扎勒,约翰·R.:《公共舆论》,陈心想等译,中国人民大学出版社2013年版。

朱学勤:《书斋里的革命:朱学勤文选》,长春出版社1999年版。

中文论文、新闻、报告等

习近平:《高举中国特色社会主义伟大旗帜　为全面建设社会主义现代化国家而团结奋斗——在中国共产党第二十次全国代表大会上的报告》,2022年10月25日。

习近平:《坚持以新时代中国特色社会主义外交思想为指导　努力开创中国特色大国外交新局面》,《人民日报》2018年06月24日,第1版。

本刊政治编辑部调研组:《社会服务管理网格化:创新社会服务管理的有效途径——来自"走转改"一线的报告》,《求是》2011年第21期。

曹正汉:《纵向约束体制:论中国历史上一种思想模型》,《社会》2021年第4期。

陈福平、许丹红:《观点与链接:在线社交网络中的群体政治极化——一个微观行为的解释框架》,《社会》2017年第4期。

陈忠:《从后真相到新秩序:别样共同性及其公共治理》,《探索与争鸣》2017年第4期。

丛日云:《中国网络民粹主义表现与出路》,《人民论坛》2014年第4期。

崔萍:《初探视觉政治对塑造政府形象的正效应》,《前沿》2006年第1期。

段德敏:《英美极化政治中的民主与民粹》,《探索与争鸣》2016年第10期。

方正:《"数字规训"与"精神突围":算法时代的主体遮蔽与价值守卫》,《云南社会科学》2021年第1期。

付强:《析美国阴谋论的两种研究范式》,《重庆交通大学学报(社会科学版)》2016年第3期。

何哲:《通向人工智能时代——兼论美国人工智能战略方向及对中国人工智能战略的借鉴》,《电子政务》2016年第12期。

侯丽:《社会媒体对新闻的控制权过大》,《中国社会科学报》2019年10月14日,第3版。

胡泳:《后真相与政治的未来》,《新闻与传播研究》2017年第4期。

黄兴涛:《抗战前后"民族英雄"问题的讨论与"汉奸""华奸"之辩——以现代中华民族观念的影响为视角》,《人文杂志》2017年第8期。

姬德强:《深度造假:人工智能时代的视觉政治》,《新闻大学》2020年第7期。

江作苏、黄欣欣:《第三种现实:"后真相时代"的媒介伦理悖论》,《当代传播》2017年第4期。

蒋建国:《网络媒体的价值冲突与文化反思》,《南京社会科学》2016年第4期。

卡斯特尔,曼纽尔:《网络社会与传播力》,曹书乐译,《全球传媒学刊》2019年第2期。

库普坎,查尔斯·A.:《治理鸿沟:全球化与西方民主的危机》,寿春译,《国外理论动态》2014年第5期。

蓝江:《生命档案化、算法治理和流众——数字时代的生命政治》,《探索与争鸣》2020年第9期。

李德恩:《数据权利之法律性质与分段保护》,《理论月刊》2020年第3期。

李锐锋、杨娜新:《技术化生存与透明化生存——关于隐私丧失的哲学思考》,《科学技术与辩证法》2003年第5期。

李卫东、彭静:《社交网络平台信息传播的回声室效应仿真实验分析》,《现代传播(中国传媒大学学报)》2019年第4期。

林红:《西方民粹主义的话语政治及其面临的批判》,《政治学研究》2018年第4期。

刘恩东:《反智主义的本质及社会根基分析——基于美国社会的问题审视》,《人民论坛》2020年第23期。

刘金海:《国家成长的要素、机制与格局——基于政治生态学角度的国家成长理论》,《学术月刊》2020年第9期。

刘璐璐、张峰:《后疫情时代数字化生存的技术哲学思考》,《东北大学学报(社会科学版)》2021年第5期。

刘擎:《共享视角的瓦解与后真相政治的困境》,《探索与争鸣》2017年第4期。

刘颜俊、周礼为:《美国政治中的反智主义:表现、成因与后果》,《美国研究》2022年第1期。

刘扬:《趋势或问题:围绕"后真相"一词的思考》,《青年记者》2017年第6期。

麦考姆斯,麦克斯韦尔:《议程设置理论概览:过去,现在与未来》,郭镇之、邓理峰译,《新闻大学》2007年第3期。

孟建:《视觉文化传播:对一种文化形态和传播理念的诠释》,《现代传播(中国传媒大学学报)》2002年第3期。

庞金友:《百年大变局与中国方案》,《人民论坛·学术前沿》2019年第7期。

庞金友:《国家极化与当代欧美民主政治危机》,《政治学研究》2019年第3期。

庞金友:《人工智能与未来政治的可能样态》,《探索》2020年第6期。

庞金友:《网络时代"后真相"政治的动因、逻辑与应对》,《探索》2018年第3期。

庞金友:《政治样态与传播幻象:大变局时代政治传播的五大核心困境》,《青海社会科学》2021年第4期。

彭兰:《生存、认知、关系:算法将如何改变我们》,《新闻界》2021年第3期。

彭兰:《算法对共同体的强化与促成》,《青年记者》2021年第9期。

彭兰:《现阶段中国网民典型特征研究》,《上海师范大学学报(哲学社会科学版)》2008年第6期。

秦红:《"互联网+"时代网络政治传播的困境与优化策略》,《湖北社会科学》2016年第9期。

渠敬东:《制度过程中的信息机制》,《北京大学学报(哲学社会科学版)》2021年第6期。

全燕:《"后真相时代"社交网络的信任异化现象研究》,《南京社会科学》2017年第7期。

全燕:《智媒时代算法传播的形态建构与风险控制》,《南京社会科学》2020年第11期。

任剑涛:《周期性与终结性:美国政治极化的两种论断》,《人民论坛·学术前沿》2022年第6期。

萨托利,乔万尼:《民主:多元与宽容》,载刘军宁等编:《直接民主与间接民主》,生活·读书·新知三联书店出版社1998年版。

施畅:《赛博格的眼睛:后人类视界及其视觉政治》,《文艺研究》2019年第8期。

史志钦:《多重危机下的欧洲政治社会极化趋势研究》,《学术前沿》2017年第3期。

斯蒂格利茨:《自由、知情权和公共话语——透明化在公共生活中的作用》,宋华琳译,《环球法律评论》2002年第3期。

陶文昭:《新民粹主义的时代审视》,《人民论坛》2012年第22期。

田肖红、郭秋锐:《大众媒体与二战以来美国政治中的反智主义》,《聊城大学学报(社会科学版)》2021年第6期。

王金林:《后真相政治探幽》,《探索与争鸣》2017年第4期。

王敏芝:《算法时代传播主体性的虚置与复归》,《苏州大学学报(哲学社会科学版)》2021年第2期。

王敏芝:《算法之下:"透明社会"的技术与观念》,《探索与争鸣》2021年第3期。

王舒怀:《后真相时代:谁动了我的"事实"——基于移动互联网传播技术特征的分析》,《青年记者》2017年第6期。

王希:《特朗普为何当选?——对2016年美国总统大选的历史反思》,《美国研究》2017年第3期。

王小芳、王磊:《"技术利维坦":人工智能嵌入社会治理的潜在风险与政府应对》,《电子政务》2019年第5期。

吴飞、龙强:《政治的幻象:时政新媒体的传播模式与困境》,《现代传播(中国传媒大学学报)》2017年第7期。

夏语:《罗尔斯公共理性的限制:"排他观点"抑或"但书"》,《政治思想史》2023年第1期。

熊文景:《重大疫情防控视野下的数据治理:主要价值、现实困境与优化路径》,《山西档案》2020年第3期。

徐勇:《"回归国家"与现代国家的建构》,《东南学术》2006年第4期。

闫坤如:《数据主义的哲学反思》,《马克思主义与现实》2021年第4期。

燕继荣:《论政治合法性的意义和实现途径》,《学海》2004年第4期。

杨阳:《民粹主义情绪热度与价值诉求》,《人民论坛》2014年第4期。

杨云霞、陈鑫:《霸权国家互联网平台巨头话语权垄断及我国应对》,《世界社会主义研究》2021 年第 11 期。

张爱军、李圆:《人工智能时代的算法权力:逻辑、风险及规则》,《河海大学学报(哲学社会科学版)》2019 年第 6 期。

张爱军、孙玉寻:《算法权力及其国家能力形塑的主体透视》,《学术月刊》2021 年第 12 期。

张爱军:《"算法利维坦"的风险及其规制》,《探索与争鸣》2021 年第 1 期。

张凤阳:《西方民族——国家成长的历史与逻辑》,《中国社会科学》2015 年第 6 期。

张军平:《人工智能"超级权力"的利与弊》,《国家治理》2019 年第 1 期。

张淑芳、杨宁:《共同体视域下算法推送机制的信息茧房效应规制》,《湖北社会科学》2019 年第 10 期。

张以哲:《经济权力:大数据伦理危机的社会关系根源》,《华侨大学学报(哲学社会科学版)》2021 年第 2 期。

张志安、曾子瑾:《从"媒体平台"到"平台媒体":海外互联网巨头的新闻创新及启示》,《新闻记者》2016 年第 1 期。

郑荣坤、汪伟全:《人工智能政治风险的意蕴与生成》,《江西社会科学》2020 年第 5 期。

周琪、王欢:《值得关注的美国政治"极化"趋势》,《当代世界》2011 年第 4 期。

周汝江:《从大众社会到网络社会——当代中国政治表达民粹化的转型与治理》,《人民论坛》2015 年第 32 期。

周翔、李镓:《网络社会中的"媒介化"问题:理论、实践与展望》,《国际新闻界》2017 年第 4 期。

朱柏松:《隐私权概念之衍变及其损害防止立法之动向》,《法学丛刊》1989 年第 134 期。

外文著作

Achen, Christopher H. and Bartels, Larry M., 2017. *Democracy for Realists: Why*

Elections Do Not Produce Responsive Government, Princeton: Princeton University Press.

Campbell, Angus et al., 1960. *The American Voter*, Chicago: University of Chicago Press.

Chakrabarty, Bidyut and Chand, Prakash, 2012. *Public Administration in a Globalizing World: Theories and Practices*, New Delhi: SAGE Publications India Pvt Ltd.

Elizabeth Grabe, Maria, and Page Bucy, Erik, 2009. *Image Bite Politics: News and the Visual Framing of Elections*, New York: Oxford University Press.

Feezell, Jessica T., Wagner, John K., and Conroy, Meredith, 2021. "Exploring the Effects of Algorithm-driven News Sources on Political Behavior and Polarization", *Computers in Human Behavior*, Vol. 116.

Keyes, Ralph, 2004. *The Post-Truth Era: Dishonesty and Deception in Contemporary Life*, New York: St. Martin's Press.

Lees-Marshment, Jennifer, 2012. *Routledge Handbook of Political Marketing*, London: Routledge.

Lilla, Mark, 2017. *The Once and Future Liberal*, New York: Harper Collins Publishers.

Mancini, Paolo and Swanson, David L., 1996. *Politics, Media, and Modern Democracy: An International Study of Innovations in Electoral Campaigning and Their Consequences*, New York: Greenwood Publishing Group.

Mann, Michael, 1986. *The Source of Social Power*, Cambridge: Cambridge University Press.

McCarty, Nolan, 2019. *Polarization: What Everyone Needs to Know*, New York: Oxford University Press.

Ohman, Richard, 1996. *Selling Culture: Magazines, Markets, and Class at the Turn of the Century*, London: Verso.

Owen, Tyler, 2015 *Disruptive Power: The Crisis of the State in the Digital Age*,

Oxford: Oxford University Press.

Pariser, E., 2011. *The Filter Bubble: What the Internet is Hiding from You*, New York: The Penguin Press.

Pye, Lucian W., 1967. *Communications and Political Development*, Princeton: Princeton University Press.

Russell, B., 1912. *Truth and Falsehood: Problems of Philosophy*, New York: Henry Holt.

Sanders, Bernie, 2016. *Our Revolution: A Future to Believe in*, New York: Thomas Dunne Books.

Schwartz, Tony, 1974. *The Responsive Chord: How Radio and TV Manipulate you ... Who You Vote for ... What You Buy ... and How You Think*, New York: Doubleday.

Veneti, Anastasia, Jackson, Daniel, and Lilleker, Darren G., 2019. *Visual Political Communication*, London: Springer International Publishing.

外文论文、新闻、报告等

Adam, Silke and Maier, Michaela, 2010. "Personalization of Politics a Critical Review and Agenda for Research", *Annals of the International Communication Association*, Vol. 34, No. 1.

Barberá, Pablo, 2015. "How Social Media Reduces Mass Political Polarization: Evidence from Germany, Spain, and the US", APSA Conference.

Boxell, Levi, Gentzkow, Matthew, and Shapiro, Jesse M., 2017. "Greater Internet Use is Not Associated with Faster Growth in Political Polarization Among US Demographic Groups", *Proceedings of the National Academy of Sciences*, Vol. 114, No. 40.

Brewer, Mark D., 2016. "Populism in American Politics", *The Forum*, Vol. 14, No. 3.

Buchholz, Katharina, 2022. "Where People Spend the Most & Least Time on Social Media", Apr. 26th, https://www.statista.com/chart/18983/time-spent-on-social-media/.

Calcutt, Andrew, 2017. "The surprising Origins of 'Post-truth' and How It was Spawned by the Liberal-left", *Social Studies of Science*, Vol. 4.

Carpenter, Jordan, et al., 2021. "Political Polarization and Moral Outrage on Social Media", *Connecticut Law Review*, Vol. 52, No. 3.

Crain, M., 2018. "The limits of transparency: Data brokers and commodification", *New Media & Society*, Vol. 20, No. 1.

de-Wit, Lee, Linden, Sander van der, and Brick, Cameron, 2019. "Are Social Media Driving Political Polarization", *Greater Good Magazine*, Jan. 16th.

Druckman, James N., 2012. "The Power of Television Images: The First Kennedy-Nixon debate revisited", *The Journal of Politics*, Vol. 65, No. 2.

Flood, Alison, 2016. "Post-truth' Named Word of the Year by Oxford Dictionaries", *The Guardian*, Nov 15th.

Fukuyama, Francis, 2018. "Against Identity Politics: The New Tribalism and the Crisis of Democracy", *Foreign Affairs*, Vol. 97, No. 5.

Goodin, Robert E., and Niemeyer, Simon J., 2003. "When Does Deliberation Begin? Internal Reflection versus Public Discussion in Deliberative Democracy", *Political Studies*, Vol. 51, No. 4.

Higgins, Kathleen, 2016. "Post-truth: A Guide for the Perplexed", *Nature*, Vol. 540.

Hong, Sounman, and Kim, Sun Hyoung, 2016. "Political Polarization on Twitter: Implications for the Use of Social Media in Digital Governments", *Government Information Quarterly*, Vol. 33, No. 4.

Jasanoff, Sheila, and Simmet, Hilton, 2017. "No Funeral Bells: Public Reason in a 'post-truth' Age", *Social Studies of Science*, Vol. 47, No. 5, 2017.

Joo, Jungseock, Li, Weixin, Steen, Francis F., and Zhu, Song-Chun, 2014.

"Visual Persuasion: Inferring Communicative Intents of Images", *Proceedings of the IEEE Conference on Computer Vision and Pattern Recognition.*

Karlberg, Michael, 2002. "Partisan Branding and Media Spectacle: Implications for Democratic Communication", *Democratic Communique*, Vol. 18.

Kemp, Simon, 2022. "Digital 2022: Global Overview Report", Jan. 26th.

Malik, Kenan, 2016. "All the Fake News That Was Fit to Print", *New York Times*, Dec. 4th.

Nogueira, Jefferson, 2016. "Post-truth Politics: Art of the lie", *The Economist*, Sep. 10th.

Paris, Britt and Donovan, Joan, 2019. *Deepfakes and Cheap Fakes: The Manipulation of Audio and Visual Evidence*, Data & Society Report, Sep. 18th.

Parmar, Inderjeet, 2012. "US Presidential Elections 2012: Post-truth Politics", *Political Insight*, Vol. 3, No. 2.

Pew Research Center, 2022. "Social Media and News Fact Sheet", Sep. 20th.

Ribble, Mike, and Miller, Teresa N., 2013. "Educational Leadership in an Online World: Connecting Students to Technology Responsibly, Safely, and Ethically", *Journal of Asynchronous Learning Networks*, Vol. 17, No. 1.

Rigney, Daniel, 1991. "Three Kinds of Anti-intellectualism: Rethinking Hofstadter", *Sociological Inquiry*, Vol. 61, No. 4.

Saint-Laurent, Constance, 2017. "Collective Memory and Social Sciences in the Post-truth Era", *Culture & Psychology*, Vol. 23, No. 2.

Schill, Dan, 2012. "The Visual Image and the Political Image: A Review of Visual Communication Research in the Field of Political Communication", *Review of Communication*, Vol. 12, No. 2.

Sherman, Malcolm J., 1976. "Anti-intellectualism and Civil Rights", *Change*, Vol. 8, No. 11.

Shoop-Worrall, Christopher, 2021. "Leaps and Light Shows: Visual Politics in the Edwardian Mass Press, 1900-10", *Parliamentary History*, Vol. 40, No. 2.

Sismondo, Sergio, 2017. "Post-truth?", *Social Studies of Science*, Vol. 47, No. 1.

Strömbäck, Jesper, 2008. "Four Phases of Mediatization: An Analysis of the Mediatization of Politics", *The International Journal of Press/Politics*, Vol. 13, No. 3.

Suiter, Jane, 2016. "Post-truth Politics", *Political Insight*, Vol. 7, No. 3.

Tesich, Steve, 1992. "A Government of Lies", *The Nation*, Vol. 254, No. 1.

Willson, M., 2016. "Algorithms (and the) Everyday", *Information, Communication & Society*, Vol. 20, No. 1.

后 记

关注政治传播,有些偶然,却也在情理之中。

1999—2005 年,我先后追随恩师丛日云教授、徐大同先生修习西方政治思想史,硕博士学位论文分别聚焦西方公民社会与民主化关系理论和国家与社会关系理论。在阅读和写作中,我逐渐发现,凡公民社会之倡导者,必强调国家与社会的良性互动:公民社会作为公民与国家的中介,扮演着组织公民参与、改善国家制度、推进国家治理、实现平等自由等重要角色;国家在承认和尊重公民社会的独立性和自主性的同时,为其提供外在的法律保障和必要的干预、协调和支持。这意味着,公民社会作为一种中介力量和中间地带,蕴含着平衡与互动的精神,个人能够于其中调适角色与意见,诉求自身利益,协调彼此关系。其中实际上内含着现代政治传播的深刻意蕴。因此,在思考公民社会与民主化关系乃至国家与社会关系时,我开始关注政治传播的功能并尝试从互动和沟通的维度提供诠释和说明。

近些年,随着研究重心的转移,我注意到新技术浪潮对传统政治秩序、政治观念和政治文化的重大冲击和挑战,其中,新兴技术引发的政治传播格局、方式与路径的革命性变迁和颠覆性发展是我思考的重点。随着信息技术的升级、互联网的普及和社交媒体的进化,信息技术与物联网络开启深度融合,政治主体和经济力量呈现多重互动,不仅是推动社会秩序转型和民主政治发展的重要因素,亦是大变局时代的显著特征之一。一者，公民借助网络渠道和社交平台表达政治诉求，追逐政治利益，已是政治生活的常态现象。二者，数字技术在现代政治和公共管理领域开发和应用的速度、广度和深度不断攀升，"基于数字的政治传播"渐成大势所趋。这让我不得不去反思数字时代新兴政治传播情境下民主演进与治理变迁的内在机理，探究政治传播在风起云涌的民粹主义、反智主义、后物质主义、多元文化主义等新兴思潮以及喧嚣不止的身份政治、部落政治、极化政治、后真相政治等新兴样态背后的底层逻辑。

  本书是关注政治传播十余年的阶段性小结。主要观点已在若干场合宣讲，部分章节已由不同杂志发表。一些内容是共同合作的成果，在此真诚感谢我的博士后兼同事赵洁、博士研究生孙玉寻和硕士研究生李欣颖，荣耀属于她们，文责在我。

  时代决定政治，政治统摄传播。在这个百年未有的大变局时代，唯一可以确定的就是它的不确定性。但对于研究者而言，这将提供无穷无尽的学术素材和思考空间。

  权以慰藉。是为记。

庞金友
2025 年 3 月 9 日于北京黄庄小区

图书在版编目（CIP）数据

政治传播的逻辑 / 庞金友著. -- 北京：商务印书馆，2025（2026.1 重印）. -- ISBN 978-7-100-25412-0

I. D0-05

中国国家版本馆 CIP 数据核字第 2025MZ4923 号

权利保留，侵权必究。

本书得到"中国政法大学交叉学科培育与建设计划"项目资助

政治传播的逻辑
庞金友 著

商务印书馆出版
（北京王府井大街36号　邮政编码100710）
商务印书馆发行
江苏凤凰数码印务有限公司印刷
ISBN 978-7-100-25412-0

2025 年 8 月第 1 版	开本 880×1240　1/32
2026 年 1 月第 2 次印刷	印张 9⅜

定价：58.00 元